La cerámica "blanca l del convento franciscano de Las Palmas de Gran Canaria

ELENA E. SOSA SUÁREZ

BAR INTERNATIONAL SERIES 3136 | 2023

Published in 2023 by
BAR Publishing, Oxford, UK

BAR International Series 3136

La cerámica "blanca lisa" del convento franciscano de Las Palmas de Gran Canaria

ISBN 978 1 4073 6051 5   paperback
ISBN 978 1 4073 6052 2   e-format

DOI https://doi.org/10.30861/9781407360515

A catalogue record for this book is available from the British Library

COVER IMAGE *Plato nº 23.722 y escudilla nº 23.754 de la serie blanca sevillana.
El Museo Canario*

BAR titles are available from:

BAR Publishing
122 Banbury Rd, Oxford, OX2 7BP, UK
info@barpublishing.com
www.barpublishing.com

Otros textos de interés

El catálogo de las naves de Occidente
Embarcaciones de la Península Ibérica, Marruecos y archipiélagos
aledaños hasta el principado de Augusto
Jorge García Cardiel
BAR International Series **2462** | 2013

The Early Medieval Pottery Industry at al-Basra, Morocco
Nancy L. Benco
BAR International Series **341** | 1987

La cerámica medieval de la Basílica de Santa María de Alicante
Arqueología, arquitectura y cerámica de una excavación arqueológica insólita en España
José Luis Menéndez Fueyo
BAR International Series **2378** | 2012

Making Pots: el modelado de la cerámica a mano y su potencial interpretativo
Jaume Garcia Rosselló and Manuel Calvo Trias
BAR International Series **2540** | 2013

Imperialist Archaeology in the Canary Islands
French and German Studies on Prehistoric Colonization at the End of the 19th Century
A. José Farrujia de la Rosa
BAR International Series **1333** | 2005

Corduba durante la Antigüedad tardía
Las necrópolis urbanas
Isabel Sánchez Ramos
BAR International Series **2126** | 2010

La Cerámica Arqueológica en la Materialización de la Sociedad
Transformaciones, Metáforas y Reproducción Soci
Edited by María Cecilia Páez Guillermo and A. De La Fuente
BAR International Series **2294** | 2011

La eboraria andalusí
Del Califato omeya a la Granada nazarí
Noelia Silva Santa-Cruz
BAR International Series **2522** | 2013

Análisis de la producción y distribución de la cerámica leonesa durante la Edad Media
Raquel Martínez Peñín
BAR International Series **2233** | 2011

La cerámica medieval sevillana (siglos XII al XIV). La producción trianera
Manuel Vera Reina and Pina López Torres
BAR International Series **1403** | 2005

For more information, or to purchase these titles, please visit **www.barpublishing.com**

Agradecimientos

Quiero dedicar este trabajo a mis padres y a mi familia pues, gracias a su paciencia, he podido dedicar muchas horas a la investigación, desatendiendo otras obligaciones familiares.

Quiero dar las gracias también a todas las personas que me han ayudado a realizar este trabajo a lo largo de todos estos años, como a Beatriz Padrón Santana y a Fernando Roca Santana, sin los que técnicamente habría sido imposible concluir esta investigación. Gracias también a todos los que han confiado en mí, pero, de una manera muy especial, a don Antonio Tejera Gaspar por haber accedido a dirigir este trabajo.

Indice

Lista de Figuras

Glosario

Atifle (véase: Trébede ó trípode)

Utensilio de barro cocido en forma triangular y con tres patas. Usado en el oficio cerámico para separar las piezas en el horno.

Bernegal

1. Taza para beber, ancha de boca y de forma ondeada. 2. Tinaja que recibe el agua que destila el filtro.

Bizcochado

Estado del objeto cerámico tras la primera cocción, cuando ha de someterse a varias cocciones. En objetos de porcelana, a estas piezas se las denomina bizcocho o biscuit.

Burnia

Contenedor para las aceitunas o tomates en conserva.

Desgrasante

Dícese de un aditivo que hace más maleable la arcilla. Elementos orgánicos e inorgánicos, no plásticos, que se añaden a la pasta para modificar las características de cocción o uso del producto final. Se utilizan desgrasantes orgánicos (como paja) e inorgánicos (como calizos, micáneos, graníticos, etc.). La "chamota" es un tipo de desgrasante constituido por arcilla cocida y molida.

Engobe

Arcilla líquida aplicada a la superficie cerámica para proporcionar un determinado color o textura.

Esmaltado estannífero

Técnica de acabado consistente en un recubrimiento vítreo referido a un esmaltado formado por sílice con fundentes de plomo alcalinos o bóricos conteniendo estaño como opacificante, dando lugar a un color blanco, heterogéneo, brillante y opaco.

Faenza/Fayenza/Fayança

Loza fina esmaltada o barnizada. El término "faenza" se acuña para denominar las producciones italianas, mientras que "fayenza o fayança" se usa para las producciones portuguesas.

Fundente

Sustancias añadidas a la pasta para rebajar el punto de fusión (como por ejemplo el plomo). La frita es un tipo de fundente formado por materia vitrificada y molida que se añade a la pasta o barniz.

Galena

Mineral compuesto de azufre y plomo, de color gris y lustre intenso.

Juagueteado

Este término se utiliza tanto como sinónimo de **bizcocho o bizcochado*** como de **engobe***.

Loza

Material poroso cocido a baja temperatura, cubierta por un vedrío. Usualmente se utiliza este término para un conjunto de objetos cerámicos destinados al ajuar doméstico o vajilla.

Mampostería

Obra hecha con mampuestos colocados y ajustados unos con otros sin sujeción a determinado orden de hiladas o tamaños. 1. Mampostería concertada: Mampostería en cuyos paramentos se colocan los mampuestos rudamente labrados sin sujeción a escuadra, para que ajusten mejor unos con otros. 2. Mampostería en seco: Mampostería que se hace colocando los mampuestos sin argamasa. 3. Mampostería ordinaria: Mampostería que se hace con mezcla o argamasa.

Mampuesto

Piedras sin labrar que se puede colocar en obra con la mano.

Mayólica

Sinónimo de loza esmaltada. Son aquellas piezas a las que se les añade estaño a su cubierta vítrea.

Mudéjar

1. Se dice del musulmán a quien se permitía seguir viviendo entre los vencedores cristianos sin mudar de religión, a cambio de un tributo. 2. Se dice del estilo arquitectónico que floreció en España desde el siglo XIII hasta el XVI, caracterizado por la conservación de elementos del arte cristiano y el empleo de la ornamentación árabe.

Ponchera

1. Conjunto formado por un cuenco grande, tazas y un cazo para servir. Se utiliza para preparar y servir el ponche. 2. El término americano es *"punch bowl"* o, lo que es lo mismo, cuenco semiesférico muy grande que puede usarse o no para el ponche. Muy típico de los siglos XVII y XVIII.

Tapial

Trozo de pared que se hace con tierra amasada.

Trébede o trípode

Véase atifle*.

Vedrío

Sustancia de componente silicio utilizada en los vidriados que con la cocción se funde y adquiere un aspecto cristalino.

Vidriado plumbífero

Vidriado a base de sulfuro de plomo que se deposita en polvo sobre la pieza y cuece a baja temperatura. Generalmente forman cubiertas traslúcidas y la adición de colorantes los transforma en vidriados de colores.

Vidriado

1. Técnica de acabado consistente en el recubrimiento de la superficie con una capa de vedrío que cubre la cerámica, generalmente traslúcida. 2. Puede tener intencionalidad decorativa si se mezclan vedríos de diferentes colores. Puede aparecer en combinación con otras técnicas decorativas. Cuando el vidriado está localizado en la zona más próxima a la boca, se denomina "mandil".

1ª Parte

Contextualización del yacimiento arqueológico, precedentes de la investigación y objetivos

Datos históricos sobre el antiguo convento de
San Francisco de Asís de Las Palmas de Gran Canaria

El antiguo convento de San Francisco de Asís de Las Palmas de Gran Canaria es uno de los enclaves históricos más importantes de la isla por ser la primera fundación capitalina de la orden franciscana, a raíz de la Conquista. Se construyó en el último tercio del siglo XV, y de él solo hoy quedan como testigos los que un día fueran su iglesia y campanario.

En el año 1991 el Servicio de Arqueología del Museo Canario (SAMC) realizó los sondeos arqueológicos del solar donde estuvo ubicado el convento (Fig. 1.1). Si bien se llevó a cabo un exhaustivo estudio documental por los asesores históricos que intervinieron en la excavación, a la hora de analizar los restos cerámicos que salieron a la luz en el trabajo de campo, nos encontramos con un yacimiento alterado por diversas circunstancias, y con un material que fue recuperado con carácter de urgencia, por haberle dado prioridad a los hallazgos antropológicos debido a los interesantes descubrimientos que aportó la campaña. Hechos que, sin duda, perjudicaron considerablemente la obtención metódica de las coordenadas del material para su posterior estudio de laboratorio e interpretación.

Su fundación

La fecha exacta del establecimiento del antiguo Convento de San Francisco de Asís no se ha podido determinar con precisión. Vicisitudes históricas acaecidas en su primer siglo de vida, como el incendio sufrido en la iglesia y un ala de la vivienda, debido al ataque del pirata holandés Van der Doez en 1599; o acciones más recientes, como la desamortización decretada en España en 1835, derivarían en la pérdida irrecuperable de sus archivos (Cuenca, 1993: 20). A pesar de estas lamentables ausencias, contamos, no obstante, con documentos que, aunque fragmentarios e incompletos, nos proporcionan una idea de la importancia y magnitud de los inicios del cenobio. Algunas noticias que hacen referencia a su descripción, a su vida y a sus avatares, e incluso dibujos insertos en planos de la ciudad, nos permiten conocer algunas de las remodelaciones realizadas a lo largo de su historia, lo que sin duda nos ayudarán a reconstruir el proceso constructivo del edifico en sus casi cinco siglos de existencia.

Con respecto a la fecha de su fundación existen dos versiones. Algunos autores creen que se realizó antes de terminar la Conquista, en unos terrenos que fueron cedidos a los franciscanos por Juan Rejón, quienes vinieron a las islas con el propósito de evangelizar a los canarios. Entre los autores que defienden esta hipótesis se halla fray José de Sosa, historiador y huésped del cenobio en la segunda mitad del siglo XVII. Sosa se lamenta de la falta de documentación que haga referencia a la fecha de erección del convento, por lo que se apoya en el padre Gonzaga, quien como cronista de la Orden defiende que la instalación de los franciscanos debió de ser más antigua que el sometimiento de la isla, pues Juan Rejón, después de instaurar el Real de Las Palmas, cedió los terrenos a los religiosos que trajo consigo (Cuenca, 1993: 157–159).

Otra versión es la que mantienen autores como Millares Torres o Alzola González (Alzola, 1986: 17–20), quienes retrasan la fecha de tal acontecimiento a los años posteriores a la Conquista. Para ellos fue Pedro de Vera[1] quien les señaló el sitio, al norte de la incipiente villa para que levantaran el cenobio, después de la concesión a los Reyes Católicos de la prerrogativa de fundar conventos y monasterios en el Reino de Granada y en las islas Canarias, mediante la promulgación de la bula *Dum ad illam* otorgada por el papa Inocencio VIII el 14 de septiembre de 1486. Esta segunda interpretación se apoya en documentos como el pasaje del cronista Gómez Escudero en el que alude al emplazamiento del ingenio de Alonso Jáimez de Sotomayor junto a la edificación de la residencia franciscana, según la información aportada por Abreu Galindo: *"El primer ingenio de azúcar que en estas islas se fabricó y hizo, fué en esta isla, en la ciudad Real de Las Palmas, en el barranco*

---

[1] Ver: Millares Torres, Agustín: *Historia de la Gran Canaria*, 1860, T. I, p. 357; Morales Padrón, Francisco: *Canarias: crónicas de su conquista*, 1978, p. 253; Marín y Cubas, Tomás: *Historia de las siete islas de Canaria*, 1986, p. 219.

Vista parcial de cimientos de muros y restos de canalizaciones hidráulicas.

ADOLFO MARRERO

Fig. 1.1. Noticia publicada en el periódico *La Provincia* sobre la intervención arqueológica realizada por el Servicio de Arqueología del Museo Canario en el solar en el que estuvo el antiguo Convento de San Francisco de Asís de Las Palmas de Gran Canaria. (*La Provincia*, Domingo, 4 de octubre de 1992, pág. 45).

de Guiniguada, junto a San Roque, por Pedro de Vera; y otro hizo Alonso Jáimez de Sotomayor, junto al **monasterio de San Francisco**" (Abreu, 1977: 239). Siguiendo a Gómez Escudero (1936: 61) el ingenio "... *venía a juntar con el monasterio de Señor San Francisco... i en este tiempo se abrieron los cimientos de el* **convento de San Francisco**, *de piedra i lo demas de tapias con pocas seldas, i después fue la iglesia de una naue con capillas a los lados*" (Alzola, 1986: 20).

Los que defienden la segunda explicación se apoyan en otros documentos, como la declaración del comisario de San Francisco fray Pedro de Córdoba en la encuesta que el provisor Martín de Barruelos hizo en 1494 para averiguar la conducta religiosa de Gonzalo de Burgos, quien había llegado a la isla en 1480[2] como escribano de la Conquista, acompañando a Pedro de Vera (Cuenca *et al*, 1997: 55). En dicha indagación en la que testifican once personas, dos de los cuales eran frailes franciscanos, uno de ellos *dice: "...fue la causa y prynçipio de la edificación de la* **casa de San Francisco** *en esta isla"*. De lo que se deduce que si llegó con Vera fue éste el que cedió los terrenos y no Rejón. Además los partidarios de la segunda versión explican acertadamente que es una temeridad construir cualquier edificio fuera de la muralla del Real, sabiendo lo que ocurrió en un episodio anterior a los trece clérigos asesinados a fines del siglo XIV (Cuenca, 1993: 22).

Aunque haya disparidad de opiniones sobre quién fue el que entregó los terrenos, si Rejón o Vera, o si tal acontecimiento fue anterior o posterior a la conquista definitiva, sí sabemos de las delicias de su ubicación, de sus verdes y frondosas huertas, favorecidas por una acequia (Fig. 1.2) que partía del Guiniguada y llegaba hasta Triana[3], cuyo caudal había sido concedido por cédula real de los Reyes Católicos. Una copia de dicho documento se conserva en el Archivo de Heredamiento de Aguas de Las Palmas, con lo que sumamos un documento más, fechado el 18 de diciembre de 1490, que respalda la hipótesis de la fundación del Convento en los años posteriores a la Conquista. En dicha cédula se hace saber a Pedro de Vera, con respecto al monasterio de San Francisco, que *"...se ha de hacer, e edificar en esta Villa, tenga para siempre jamás un real de agua de la acequia grande que está en esa dicha Villa, la cual pueda tomar e llevar al dicho* **Monasterio** *para beber y aprovecharse de ella en el servicio de la Casa, . . ."* (Alzola, 1986: 10).

Podemos concluir diciendo que la intención de fundar un cenobio en el Real de Las Palmas ya estaba en la mente de Rejón, y que sin duda vendría con la orden seráfica para atender espiritualmente a los soldados andaluces y evangelizar a los canarios; pero que la ubicación en los terrenos al otro lado del Guiniguada no pudo hacerse efectiva hasta el sometimiento de la isla, por lo que será con Pedro de Vera con quien se acceda a la cimentación del cenobio al término de las operaciones bélicas.

Nos queda por descubrir cuál fue la fecha exacta de "la colocación de la primera piedra". La escasez de documentación solo nos permite utilizar los siguientes márgenes: entre el año 1486, año de la concesión de la citada bula papal *Dum ad illam* y 1490, año de la concesión del caudal de agua por real cédula de los Reyes Católicos. Si en el año 1487, el papa Inocencio VIII por su *Pridem felices recordationis*, de 1 de septiembre, declaró extinguida la Vicaría de Canarias, incorporando todos los conventos a la custodia observante de Sevilla; es quizás en este momento en el que se decide trasladar el provisional convento mal acomodado en el campamento del Guiniguada a los altos de Triana, a las tierras que obtuvo el guardián del gobernador Pedro de Vera en las postrimerías del siglo XV (Rumeu de Armas, 1997: 21–24).

Una construcción cuyos cimientos y muros ya estaban alzados en 1500, pero cuyo elevado coste movió al guardián y frailes de San Francisco a impetrar del generoso corazón de la reina Isabel la Católica una sustanciosa subvención, que la soberana hizo efectiva por la cédula despachada en Granada el 10 de abril de 1501, agraciando al cenobio con la importante libranza de 20.000 maravedíes. *"Merçede limosna. – Al guardián e frayles e convento del* **monesterio de San Francisco**, *en las yslas de Canaria, que se estaba edificando para ayudar obras.-Librança, Año de I.U.DI años. La Reyna. Nuestros contadores mayores nos vos mandamos que librédes al guardián e frayles del* **monesterio de San Francisco**, *en las yslas de Canaria, veynte mill maravedís, de que yo les fago merçed e limosna o merçed, para ayuda a los edifiçios del dicho monesterio; (. . .)"*[4] (Rumeu de Armas, 1997: 21–24).

---

[2] Ver: Viera y Clavijo, José de: *Noticias de la Historia General de las Islas Canarias*, 1967, T. I, p. 510–543.

[3] Paetow, F.: *Canarias 7*, 10 de abril de 1992, p. 53.

[4] Documento del Archivo de Simancas: Mercedes y Privilegios, leg. 17, fol. 47.

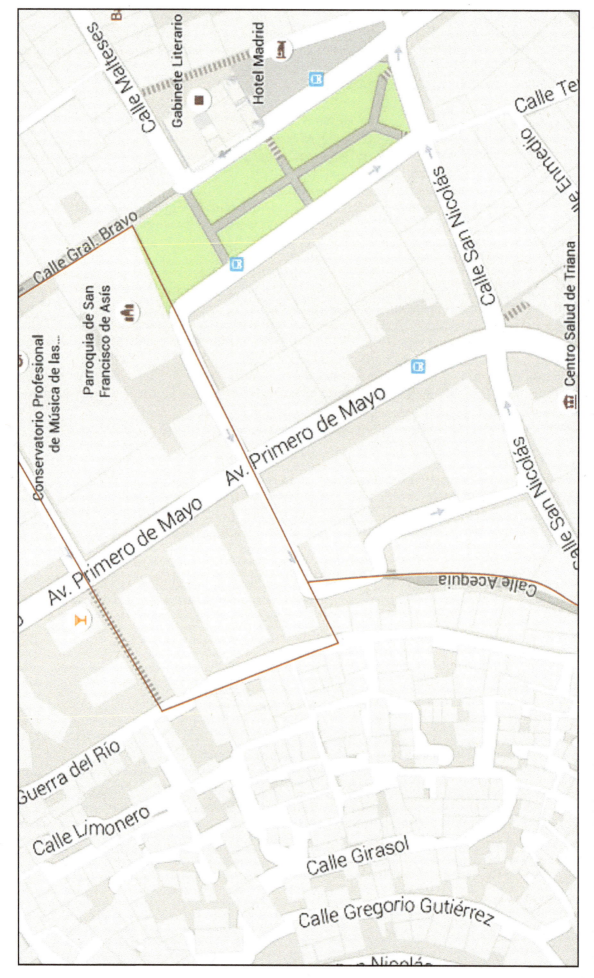

Fig. 1.2. Vista aérea de Las Palmas de Gran Canaria en la actualidad. En ella encontramos el topónimo calle de la Acequia muy cerca de lo que serían las huertas del espacio conventual.

Su ubicación

El emplazamiento elegido para el monasterio presentaba unas condiciones muy favorables y placenteras, en un terreno privilegiado en el que los frailes disfrutaban oteando el horizonte, pues desde sus ventanas se veían los mares y se gozaba de la entrada y salida de las embarcaciones *"...en la parte más alegre de la ciudad, pues está en lo más alto; por cuya causa de sus miradores y ventanas se registran las puertas y el mar; gozando ademas de su frescura y regalado zéfiro, del divertimento de ver entrar y salir los navíos"* (Sosa, 1849: 25).

En cuanto a la documentación que tenemos para conocer el lugar en dónde se acomodaron sus cimientos, se encuentran los planos de Torriani (Fig. 1.3) y Próspero Casola (Fig. 1.4) que pueden fecharse en 1590 y 1595 respectivamente. En ellos se adivina como la superficie del convento de San Francisco ocupaba desde la actual plaza del santo de Asís hasta la calle Maninidra, y desde la calle General Bravo hasta Primero de Mayo incluyendo la acera de poniente y sus casas (Alzola, 1986: 18).

Pero probablemente, una de las mejores imágenes donde se advierte la estructura de la edificación es la reconstrucción del barrio de Triana realizada en 1686 por Pedro Agustín del Castillo (Fig. 1.5). En esta ilustración podemos ver la actual iglesia de San Francisco de Asís, situada en uno de los vértices del cuadrilátero que conformaba el conjunto conventual; y hacia el oeste, algo separada de la iglesia, la espadaña, tal como se encuentra en la actualidad.

En el retrato que conservamos sobre el cenobio parece que fueron muy relevantes sus huertas. A propósito de las mismas, fray José de Sosa describe: *"...Dejo ya la conveniencia de dos huertas que encierra su clausura... La una regalada de agrios, plantanales y otras frutas; y la otra de hortalizas, en donde asiste de ordinario un hortelano secular, que para el regalo y recreacion de la comunidad y religiosos tiene comunmente poblados los surcos de distintas y tiernísimas yerbas. Es su abundancia mucha, por estar dichas huertas bajo un riachuelo ó acequia de las dos que se dividen de Guiniguada, que continuamente en siendo necesario las alegra y baña con sus abundantes y cristalinas aguas,..."* (Sosa, 1849: 25).

Y aunque estas descripciones pertenecen a la segunda mitad del siglo XVII, parece que las huertas comenzaban desde la línea de la Portería, desde donde se podía acceder a ellas, y llegaban hasta la bajada de San Nicolás como puede apreciarse dos siglos después en la fotografía de Carl Norman (Fig. 1.6).

Fig. 1.3. Plano de la ciudad de Las Palmas de Gran Canaria. Leonardo Torriani (hacia 1590). (Colegio Oficial de Arquitectos de Canarias, 1987).

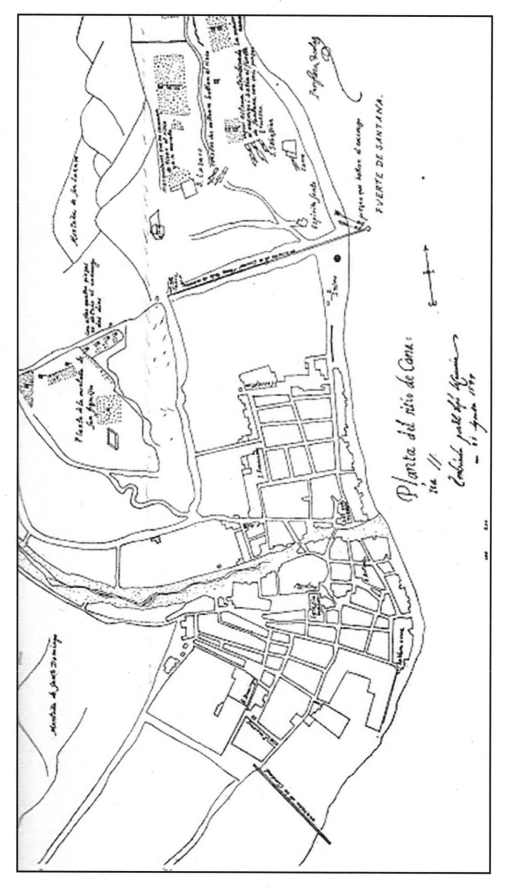

Fig. 1.4. Casco urbano de Las Palmas de Gran Canaria en el siglo XVI, según el plano de Próspero Casola en el año 1595. Reproducción a línea del que se guarda en el Archivo de Simancas. (Archivo Cartográfico de El Museo Canario).

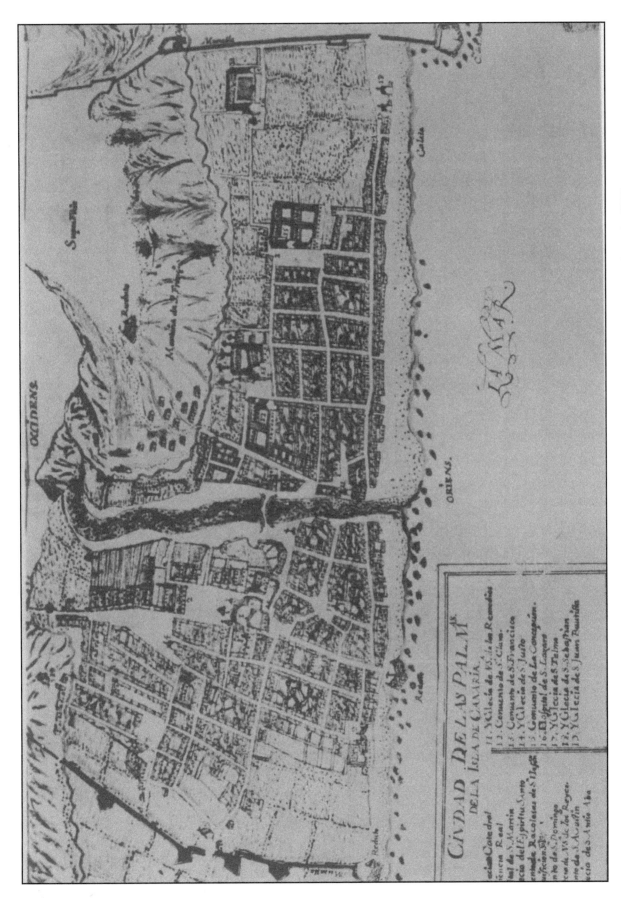

Fig. 1.5. Plano de la ciudad de Las Palmas de Gran Canaria. Pedro Agustín del Castillo, 1686. Edición facsímil. (Cabildo de Gran Canaria, 1987).

Fig. 1.6. Huertas del convento de San Francisco de Asís de Las Palmas de Gran Canaria. (Fotografía de Carl Norman. Archivo de fotografía histórica de Canarias. Cabildo de Gran Canaria. Fedac).

La citada Portería consistía en una estructura más baja localizada entre la iglesia y la espadaña, inmortalizada en una de las fotografías conservadas en los fondos del Museo Canario de Las Palmas de Gran Canaria, constituida por unas puertas geminadas (Fig. 1.7) que comunicaban con otra conformada por un arco conopial de cantería, que daría acceso a las huertas, y que pudimos conocer durante la excavación[5].

Tenemos también noticias de que en las tierras y los anexos del antiguo Convento de San Francisco de Asís se cosechó, además de las hortalizas y frutas, el plátano, y que desde aquí se embarcaron los primeros plantones a Santo Domingo, que fueron transportados por fray Tomás de Berlanga en 1516; y según refiere el cronista General de Indias Gonzalo Fernández de Oviedo, vio por primera vez dicha planta en las huertas del Convento de San Francisco en el año 1520 (Tejera, 1998: 62)[6].

Evolución y transformación del edificio conventual

Hemos visto como la edificación del convento se inició prácticamente desde la llegada de los franciscanos a la isla, con una estructura que *"... se comensó a hacer el simiento de piedra, y lo demás de tapiería, donde desían misa, y pocas çeldas, y todo lo más era cubierto de rramas..."* (Morales Padrón, 1978: 253). Planta original que iría desarrollándose a medida que el número de religiosos iba creciendo.

Noticias de la ampliación de la residencia nos llegan en fechas bien tempranas. En el año 1518, por ejemplo, los frailes firman un contrato con el sevillano Pedro Llerena (arquitecto de la Catedral de Las Palmas de Gran Canaria), para edificar su iglesia en **mampostería***[7], pues hasta entonces se trataba de una ermita construida en **tapial***. En el año 1589 los documentos aluden a trabajos de madera destinados a sacar vigas de tea para la techumbre. Otra ampliación se verifica en 1593, año en que se contrata al carpintero Luis Bayón quien tenía que labrar un cuarto nuevo y cubrirlo con armadura a la manera mudéjar (Cuenca, 1993: 23–25).

---

[5] Memoria de la excavación, p. 6.
[6] Ver: Jiménez Sánchez, Sebastián: *Fray José de Sosa*, 1939, pp. 11–12; Alzola González, José Miguel: *op. cit.*, 1986, p. 19).
[7] Las palabras con asterisco (*) indican que están incluidas en el glosario adjunto.

Fig. 1.7. Puertas geminadas de la Portería del antiguo Convento de San Francisco de Asís de Las Palmas de Gran Canaria. Detalle del plano de la ciudad de Las Palmas de Gran Canaria. Antonio Pereira Pacheco, 1833. (Archivo Cartográfico de El Museo Canario).

A finales del siglo XVI todo parece indicar que la fisonomía del convento estaba ya consolidada. Unas líneas maestras que debieron mantenerse a lo largo del tiempo, consistentes en un edifico de dos plantas a las que se accedía por corredores abiertos, cuyas dependencias se distribuían en torno a dos patios, formados por dos claustros entre los que se distribuían las celdas, el refectorio, la enfermería, la cocina, los graneros, la bodega y hasta una hospedería (Alzola, 1986: 20).

Pero si bien, un siglo más tarde, el recinto se dibuja como una superficie cuadrangular en el plano de Agustín del Castillo (Fig. 1.8), tenemos indicios para pensar que las dimensiones del espacio conventual fueron en un principio más amplias por el sector sudoeste, y poco a poco fueron acotándose, a la vez que se irían ampliando por el norte en los años sucesivos. Para ello nos basamos en el testamento de Cairasco, pues entre otras cosas dice: *"Item por cuanto yo tengo unas casas en la calle de San Francisco (hoy Sta. Clara) que fueron de Constantin Cairasco mi tio y despues de mis padres, y las he redificado dos veces, **una cuando las compré de los padres del convento de Sr. San Francisco,** que la remataron por corridos de una capellanía..., é después la volví á redificar cuando la quemaron los flamencos holandeses..."* (Millares, 1860: 21).

Por desgracia, cuando seguramente no se habían concluido las labores de carpintería, el convento de San Francisco de Asís se vio amenazado por las llamas, como consecuencia del ataque a Las Palmas de Gran Canaria del holandés van der Doez en 1599. Gracias a que fue el último edificio al que se le prendió fuego, el incendio pudo ser sofocado por los frailes y los vecinos que rápidamente acudieron en su ayuda. Sin embargo, la devastadora incursión supuso la destrucción completa de la incipiente iglesia de San Francisco y parte del ala del claustro contigua al templo[8].

---

[8] Memoria de la excavación, p. 6.

Fig. 1.8. Reconstrucción del antiguo Convento de San Francisco de Asís de Las Palmas de Gran Canaria, a partir del plano de Pedro Agustín del Castillo de 1686. Memoria de excavación. Servicio de Arqueología de El Museo Canario (SAMC), 1992.

Después de este suceso, está registrado cómo comenzaron las obras de reconstrucción por la residencia, al ser un espacio prioritario para el desarrollo de la vida diaria, según sabemos por una carta fechada el 29 de febrero de 1600, y suscrita por el maestro de cantería Luis Morales, según el cual obligaba a desbastar *"toda la cantería que fuere necesaria para tres arcos y dos pilares que faltan en **el claustro del convento de señor San Francisco** de esta cibdad y asentallos después de avellos labrados en la forma y de las mesma lavor y obra que estan los demás arcos del dicho claustro..."* (Alzola, 1986: 33)[9].

A partir de entonces, son pocas las noticias que se tienen sobre obras ejecutadas en el cenobio. La mayoría son ampliaciones de las capillas de la iglesia, que de alguna manera afectaron al recinto en los alrededores, así como a las zonas de acceso de la conocida "Portería". Por ejemplo, en 1661 se solicita la conveniencia de hacer donación de una capilla, entierro y altar que *"está en el claustro de dicho convento..."* y que el altar esté situado *"...en el claustro en el ángulo que cae y está contiguo a la capilla de la Soledad"*. Según las investigaciones realizadas (Fig. 1.9), se deduce que el citado altar estaba ubicado entre el muro de la capilla de San Antonio y la capilla de la Soledad, hoy de los Tronos (Cuenca, 1993: 33). Otra solicitud similar tendrá lugar diez años más tarde, para hacer otra capilla bajo la advocación de la Concepción de Nuestra Señora, afectando a lo que era la enfermería vieja; por último, queremos mencionar, los trabajos de carpintería realizados en el refectorio en el año 1683 (Cuenca, 1993: 29).

Otra de las estructuras que formaba parte de la fisonomía del convento de San Francisco de Asís era el muro que lo rodeaba, que limitaba con el de San Bernardino de Siena, de la Orden de Santa Clara[10]. En este caso, de lo

---

[9] Ver: Lobo Cabrera, Manuel: *Aspectos artísticos de Gran Canaria en el siglo XVI. Documentos para su historia*, 1981, doc. 53).

[10] Ver: Pérez Herrero, Enrique: "Notas para la historia del convento de San Bernardino de Sena, orden de Santa Clara, de Las Palmas, 1664–1671". *III Coloquio de Historia Canario-Americana*, T. I, 1978, pp. 411–453.

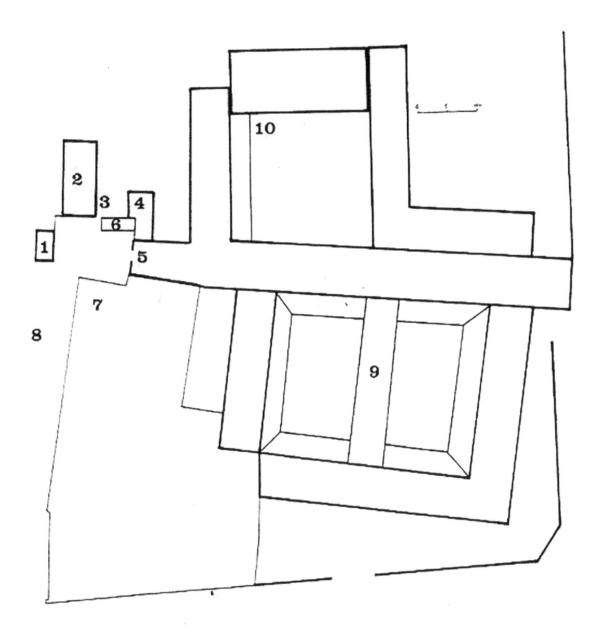

1- CAPILLA DEL CALVARIO
2- IGLESIA DE LOS TERCEROS
3- ENTRADA A LA HUERTA
4- CAPILLA DE LA VIGEN DE LA SOLEDAD
5- PORTERIA
6- ESPADAÑA
7- CAPILLA DEL DEAN VAZQUEZ BOTELLO
8- PLAZA
9- CLAUSTRO PRINCIPAL
10- CLAUSTRO SECUNDARIO (Dependencias de servicio)

Fig. 1.9. Plano con las dependencias que formaron parte del edificio conventual. Memoria de excavación. Servicio de Arqueología de El Museo Canario (SAMC), 1992.

Fig. 1.10. Calle General Bravo en el siglo XIX. A la izquierda el muro almenado de lo que fuera la parte oriental del antiguo convento franciscano. (Archivo de fotografía histórica de Canarias. Cabildo de Gran Canaria. Fedac).

que tenemos noticia es de su demolición en el año 1664. Las autoridades apostólicas determinaron que ambas casas debían separarse por una plazoleta, por lo que decidieron destruir el muro de piedra que corría paralelo entre las dos fachadas. Sin embargo, parece que el derrumbe no fue total, pues en parte de la actual calle de General Bravo (Fig. 1.10), la obra se redujo a bajar la pared para lo que se pusieron unas almenas (Cuenca, 1993: 184), que se pueden observar en el dibujo representado en el plano de Pedro Agustín del Castillo, y en una foto conservada en el archivo fotográfico de la FEDAC, del Cabildo de Gran Canaria (Fig. 1.11).

En 1737 se abre un expediente legal sobre este dato, cuando un fraile testifica que, desde su fundación, el convento había estado rodeado de una muralla por la parte de la plazoleta hasta donde llegan hoy los álamos, con sus puertas de cantería y que por falta de dinero se había ido cayendo. Corrobora este apunte el testimonio de un individuo de 82 años quién asegura haber visto dicho muro y que en una de las esquinas *"se hallaba el álamo y una pieza estaba el osario"* (Cuenca, 1993: 34–35). Queremos dejar constancia de este dato porque cuando se procedió al alumbrado de la actual plazoleta de Colón, delante de la iglesia de San Francisco de Asís, se hallaron unos restos óseos humanos que quizás correspondan al osario al que se refiere el testigo.

Parece que en el siglo XVIII no se hicieron muchas obras, a no ser las obligadas para rehabilitar el cenobio, después de las inundaciones que sufrió por el desbordamiento del Guiniguada en los días 26 y 27 de enero de 1713: *"La tempestad se rueda sobre Gran canaria. El barranco de Guiniguada se lleva el Puente de Las Palmas; derriba el* **Convento de S. Francisco***, destruye campos y sembrados y las lluvias hacen perecer mucha gente"*[11].

Quizás como consecuencia de este suceso se rellenaron los sótanos del edificio, según se deduce de los resultados arqueológicos, por lo que no es extraño escuchar a Domingo J. Navarro cuando dice que: *"El*

---

[11] Ver Millares Torres, Agustín (1888): Anales de las Islas Canarias, T. V (1700–1749). Manuscrito. Archivo Museo Canario, p. 59.

Fig. 1.11. Vista de la fachada oriental y del muro almenado del antiguo Convento de Asís de Las Palmas de Gran Canaria en 1864. (Archivo de fotografía histórica de Canarias. Cabildo de Gran Canaria. Fedac).

convento de San Francisco de esta ciudad nunca se distinguió por su aseo. Los pisos de las planta baja eran muy húmedos y la escoba andaba poco por ellos" (Navarro, 1977: 81).

Esto se comprende todavía más cuando, además de hacer frente a vicisitudes como la derivada tras la inundación, tienen que resolver la mala evacuación de las aguas endógenas y exógenas, demostrado por las continuas canalizaciones puestas a la luz en dichos trabajos de arqueología.

Es razonable que un inmueble con tantos siglos de historia sufra ciertos "achaques" por la edad. Sigamos escuchando a Navarro sobre el aspecto exterior del edificio cuando nos habla de sus *"altos muros jorobados y verdinegros y su laberíntica confusión de ventanas y balcones carcomidos, pasillos con celosías, escaleras empinadas, tapias mal unidas y celdas cubiertas de musgosas tejas..."* En otro fragmento se lee: *"A lo largo del muro oriental del mismo **monasterio** corría un estrechísimo callejón donde no era posible pisar sin llenarse de inmundicias y salir asfixiado de las emanaciones pútridas de despojos humanos y de los animales muertos que allí se arrojaban"* (Navarro, 1977: 20).

Sin embargo, no podemos olvidar que el desalojo de las aguas negras y de las basuras apiladas junto a las casas, no era un descuido exclusivo de los frailes franciscanos, sino que era costumbre extendida en la época, hasta que las enfermedades provocadas por los problemas higiénicos llevaron a tomar una solución general. Así en 1790 y para resolver dichos focos de infección se inició el empedrado de las calles y se suprimieron los

Fig. 1.12. Militares en el Cuartel de San Francisco (1905–1910). (Archivo de fotografía histórica de Canarias. Cabildo de Gran Canaria. Fedac).

vertederos. Para el caso concreto del convento de San Francisco, en el mes de febrero, se finalizaron las tareas de cantería para la conducción de aguas de las calles del barrio de Triana y se concluyó el caño subterráneo de desagüe que bajaba desde la Plaza de San Francisco al Terrero[12].

Si conocemos el aspecto externo del edificio, gracias a las descripciones conservadas, la evolución y la distribución interna es algo más confusa. Aunque sabemos la ubicación de sus huertas y la existencia de dos claustros, quedaba aún por esclarecer cuál era la zona del cenobio dedicada a cementerio antes del Decreto de 1802, descubierta, en parte, gracias a los trabajos arqueológicos de 1992.

Es cierto que existe documentación al respecto sobre determinados personajes enterrados en el convento, en la capilla de los Terceros o en el altar mayor de la iglesia; pero a excepción de dos de ellos, en los que se especifica estar enterrados en la Portería, pocos son los datos de ubicación exacta del sepelio dentro del recinto monacal. Desgraciadamente, las únicas referencias que tenemos sobre su inhumación son entre los años 1796 y 1806, a excepción del dato de Jiménez Sánchez sobre fray José de Sosa, quien expresa que dicho religioso recibió allí sepultura, pero que no había ninguna señal sobre la losa que identificara su lecho mortuorio (Jiménez, 1939: 30–31).

Después de trescientos años de vida, los franciscanos se vieron obligados a abandonar el convento por la desamortización decretada por el Gobierno en 1835. Se cierran las casas religiosas y a sus moradores se les dispersaba para incautarle sus bienes y venderlos en subasta pública, por lo que el cenobio pasaría a manos del Estado. Desde 1849 comenzó a utilizarse como cuartel de Artillería convirtiéndose luego al ramo de Ingeniería, y en 1893 al de Infantería (Fig. 1.12).

Aunque hasta la fecha en que fue ocupado por los militares el edificio apenas sufrió grandes reformas, una vez tomado, rehabilitaron el conjunto para adaptarlo (Cuenca, 1993: 35). Entre los cambios conocemos el que publica el periódico *El Ómnibus* con fecha 1856 notificando la desaparición de la antigua Portería, sustituida por una nueva fachada[13] (Fig. 1.13 y 1.14).

---

[12] Memoria de la excavación, p. 50.
[13] *El Ómnibus nº 144*, Las Palmas, 17 de diciembre de 1856.

Fig. 1.13. Fachada del cuartel de San Francisco en 1904. Fotografía de Francisco Rodríguez Ortega. (Archivo de fotografía histórica de Canarias. Cabildo de Gran Canaria. Fedac).

Fig. 1.14. Fachada del cuartel de San Francisco en 1905–1910. Fotografía de Luis Ojeda Pérez. (Archivo de fotografía histórica de Canarias. Cabildo de Gran Canaria. Fedac).

Fig. 1.15. La capilla de los Terceros junto a la espadaña del Convento de San Francisco de Asís (1910). (Archivo de fotografía histórica de Canarias. Cabildo de Gran Canaria. Fedac).

Una de las preocupaciones de los frailes franciscanos era extender entre los seglares su espíritu mediante la erección canónica de la Orden Tercera. La primera terciaria documentada en Las Palmas se llamaba Crespa Mayor. En su testamento del 5 de julio de 1562 impuso unas misas en el convento de *"mi padre **San Francisco**"* de la que era *"beata profesa"*; es decir, que llevaba públicamente el hábito de terciaria (García, 1997: 27–44).

Los Terciarios solían contar con una capilla propia para sus reuniones y ejercicios de piedad. Sabemos que en 1667 se realizó una reunión en la que se hizo transferencia de un trozo del terreno de la huerta del convento a los Terciarios, y aquí se construyó una capilla. Esta cesión está registrada en 1668 en la escribanía pública de J. García[14].

Gracias, una vez más a la fotografía (Fig. 1.15), conocemos la localización de la capilla de los Terceros que se hallaba junto a la espadaña, conformando las edificaciones una estructura cerrada alrededor de la plaza de San Francisco. Y se convirtió en Escuela Elemental de los niños de San Francisco en 1837 a raíz de la exclaustración de los edificios religiosos. Posteriormente sería sede de la Sociedad Económica de Amigos del País y hoy vía pública, tras las obras de apertura de la calle de San Francisco para conectar la plaza de Colón con la actual calle Primero de Mayo; obras que pusieron al descubierto algunos restos humanos. Alzola dice al respecto que probablemente pertenecieran a los genoveses enterrados en lo que fuera la Capilla de los Terceros de San Francisco, pues en ella se inhumaban los Terciarios que así lo desearan[15].

---

[14] Memoria de la excavación, p. 48.
[15] Alzola González, José Miguel: "Los Terceros", *Diario de Las Palmas, 17 de octubre de 1953*, p. 11.

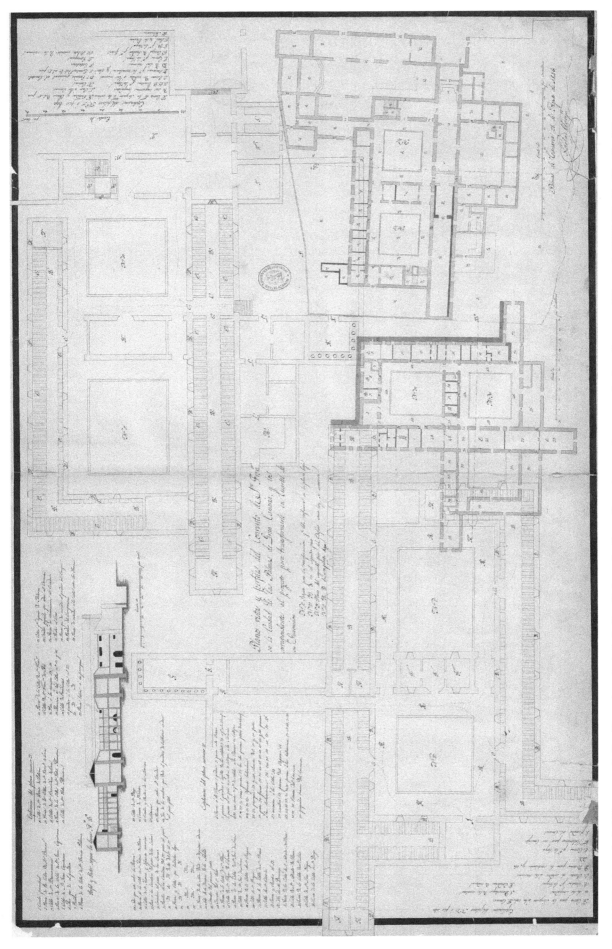

Fig. 1.16. Planimetría del Convento de San Francisco de Asís de Las Palmas de Gran Canaria para la propuesta de reformas militares de 1846. Nicolás Clavijo. "España. Ministerio de Defensa, AGMM. (GC-01-03)".

Si todas las remodelaciones suponen la pérdida de un trozo de nuestra historia, catastrófico fue el derrumbe completo del edificio a mediados del siglo XX. Su total demolición convirtió este espacio en un solar de 4.000 metros utilizados como aparcamiento, quedando en pie la espadaña sobre torre de sillería y la iglesia de San Francisco, levantados en el siglo XVII tras la destrucción sufrida por los holandeses[16].

Después de varios proyectos no ejecutados, se aprobó como definitiva la construcción del Conservatorio Superior de Música de Las Palmas.

A esta lamentable pérdida sólo nos queda sumar el interesante plano (Fig. 1.16) encontrado por Lobo y Anaya en el Servicio Histórico Militar de Madrid, relativo a las dependencias exactas del edificio y al estado en que se encontraba en el siglo XIX, junto algunas noticias de militares en las que se aducen a la propuesta de reformas en las conducciones realizadas en el antiguo convento (Cuenca, 1993: 59).

Este plano, junto a la documentación descrita y conocida hasta el momento, así como las evidencias arqueológicas que salieron a la luz tras la campaña acometida por el SAMC en los años 1991-1992, son los únicos recursos con los que contamos hoy para intentar reconstruir un pasado importantísimo que ha sido testigo de cinco siglos de nuestra historia.

---

[16] Benítez Inglott, Eduardo: "La Iglesia de San Francisco de Asís". *La Falange, 9 de febrero de 1955*, pp. 3–4.

2

Precedentes de la investigación

Participación en la excavación de "San Francisco"

En el verano de 1992 participé en la intervención que se denominó Arqueología Urbana' 91. Estaba localizaba en lo que fuera el aparcamiento de tierra ubicado en la trasera de la Iglesia de San Francisco de Asís, junto a la calle Malteses de Las Palmas de Gran Canaria.

Una vez terminada la intervención fui invitada a formar parte del inventario del material recuperado en la excavación, y así fue como comencé a visitar las dependencias del laboratorio del Museo Canario.

Una vez concluido el registro de los materiales arqueológicos comprobé con estupefacción que todo aquel material exhumado se quedaba almacenado en unas cajas esperando a que alguien lo quisiera estudiar.

No era posible que esto quedara así, sin más. Aquellos fragmentos de cerámica, de tan variados colores, formas y tamaños, me "gritaban" que no querían permanecer en el olvido. Allí habían llegado y era por algo, habían sido testigos de una historia y habían tenido "vida". No podían "prescribir" como si se tratara de un caso policial sin resolver, por eso decidí estudiar y analizar aquel material.

La idea que se había venido forjando en mi cabeza, en los últimos años de la carrera, era conocer los contactos de Canarias con el exterior a lo largo de la Historia. Pensé que la mejor vía era a través de la Arqueología subacuática, de este modo me puse en contacto con don Antonio Tejera Gaspar, pues supe que estaba dirigiendo una tesina en este campo de investigación en la Universidad de La Laguna.

Cuando don Antonio observó todo aquel material desplegado sobre los amplios tablones convertido en mesas dijo, -*"aquí están los tesoros de la excavación, esto es lo que debes investigar. Este material te permitirá estudiar los contactos de Canarias con el exterior; a través de la importación de la cerámica, podrás analizar las relaciones comerciales, no sólo con Europa, sino con el mundo atlántico"*.

A los pocos días llegó a mis manos un ejemplar del libro de Kathleen Deagan, publicado en 1987, *Artifacts of the Spanish Colonies of Florida and the Caribbean 1500–1800*, sobre la cerámica moderna recuperada en yacimientos del Nuevo Mundo. Aquel libro, propiedad de don Antonio Tejera sería, a partir de ese momento, el libro de cabecera con el que poder analizar el material exhumado del convento de "San Francisco".

Los inicios de la investigación: La recopilación bibliográfica

Así que me enfrenté con el primer problema: conseguir bibliografía sobre la cerámica que iba a estudiar, una bibliografía que no estaba en las bibliotecas de Gran Canaria.

Los primeros trabajos sobre cerámica que obtuve fueron las obras de Manuel Gómez Moreno: *La Cerámica Medieval Española*, publicada en Barcelona en 1924, así como la obra de Manuel González Martí: *Cerámica azul de Aragón, Cataluña y Valencia, de los siglos XVI al XVIII*, publicada en 1964; junto al catálogo del Museo González Martí, hoy Museo Nacional de Cerámica. Una obra publicada en 1933.

Gracias a la profesionalidad de los funcionarios de las Bibliotecas del Museo Nacional de Cerámica o de la Biblioteca Nacional de Madrid pude acceder a la mayor parte de la bibliografía necesaria a través del "Préstamo Interbibliotecario". Empezaron a llegar algunas publicaciones solicitadas, como la de Gestoso y Pérez de 1904, sobre *Historia de los barros vidriados sevillanos desde sus orígenes hasta nuestros días*, o la de Ainaud de Lasarte: "Cerámica y vidrio" de la Revista *Ars Hispaniae nº X*, de 1952. Una obra general que incluye producciones de Cataluña, Andalucía y Aragón. Se puede decir que ambos trabajos son de obligada consulta por ser los primeros estudios sobre cerámica andaluza y, en general, sobre la cerámica para la Península Ibérica.

De estas obras fui vaciando la bibliografía que estos autores manejaban. A mi casa fueron llegando poco a poco otras obras generales como las de Almagro Basch y Llubià Munné: *Aragón-Muel*, publicado en Barcelona, en 1952, así como otras publicaciones de la década de los 60 como la de Natacha Seseña sobre cerámica de Talavera, o de Isabel Ceballos Escalera, un catálogo de la exposición de *Cerámica española. De la Prehistoria a nuestros días*, realizado por la Dirección General de Bellas Artes, en el año 1966.

Pero si existe una publicación en esta década sobre cerámica moderna de obligada consulta, es, sin duda, la obra de John Goggin de 1968: *Spanish Majolica in the New World. Types of the Sixteenth to Eighteenth Centuries*. Considero que Goggin es el verdadero pionero en estudios de cerámica bajomedieval y moderna en el Nuevo Mundo. Este autor ha sido el primero en estudiar la cerámica desde la arqueología y no desde la historia del arte.

En la década de los 70 destacan en España publicaciones como la de Balbina Martínez Caviró, sobre cerámica de Talavera, del año 1971. Mientras que al otro lado del Atlántico serán Florence y Robert Lister quienes continúen con la obra inconclusa de John Goggin, publicando en el año 1974 un artículo en la revista *Historical Archaeology*, titulado "Mayólica in Colonial Spanish America". Estos autores hablan de la existencia de cuatro complejos de mayólicas. Uno vinculado a España, de origen andaluz, y otros tres americanos de origen guatemalteco, mexicano y andino.

Los Lister, desde entonces, nos advierten sobre dos tendencias en la cerámica andaluza; por un lado la de tradición hispanomusulmana, entre las que se incluyen las series de "cuerda seca", los "azulejos de arista", la serie "Isabela policromado" y la serie "blanca decorada en azul", y por otro lado, otra de fuerte influencia italiana (Lister & Lister, 1976: 28–41) que se deja sentir a partir del siglo XVI en producciones cerámicas como la serie "azul sobre azul", series de las que hablaremos detenidamente en próximos trabajos.

Los técnicos del Museo Canario me facilitaron también algunos trabajos como la publicación de Prat de Puig, de 1980, sobre una intervención en Cuba, titulada *Significado de un conjunto cerámico hispano del siglo XVI de Santiago de Cuba*. Pronto llegaron otros trabajos sobre intervenciones en Cuba de la mano de la arqueóloga Lourdes Domínguez (1978, 1980, 1980 b, 1983, 1995, 1998).

Pero siguiendo con las publicaciones sobre cerámica, observo que entre las décadas de los 70 y 80 empiezan a aparecer, entre otros, investigadores como Berti y Tongiorgi (1980, 1986, 1986 b) quienes profundizan en la producción de la "loza dorada" andalusí registrada en Italia; o Mª Isabel Álvaro Zamora cuyos estudios se centran en la producción cerámica aragonesa (1978, 1982, 1983); o Cirici (1977) para la zona catalana; o Aguado Villalba (1979) quien estudia los azulejos (1979, 1986 b) y la cerámica hispanomusulmana de Toledo (1983, 1986, 1986 c).

Tras varios años de búsqueda frustrada de bibliografía sobre la cerámica que había aparecido en los sótanos del convento de San Francisco de Asís de Las Palmas de Gran Canaria, compruebo que, excepto en los casos de las publicaciones americanas, la mayor parte de las que había conseguido, trataban sobre la serie de "reflejo metálico" también conocida como "loza dorada". Aunque había localizado algunos fragmentos de esta serie entre los restos de la excavación franciscana, el problema radicaba en que la mayor parte de las publicaciones analizaban piezas de una belleza espectacular, propias de las colecciones decimonónicas que se custodiaban en las vitrinas de los museos, como el trabajo de Mª Paz Soler Ferrer. *Historia de la cerámica valenciana*, publicado en 1989. La excepción eran los *bacini*, de los que trataban los autores italianos citados (Berti *et al*, 1993), que hablaban de la presencia de estas piezas en las fachadas de las iglesias italianas y que, por tanto, abordaban el tema desde un punto de vista comercial, pero solo de la época andalusí. De igual manera aparecían especialistas en el comercio de la cerámica de "reflejo metálico" en Francia, que estudiaban igualmente la existencia de las "lozas doradas" valencianas en sus costas, como el caso de François Amigues y Mercedes Mesquida (1987), con trabajos publicados desde 1985, o la aportación de Julio Navarro Palazón (1980, 1986, 1986 b, 1986 c, 1987) sobre la posibilidad de la producción de "loza dorada" en los alfares de Murcia, con un trabajo publicado por él en 1986 titulado *La cerámica islámica de Murcia*.

A la mayoría de las personas que he mencionado tengo que agradecerles su atención de una manera muy especial, pues cuando me puse en contacto con ellas para hacerles consultas, me atendieron y trataron siempre amable y generosamente, facilitándome no sólo parte de sus trabajos, sino invitándome a participar en Congresos y animándome a publicar y dar a conocer los resultados de mi investigación.

El estudio de la cerámica de "reflejo metálico" precedente del método aplicado

El abanico cerámico que debía estudiar era muy amplio y variado; sin embargo, hasta ese momento, sólo había reconocido la producción de "loza dorada" y fue la primera bibliografía que pude recopilar casi al completo, al menos lo publicado hasta aquel momento.

Tomé entonces la decisión de empezar a estudiar los pocos fragmentos de "loza dorada" que había registrado en la excavación de "San Francisco", pero aquellas piezas estaban muy fragmentadas y la decoración representada en su superficie poco tenía que ver con las piezas publicadas en los grandes catálogos que trataban sobre el tema, a excepción de una escudilla decorada con "pincel-peine" que había identificado como catalana. Por ello, decido enviar fotos de los ejemplares de "loza dorada" del repertorio "franciscano" a los especialistas españoles que habían publicado al respecto, tanto en el área valenciana, a Jaume Coll (1990, 1991); catalana, a Joseph Antoni Cerdà (2001), como a la directora del Museo Valencia de Don Juan de Madrid, Balbina Martínez Caviró (1980, 1982, 1991). Estaba perdida y necesitaba que me orientaran sobre el origen de aquellos fragmentos.

Mucha de la bibliografía consultada sobre esta serie cerámica, trataba por defecto la "loza dorada" como procedente de los alfares de Manises, a excepción de algunos estudios que la vinculaban a alfares catalanes o aragoneses. Sin embargo, en general, encontrar fragmentos de "reflejo metálico" en un yacimiento era casi un sinónimo de cerámica valenciana.

A pesar de la amable y bienintencionada respuesta de cada uno de ellos, el hecho de que uno me dijera que aquellas cerámicas eran valencianas; otro que eran catalanas; y una tercera que cabía la posibilidad de que algún fragmento fuera de Muel, provocó en mí un verdadero desconcierto. Fue, sin embargo, el comienzo de la verdadera investigación: **¿cómo caracterizar el material que tenía en mis manos?** A partir de este momento debía continuar viajando sola y buscar las respuestas a la pregunta formulada.

Aprendí que debía observar cada pieza cerámica, analizar el tipo de pasta, su textura, su color, su granulometría, su cubierta, su espesor y luego su decoración. Observé, describí, analicé, comparé y me dejé llevar por mi intuición, me arriesgué y propuse distintas procedencias de aquel material "franciscano": unos eran valencianos, otros catalanes, y en el caso concreto de una escudilla propuse que era sevillana. Por aquel entonces se hablaba de la posible existencia de producciones de "loza dorada" en Sevilla, algo que parecía descabellado entre algunos especialistas. Aquella afirmación sólo se conocía a partir de la documentación escrita y no a la existencia de material cerámico procedente de una excavación. Sin embargo, ya había algún autor, Anthony Ray, que se atrevió a afirmar en una publicación de 1987 que algunas piezas de la serie de "reflejo metálico" conservadas en el *Victoria and Albert Museum* de Londres podrían ser producciones sevillanas.

Independientemente de las discusiones de los especialistas, y de la insistencia de algún cariñoso colega que quiso disuadirme de mi presunto error sobre aquella escudilla, que yo bautizaba como andaluza, los análisis arqueométricos a las que fueron sometidos los fragmentos que mandé a analizar, no hicieron más que confirmar lo que había intuido, esto es, la existencia de cerámicas de la serie "loza dorada" elaboradas en diferentes centros de producción peninsular, cuyo destino final fue la ciudad Las Palmas de Gran Canaria y que acabaron, por motivos que desconocemos, enterradas en los sótanos del antiguo convento de San Francisco de Asís de la capital.

Las pruebas arqueométricas fueron realizadas por Javier García Iñañez (2007), a quien tengo que agradecer su trabajo, además de a María del Cristo González Marrero, profesora de la Universidad de Las Palmas de Gran Canaria, quien me puso en contacto con el primero. Los resultados científicos vieron la luz no sólo en la Tesis

Doctoral del citado Javier García Iñañez, sino que una síntesis de los mismos puede consultarse en la revista de *El Museo* Canario n° LXIII, publicada en el año 2008.

Presentación y publicación de la Memoria de Licenciatura

De esta suerte, pude elaborar y presentar la Memoria de Licenciatura en enero del año 2001 en la ya Universidad de Las Palmas de Gran Canaria.

Estaba formada por cinco capítulos, aquellos cuyas series cerámica había identificado por la bibliografía: la cerámica de "reflejo metálico", la cerámica de "cuerda seca", los azulejos de "arista sevillanos", la *"serie blanca sevillana* o columbia simple" y la serie "azul y morada o Isabela policromado".

Una vez leída la Tesina, tras las indicaciones del Tribunal presidido por don Eduardo Aznar Vallejo, dediqué un tiempo a reelaborar cada uno de los capítulos con el fin de publicarlos en diferentes revistas especializadas de cerámica. El primer capítulo vio la luz en el *Butlletí de ceràmica i terrisa catalana* (Sosa, 2004 b: 21-41), gracias a la confianza de Josep Antoni Cerdà i Mellado, director de la revista, para el caso de la cerámica de "reflejo metálico".

El capítulo sobre la cerámica de "cuerda seca" era un apartado cerrado, gracias a un trabajo de Carmen Aréchaga publicado en 1982 sobre este tipo de producción bajomedieval. Unos años más tarde, salió a la luz un trabajo de Guilherme Cardoso y Severino Rodrigues, también sobre cerámica de "cuerda seca" recuperada en Cascáis. Portugal, entre los siglos XI y XVI, y publicado en *III CICMMO (Congreso Medieval del Mediterráneo Occidental)* del año 1987, con lo que empezamos a encontrar intervenciones arqueológicas con el mismo tipo de material en la vecina Portugal.

Elegí la revista *CuPAUAM (Cuadernos de Prehistoria y Arqueología de la Universidad Autónoma de Madrid)* para publicar el trabajo sobre la cerámica de "cuerda seca", entre otras razones, porque una de las primera excavaciones de época andalusí practicadas con método arqueológico fue la Alcazaba de Badajoz (1985). Una intervención dirigida por Fernando Valdés, quien había co-publicado con Manuel Casamar, en el año 1984, un artículo en la misma revista sobre cerámica de "cuerda seca" andalusí. El artículo sobre la cerámica de "cuerda seca" del yacimiento de San Francisco de Asís de Las Palmas de Gran Canaria fue admitido gracias al director de la revista Fernando Quesada (Sosa, 2007: 155–174).

Al igual que lo sucedido con la serie de "reflejo metálico", todas las referencias sobre "azulejos de arista" se adscribían también por defecto a un origen sevillano por ser el centro alfarero que produjo el mayor volumen de azulejos con esa técnica (Pleguezuelo, 1989); sin embargo, volvimos a comprobar que existían estudios de otros centros alfareros que habían elaborado "azulejos de arista", como los casos de Muel, Toledo o Valladolid, gracias, en el último caso, a la Tesis Doctoral de Mónica Malo Cerro, titulada *Azulejerías de Castilla y León. De la Edad Media al Modernismo*, y publicada en el año 2001.

Tuve que buscar otro camino para dar a conocer los resultados del estudio de los "azulejos de arista" que vieron la luz en el yacimiento de "San Francisco", así que decidí dividir el capítulo en dos trabajos. Una primera parte teórica, fue publicada en la revista *C. E. A. M. (Centro de Estudios de Arqueología Moderna)*, de Madeira, en el año 2010 (Sosa, 2010: 100–117). Este trabajo se orientó hacia los posibles lugares de elaboración de los "azulejos de arista" y el origen de los mismos. La segunda parte del estudio, dedicado al catálogo de los azulejos recuperados en la excavación "franciscana" está a la espera de ser publicada (Sosa, sin editar).

Desde el día en que decidí estudiar las cerámicas que estaban guardadas en las cajas del Museo Canario, uno de mis objetivos se centró, no solo en dar a conocer las series cerámicas que se recuperaron en la excavación del antiguo Convento de San Francisco de Asís y dirigir esa información a los expertos en cerámica, sino que ese conocimiento debía llegar al público en general, curioso o aficionado, con el fin de difundir nuestro patrimonio arqueológico, en este caso el cerámico. Por eso, preparamos tres artículos resumidos y adaptados, con carácter más divulgativo en el *Boletín del Museo Canario de Las Palmas*, correspondientes a los números 15, 16 y 17 de los años 2005 y 2006. Publicaciones que debo agradecer a don Diego López Díaz y a Luis Regueira Benítez gerente y técnico bibliotecario, respectivamente, del Museo Canario de Las Palmas de Gran Canaria en aquellos años.

Comienzo del trabajo de investigación

No quise comenzar con el trabajo de investigación propiamente dicho, hasta no ver acabadas las publicaciones mencionadas. Un trabajo que se cerró en el año 2010.

Durante estos años he aprovechado para seguir recopilando toda la bibliografía disponible, gracias al servicio de Acceso al Documento de la Universidad de Las Palmas Gran Canaria.

Aunque parezca mentira, después de muchos años, me di cuenta de que toda la bibliografía que estaba recopilando, publicada en los *Congresos de Arqueología Medieval Española* o los *Congresos de Cerámica Medieval del Mediterráneo Occidental,* se centraban en la cerámica andalusí, y su difusión por el Mediterráneo. Siendo la "loza dorada o de reflejo metálico" la que más publicaciones había suscitado. Todos estos años de búsqueda bibliográfica fueron un recorrido a un lugar sin salida o, al menos, un camino en dirección contraria.

Me di cuenta tarde y me costó comprender que los trabajos sobre la producción cerámica andaluza y su comercialización por el Atlántico, no los habían comenzado los investigadores españoles, a excepción de Gestoso y Pérez o Ainaud de Lasarte, sino los investigadores americanos, y que el pionero había sido Goggin, seguido por los Lister, Deagan y Marken.

Me parecía imposible que existiera esa laguna, no sólo desde el punto de vista de la investigación cerámica, sino también desde las propias intervenciones arqueológicas. Me costó aceptar que las únicas actuaciones hasta la década de los 80 se limitaran al área del Caribe, e impensable me parecía que a este lado del Atlántico, la única intervención de Arqueología Moderna era la de Alcácer Seguer, en Marruecos, practicada por Redman y Bonne, autores también americanos, en el año 1979 (Redman & Boone, 1979: 5–77).

Para el caso de las Islas Canarias, sólo encontré, por indicación de Antonio Tejera, el trabajo sobre *El asentamiento franconormando de "San Marcial del Rubicón" (Yaiza, Lanzarote). Un modelo de arqueología de contacto,* realizado por él junto con Eduardo Aznar Vallejo, publicado por el Ayuntamiento de Yaiza en 1987, un trabajo que fue presentado en el *II C. A. M. E. (Congreso de Arqueología Medieval Española),* celebrado en el mismo año (Tejera y Aznar, 1987 b: 731–739) y completado unos años más tarde en la revista *Investigaciones Arqueológicas II,* bajo el título "El proyecto arqueohistórico de San Marcial del Rubicón (Yaiza, Lanzarote)" (Tejera y Aznar, 1990: 255–267).

Vacié los trabajos publicados en el *Noticiario Arqueológico Hispánico,* a través del cual pude conocer las intervenciones practicadas en los testares cerámicos de Talavera de la Reina (Braña y Ceballos, 1997: 411–427); la intervención de la Alcazaba de Badajoz dirigida por Fernando Valdés (1985); o la excavación en Málaga, en la Mollina, realizada por Rafael Puertas Tricas (1986) sobre una construcción romana en la que había aparecido cerámica común vidriada, quizás de finales del siglo XV.

Por entonces, conocía que la arqueología hispanomusulmana, en los años 80, estaba a la sombra por falta de estudios arqueológicos. Ya Fernando Valdés advertía sobre la necesidad de establecer tipologías y cronologías pues existían dos problemas: la falta de criterios tipológicos suficientes y la perdurabilidad de los tipos andalusíes en el tiempo, a excepción de la "cerámica verde y manganeso", la de "cuerda seca" (Puertas, 1989) y la "loza dorada" (Valdés, 1981: 151–159).

Busqué en la revista *Arqueología,* en el *Anuario Arqueológico de Andalucía*[17], en la revista *Arkeoikuska,* en el *Archivo Español de Arte,* en *Complutum…,* busqué, busqué y busqué por comunidades autónomas españolas, sin encontrar resultado de intervenciones arqueológicas sobre época Moderna. La arqueología estaba centrada, en general, en la Prehistoria o en el Mundo Romano, desechando en la mayoría de los casos los niveles más recientes por considerarlos despectivamente "modernos", pasando sobre ellos la pala mecánica, y sin aplicar un método arqueológico, como si los niveles más cercanos en el tiempo no formaran parte de nuestra historia.

---

[17] Ver Lorenzo Morilla, José; Vera Reina, Manuel; Escudero Cuesta, José (1990): "Intervención arqueológica en C/ Pureza, 44 de Sevilla". *Anuario Arqueológico de Andalucía* (1987). Sevilla, pp. 574–580.

Por tanto, hasta el año 1992 en el que se practicó la intervención de "San Francisco", apenas existía información, ni cerámica ni arqueológica. Sin embargo, aquel año coincidió con el 500 aniversario del Descubrimiento de América y fue quizás ese acontecimiento el que permitió el despegue de la investigación de la arqueología moderna en intervenciones como la de La Cartuja en Sevilla (Amores, 1992: 41–60) y, por tanto, el estudio sistemático de la cerámica sevillana dentro de nuestras fronteras (Amores y Chisvert, 1993: 269–325). Si bien es cierto que ya existían algunos trabajos publicados en 1985 por Pleguezuelo sobre *La cerámica de Triana XVI-XIX*, o un segundo trabajo de este mismo autor elaborado conjuntamente con Balbina Martínez Caviró (1985), que trataban las relaciones entre las cerámica de Talavera de la Reina y Sevilla, así como las imitaciones que muchas veces se practicaban entre los distintos alfares españoles; sin embargo, a pesar de la valiosa aportación, aquellos estudios estaban enfocados desde el punto de vista de la Historia del Arte.

De igual modo, localicé la relación entre la producción cerámica aragonesa con la influencia italiana ejercida sobre sus cerámicas, gracias a los trabajos de Mª Isabel Álvaro Zamora. "Sobre la influencia de la cerámica italiana en la loza decorada aragonesa del siglo XVIII", en el *Homenaje a Federico Torralba Soriano*, publicado en 1983.

Más cercanos en el tiempo son los estudios realizados por Alfonso Pleguezuelo (1992, 1992 b, 1993, 1996, 1997, 1998, 1999, 2000, 2000 b, 2001, 2004, 2007) y Fernando Amores Carredano (1991, 1992), entre otros, así como algunos trabajos conjuntos de estos autores con Nieves Chisvert (1992, 1993), con Pilar Lafuente (1995), con Rosario Huarte y Pilar Somé (1997) o con Alberto Oliver (2004). La lectura de las conclusiones de sus análisis me ha permitido conocer mejor la producción de la cerámica andaluza.

Ahora, al abordar el gran capítulo de la cerámica de producción andaluza procedente de "San Francisco", con los antecedentes experimentados en la investigación de la producción de las series de "reflejo metálico" y de "arista", me van a permitir que haya puesto en duda que toda la cerámica aparecida en los sótanos sea de procedencia sevillana. La mayoría lo es, pero hemos preferido aportar, por un lado, una visión de conjunto sobre los posibles lugares de producción de las *series blancas* y "blancas decoradas", para no descartar otras posibles procedencias cerámicas; y, por otro lado, hemos creído conveniente hacer uso del método que fue creándose y desarrollándose a medida que íbamos analizando las piezas cerámicas. Un método que describiremos en los próximos capítulos.

En resumen, queremos destacar que, en general, en el primer contacto con las publicaciones existentes nos encontramos con distintas direcciones al abordar la investigación cerámica. Por un lado, se llevaron a cabo estudios desde el punto de vista de la evolución estilística, más vinculados a la historia del Arte, pero ajenos al método arqueológico. Esto sucede, sobre todo, en los trabajos más antiguos, aunque se incluyen también estudios de la década de los 80, ya que las piezas procedían del coleccionismo decimonónico.

Una segunda manera de abordar el análisis cerámico ha sido a partir de las sistematizaciones tipológicas, afines al método arqueológico, pero el problema con el que nos encontramos es que se estudiaban yacimientos concretos, vinculados al área de manufacturas locales, lo que no nos permitió tener una visión de conjunto de las fabricaciones cerámicas, al menos de la Península Ibérica. Además se añadía el problema de que la mayoría de estos estudios se centraron, en un primer momento, en las producciones andalusíes.

El tercer punto de vista de los análisis de los especialistas aborda la expansión comercial de los objetos cerámicos. Esta investigación, unida a los análisis de pastas, nos permite conocer la procedencia de las piezas halladas en determinados contextos arqueológicos. El problema es que la mayor parte de los trabajos se centraron en el contexto del comercio mediterráneo.

Necesitábamos para comprender la evolución y visión del conjunto, estudiar la historia de la cerámica en la Península Ibérica, al menos desde la invasión del Islam, a la que se asocia la llegada de las cerámicas esmaltadas, y por lo menos de los centros alfareros más importantes, cuya producción se desarrolló más allá de la Edad Moderna, como es el caso de la cerámica andaluza, aragonesa, catalana, toledana o levantina.

Si para la serie de "reflejo metálico" existía la posibilidad de una procedencia tan variada como Barcelona, Manises, Muel y Sevilla; y si para el caso de los "azulejos de arista" recuperados en la excavación de "San Francisco" se llegó a la conclusión de que eran sevillanos, pero cabía también la posibilidad de una procedencia de Muel, Valladolid o Toledo, por ser centros de producción vigentes en la Edad Moderna; por esta misma regla de tres, el resto de las piezas cerámicas que se hallaron en la excavación "franciscana" podían proceder de cualquier centro peninsular, por lo que quisimos empezar a analizar las "cerámicas esmaltadas en blanco", sin estar condicionados por los estudios de cerámicas locales. En este sentido buscamos indicadores de producción y atributos morfológicos que nos permitieran la identificación de las cerámicas, no solo desde el punto de vista de la procedencia, sino también cronológico. Para eso, a medida que fuimos analizando los fragmentos, adaptamos una ficha que nos permitiera analizar cerámicas en futuros yacimientos arqueológicos con el mismo tipo de material.

Por último, no queremos dejar de considerar que el desarrollo metodológico del trabajo se ha visto forzado por no poder cotejar el material exhumado en "San Francisco" con los derivados del trabajo de campo, por ser insuficientes los datos de la Memoria de la excavación. Por tanto, los resultados obtenidos en las siguientes páginas deberán ser comprobados con otros yacimientos arqueológicos bien sistematizados en los que aparezca el mismo tipo de cerámica que la recuperada en la excavación "franciscana". Tal es el caso, entre otros, de la intervención practicada en la calle San Marcial, en Vegueta, en Las Palmas de Gran Canaria (Sosa y Benítez, sin editar).

Si los marcadores tecnológicos que proponemos como indicadores cronológicos son válidos, habremos encontrado parámetros suficientes para catalogar el resto del material cerámico de importación recuperado en la excavación del antiguo Convento de San Francisco de Asís, así como el de los demás yacimientos de época Moderna del Archipiélago Canario.

3

Objetivos

1º Conocer la procedencia de las cerámicas

Cuando comenzamos el estudio de la cerámica del antiguo Convento de San Francisco, nuestro primer objetivo se centró en conocer la procedencia de cada una de las series que con tanta diversidad tecnológica y decorativa se presentaba ante nuestros ojos, e intentar descubrir a través de ellas, las relaciones comerciales entre los distintos centros loceros que produjeron tan variada artesanía.

Sin embargo, cuando el profesor Tejera accedió a dirigir este trabajo me dijo textualmente: *"Conviene que recuerdes que estás haciendo un trabajo liminar sobre algo que no se había hecho con anterioridad, por lo que no existe secuencia de ningún tipo de cerámicas históricas en Canarias. Esta dificultad no permite tener la visión de conjunto que sería necesaria. Y como además el yacimiento de base de estudio, el de "San Francisco", tampoco ha aportado todo lo que hubiera sido necesario, por falta de estratigrafía entre otras cosas, el trabajo se ha de orientar a sistematizar el material conocido que sirva de base para futuros estudios que completen y complementen lo que ahora no es posible conocer en su totalidad".*

Se decidió, por tanto, tomar como punto de partida estudiar solamente las cerámicas de importación con el objetivo de elaborar un catálogo que sirviera para identificar cada serie cerámica y facilitar su consulta en el campo de la investigación de la Arqueología Histórica del Archipiélago Canario.

2º La clasificación cronológica de las cerámicas

Un segundo objetivo, consciente de que la cerámica ha sido y sigue siendo un fósil director de primera magnitud, consistió en aproximarnos a una secuencia cronológica de cada una de las distintas series cerámicas, pues los materiales que el solar nos devolvía, tras ser excavados, habían permanecido ocultos desde hacía pocos siglos.

Al tratarse de un edificio de cinco siglos de historia, las cerámicas exhumadas de sus sótanos representaban un abanico cronológico tan amplio que hicieron que se constituyeran en candidatas perfectas para la elaboración del pretendido catálogo con el que identificar piezas similares en otros yacimientos canarios en los que apareciera el mismo tipo de material importado (Sosa, 2004: 1999-2021).

Por tanto, para la elaboración del catálogo era necesario proceder al análisis tipológico de la cerámica, ya que para la clasificación de los recipientes es determinante conocer todos los cambios tecnológicos y estilísticos que se producen a lo largo del tiempo, unido al estudio deposicional en el que se han encontrado los materiales registrados en la excavación arqueológica.

Toda la información tecnológica, morfológica y funcional que nos proporciona un recipiente, analizando su forma, su tamaño, el barro con que fue elaborado, su cubierta o los diseños que le fueron aplicados, son el reflejo, no sólo de las corrientes estilísticas de moda que invaden los ambientes sociales en un momento determinado; sino que el empleo de ciertos elementos para su fabricación, como el estaño o el cobalto, así como su presencia en un lugar alejado de su procedencia evidencian otros factores, como las relaciones comerciales entre regiones o países, a la vez que nos permite conocer el radio de difusión que pudo alcanzar la producción de un alfar concreto. Por tanto, con el estudio tipológico de la cerámica se sentarían las bases de futuras investigaciones más complejas.

3º La reconstrucción artificial de los depósitos del yacimiento por falta de datos de campo en la Memoria de la excavación

A la hora de abordar el estudio tipológico cerámico recuperado tras una excavación arqueológica "lo ideal" es encontrarnos con una estratigrafía que nos permita establecer secuencias cronológicas para que nos ayude a deducir la evolución morfológica de su material cerámico a lo largo de los siglos, por las sucesivas deposiciones.

Pero de lo que no hay duda es de que, en una excavación arqueológica, lo que es absolutamente necesario es el estudio de las unidades estratigráficas para poder interpretar los depósitos. Un análisis pormenorizado de estas secuencias estratigráficas nos puede proporcionar datos tan interesantes como la evolución de las manufacturas por sustitución generacional de los alfareros, puede manifestar la adaptación de las formas a nuevas costumbres culinarias, consecuencia de cambios económicos, sociales o culturales, reconocer la función de un recinto dentro de un espacio determinado, entre otros aspectos.

Sin embargo, uno de los principales problemas con el que nos encontramos al abordar el estudio de la cerámica de "San Francisco" fue la escasez de datos pormenorizados en la Memoria de la excavacción. En este sentido, ni si quiera sabíamos si el relleno de los sótanos del convento era fruto de las remodelaciones del propio edificio, o si, por el contrario, formaron parte de materiales exógenos y ajenos, por tanto, a la vida conventual franciscana. Al no poder contar con los análisis de campo que toda excavación requiere para un estudio exhaustivo e interpretar los depósitos, hubimos de recurrir a otros métodos alternativos de catalogación, e intentar, en la medida de lo posible, reconstruir los estratos artificiales de dónde fueron exhumadas las cerámicas a partir de su clasificación. Este procedimiento nos condujo a recorrer la senda de la interpretación del registro cerámico desde otra perspectiva y hacer uso de otro método, es decir, analizar, en primer lugar, los datos tecnológicos del objeto cerámico para, al final, hacer una reconstrucción artificial de los depósitos del yacimiento a parir de la cronología relativa que nos mostraran las cerámicas.

Lo que perseguimos con este procedimiento es que, si conseguimos fechar los fragmentos, una vez terminada la clasificación general, obtendríamos una reconstrucción estratigráfica artificial dentro del yacimiento, lo que nos permitiría interpretar algunas de las transformaciones del edificio conventual. Por otro lado, ayudará a otros investigadores a la clasificación cronológica de otros materiales de diferente naturaleza, por estar asociados a de los mismos depósitos. En este sentido, nuestro tercer objetivo es subrayar el valor de la cerámica como fósil director en las excavaciones arqueológicas, con lo que además quedaría demostrada la necesidad de continuar con la investigación de los materiales recuperados después de las intervenciones arqueológicas, y recordar que el trabajo del arqueólogo no se acaba cuando se cierra el trabajo de campo.

Sin embargo, esa hipotética reconstrucción de los depósitos del yacimiento de "San Francisco" a través de la cerámica sería válida y quedaría confirmada con el estudio del resto de los materiales de distinta naturaleza exhumados de la excavación. Este análisis excede el objetivo de este trabajo, pues entendemos que las conclusiones de un yacimiento debe abordarse en conjunto, con un trabajo en equipo contrastando los resultados de los distintos especialistas en cada uno de los campos o disciplinas de la investigación arqueológica, unido al análisis de los materiales que salieron de la excavación como la cerámica tradicional o popular, el vidrio, los restos de fauna, los restos malacológicos, los antropológicos, los arquitectónicos, etc.

Por tanto, lo que vamos a aportar con este estudio es el análisis parcial del yacimiento visto desde el punto de vista de las cerámicas de producción foránea que llegaron a nuestra isla, y que quedaron enterradas bajo los sótanos del Convento franciscano de Las Palmas de Gran Canaria en un momento de los últimos años del siglo XV que aún falta determinar.

2ª Parte

Caracterización de la serie blanca lisa

Introducción

Hemos comenzado el trabajo con una introducción del contexto histórico del antiguo convento de San Francisco de Las Palmas de Gran Canaria, una investigación que debemos a don Manuel Lobo y don Alberto Anaya, asesores históricos de la excavación, y que se incluyó en la Memoria de la excavación. A raíz de la intervención arqueológica en el año 1992, surgieron otras publicaciones, por lo que nos hemos ceñido a resumir y destacar los acontecimientos históricos más relevantes que afectaron al edificio a lo largo de su vida, pues nos ofrecen información importante para el análisis de las cerámicas que aparecieron en los sótanos del cenobio, objeto de nuestro estudio.

La segunda parte la hemos dedicado a describir los avatares de nuestro proceso de estudio, desde que se concluyó la excavación en el año 1992. Hemos descrito las dificultades que nos encontramos y los tropiezos al recopilar toda la información bibliográfica que necesitábamos; pero también, hemos querido nombrar y recordar a todas aquellas personas que han formado parte de esta investigación y que han aportado su grano de arena para que este trabajo saliera adelante, por lo que aprovechamos el texto a modo de agradecimiento a su ayuda y colaboración.

Como uno de los problemas a los que tuvimos que enfrentarnos fue la recopilación bibliográfica, sobre todo en las últimas décadas del siglo XX, con los precedentes de la investigación, hemos aprovechado para desarrollar un somero análisis de los estudios cerámicos sobre cerámica española a lo largo del siglo XX, y destacar la falta de estudios al respecto desde el punto de vista de la investigación cerámica moderna en el área de la arqueología.

El tercer apartado lo hemos dedicado a exponer los objetivos que nos planteamos a la hora de abordar el trabajo. Por eso, consideramos que es aquí donde debemos introducir al lector sobre los resultados de la investigación de la serie cerámica que hemos analizado en los últimos años, presentando la estructura del contenido con el que se va a encontrar.

Conforme al primer objetivo, esto es, conocer la procedencia de las cerámicas importadas en el Archipiélago, representadas en la excavación "franciscana", advertimos que su procedencia era, en su mayoría, andaluza. Una manufactura que estuvo presente de manera constante a lo largo de los siglos en los que se mantuvo en pie el convento de San Francisco de Asís.

Parecía, por tanto, que el volumen de material llegado a nuestras costas estaba mayoritariamente vinculado al comercio Atlántico, como demostraba la presencia de idéntico material en yacimientos americanos y marroquíes.

Pero junto a estas cerámicas andaluzas, aparecieron otras de origen manisero, como un ejemplar de la serie de "reflejo metálico" (Sosa, 2004: 21–41), confirmada su procedencia gracias a los análisis arqueométricos efectuados (García, 2007). No podíamos, por tanto, descartar la variedad de procedencias para una misma serie cerámica.

En este punto debemos considerar la privilegiada situación geográfica de las islas Canarias, encrucijada de caminos en el Atlántico, sin olvidar que nuestro Archipiélago estuvo vinculado igualmente a comerciantes mediterráneos como los italianos, catalanes o súbditos de la corona de Aragón, antes de la Conquista Castellana.

Por eso, no es extraño que junto a las cerámicas andaluzas hayamos registrado otras llegadas desde lugares más lejanos como Italia, Holanda, Portugal o Inglaterra. Producciones cuyos estilos fueron poniéndose de moda progresivamente en las casas europeas, y cuyo influjo se dejó sentir en las mesas de la sociedad grancanaria, incluido el refectorio "franciscano".

La presencia de estas cerámicas descubiertas en la excavación ha permitido desmadejar cómo en los alfares españoles de tradición hispanomusulmana continuaron su actividad tradicional a lo largo de los siglos; pero a la vez, se puede observar como éstos, paralelamente a esta producción heredada, se adaptaron a las corrientes innovadoras de la Europa renacentista y barroca aplicando los diseños que se imponían desde Italia, Holanda o Portugal, y que traían los expertos ceramistas extranjeros, con lo que los alfareros andaluces, sin abandonar sus raíces, optaron por imitar, o se adaptaron, a estas producciones refinadas traídas desde fuera.

Esta triple producción alfarera se refleja entre los hallazgos de la excavación "franciscana": por un lado, las cerámicas de tradición hispanomusulmana; por otro, las producciones andaluzas que imitan las corrientes de moda en la Europa del Renacimiento y el Barroco; y, en tercer lugar, las propias vajillas europeas importadas desde sus lugares de origen.

La variedad de procedencias de la cerámica, unido a la existencia de piezas andaluzas que imitan las producciones europeas ha complicado el entramado de la investigación para la elaboración de un catálogo que permita mostrar las piezas más representativas de cada periodo cronológico, dentro de cada uno de sus lugares de producción. Este hecho subraya aún más la necesidad de elaborar un método que ayude a determinar no solo la cronología de las cerámicas, sino la procedencia, y si se trata de una copia nacional o importada.

De todas las series registradas en la excavación, en el estudio hemos querido referirnos a la *serie blanca sevillana*, correspondiente a una de las producciones andaluzas cuyo origen se incluye dentro de las cerámicas de tradición hispanomusulmana, junto con las series de "reflejo metálico" y "cuerda seca". Dejaremos, por tanto, para una segunda parte el resto de las mayólicas sevillanas decoradas, como son la "serie azul y morado", conocida como "Isabela policromado", así como las "series blancas decoradas en azul", que partiendo de influencias hispanomusulmanas, como es la "serie azul lineal", terminan evolucionando hacia otras de tendencias europeas como la "serie azul figurativa".

En cada capítulo empezaremos con una definición de la serie, seguida de los aspectos técnicos conocidos gracias a los estudios locales.

Para saber cuál ha sido el origen más remoto de la serie, protagonista de nuestro ensayo hemos estudiado la historiografía que existe al respecto sobre cada una de ellas, lo que nos ha permitido analizar las características tecnológicas de su producción, desde el barro empleado, los componentes de sus cubierta, las aplicaciones decorativas, así como el modo de colocar las piezas dentro del horno, pues las cicatrices de los recipientes como consecuencia de los separadores empleados nos indicarán asimismo la tradición alfarera de la que estemos tratando.

A continuación haremos una descripción y caracterización del material exhumado en "San Francisco", e iremos describiendo el catálogo según el tipo de pasta (textura, color y granulometría); el tipo de cubierta; las formas (morfología); desde el punto de vista de la decoración (tipo de ornamentación representada y color), para comparar nuestros resultados desde el punto de vista de la observación macroscópica, con los de otras intervenciones arqueológicas bien contextualizadas.

Vinculado al segundo objetivo, es decir la clasificación cronológica de las cerámicas, es necesaria la elaboración de una tipología de las recuperadas en "San Francisco". Para ello ha sido necesario recurrir a la reconstrucción de los recipientes, bien mediante la restauración de algunas formas, o a través del dibujo arqueológico ilustrado en el catálogo final, junto a las fichas descriptivas que acompañan a cada una de las piezas.

Una vez establecidas las formas hemos organizado cada serie cerámica en un capítulo, estructurado desde el punto de vista de la funcionalidad de los recipientes, al menos en los andaluces de tradición hispanomusulmanas, por ejemplo las vajillas de mesa, de usos múltiples, otras formas, etc. El empleo de recipientes como vajilla de mesa, de transporte o de cocina nos ayudará a ampliar conocimientos sobre las costumbres gastronómicas y, por tanto, las corrientes culturales de las mesas de la época que no serán abordados en este trabajo, pero serán la base de futuras investigaciones.

Como en toda clasificación, lo que nos interesa es acercarnos -en la medida de lo posible- a la cronología de producción, nos hemos apoyado cuando ha sido necesario, en aspectos estilísticos propios de la Historia del Arte, además de en tipos de documentos de inestimable valor como es la pintura de la época, pues -como veremos-, aparece exactamente el mismo material representado. Hemos utilizado este documento gráfico al comprobar la exactitud del dibujo del recipiente, ayudándonos a cercar el círculo cronológico, basándonos en la fecha del cuadro o en las etapas de la vida del pintor[18]. Muchos de los recipientes utilizados en cocinas y mesas europeas renacentistas y barrocas han quedado retratados sobre lienzos y son réplicas exactas de las piezas recuperadas en el yacimiento de San Francisco de Asís que reproduciremos cuando sea el caso.

Aunque necesitamos del apoyo de las disciplinas de la Historia y de la Historia del Arte para la catalogación del material, el estudio final será pues de carácter arqueológico, ya que el yacimiento no nos proporcionó una estratigrafía clara y definida, por lo que el objetivo será, en último término, reconstruir su evolución, con lo que una vez clasificado el material cerámico, procuraremos hacer una reconstrucción artificial de los depósitos para deducir la evolución de la excavación y que asimismo sirva al estudio de los otros materiales exhumados en "San Francisco" que se hallan a la espera de ser analizados, estudiados y catalogados, como las cerámicas populares de Gran Canaria, de las que nos consta hay un nutrido e interesante conjunto registrado y conservado en los almacenes de El Museo Canario de Las Palmas.

---

[18] Las pinturas suelen estar datadas con mayor precisión y frecuencia que las cerámicas, la aparición de una pieza en una pintura suele suministrar al investigador una fecha *post quem* para datar artefactos similares a los allí representados. Debemos tener cuidado con la fecha *ante quem*, dado que las cerámicas reflejadas en la pintura pueden ser piezas con décadas de antigüedad (Pleguezuelo, 2004: 13–22).

1

La serie blanca lisa: series blancas sevillanas ("*Columbia simple*" y "*Sevilla White*") y "*malagueira*" portuguesa

Las series blancas sevillanas: ("*Columbia simple*" y "*Sevilla White*")

Se denomina *"columbia simple"* al conjunto de piezas cubiertas de esmalte estannífero -normalmente mate y blanco, a veces brillante- sin ningún tipo de decoración; aunque, en ocasiones, presentan aplicaciones parciales de vidriado verde sobre la cubierta blanca (Deagan, 1987: 56). Recibe este nombre por el yacimiento de *Fig Springs* en Florida, en el Estado norteamericano de Columbia, donde fue localizada por primera vez por John Goggin[19], profesor de la Universidad de Yale, en los años 60 del siglo XX (Marken, 1994: 139). Existe una variante dentro de este grupo cuyo resultado final es grisáceo o negruzco, denominado –en terminología americana- *columbia gunmetal* (Deagan, 1987: 57–58).

La serie *columbia simple* se caracteriza por su pasta de tipo "morisco"[20], de color crema y textura esponjosa, que se cubre con una fina capa de esmalte de estaño de resultado irregular. *"Una cerámica corriente de uso común en las casas por su asequible precio, entre 1 y 3 reales la docena, denominada como «loza blanca de Triana»"* (Sánchez, 1998: 121–133).

Dentro de la producción de cerámicas esmaltadas blancas, algunos autores advierten que existe otra versión de **mayólica*** española, que denominan *"Sevilla White"* (Deagan, 1987: 61), fabricada con un tipo parecido de pasta, aunque se trata de una producción de influencia italiana, cuyos orígenes datan de la segunda mitad del siglo XVI y no debe confundirse, por tanto, con la serie *columbia simple* propiamente dicha (Marken, 1994: 139 y 146). *"Una loza blanca de mayor calidad nombrada como "loza blanca de Sevilla", cuyo precio la distingue de la anterior, alcanzando los 11 reales la docena. Esta vajilla fue la más cara realizada en la ciudad, tanto por su cuidada ejecución, con formas delicadas y finas paredes en el deseo de imitar las porcelanas orientales"* (Sánchez, 1998: 121–133).

Vemos cómo en los Libros de Carga con destino a Indias Occidentales aparecen algunos documentos en los que se distingue entre la *loza blanca de Triana* y la *loza blanca hecha en Sevilla*, y en donde probablemente muestra la doble producción respecto a la tradición alfarera: la morisca y la italianizante. Esta diferencia de precios indica que hubo una distinción en los talleres alrededor del Guadalquivir, que desde luego no pasaba desapercibida a los encargados de anotar en los libros de carga de los barcos con destino a América. Uno de los documentos está fechado en 1590, en el que se dice lo siguiente: *"una caja de loza blanca de **Sevilla** fue llevada junto a 200 vasos de loza blanca de **Triana**"*. En otro documento de 1592-3 se detalla la cantidad de *"50 vasos de loza blanca de **Triana** y loza blanca hecha en **Sevilla**"*[21] (Goggin, 1968: 212); (Lister & Lister, 1974: 317); (Pleguezuelo, 1992: 282).

Si los mismos olleros que producían loza blanca en el área de Sevilla refinan sus formas y enriquecen sus esmaltes por influencia de alfareros venidos de otros centros cerámicos europeos, nosotros preferimos incluir

---

[19] El primero en señalar el origen sevillano de la serie fue Goggin (1968). Para probar esta afirmación se basó en la presencia de este tipo de vasijas en el Museo Provincial de Sevilla y su ausencia en otros museos españoles. Desde entonces, la serie ha venido adscribiéndose al barrio sevillano de Triana como centro de producción (Marken, 1994: 141) que se halla separado de la ciudad por el Guadalquivir en donde se sigue elaborando cerámica, y en cuyas calles podemos encontrar aún nombres referidos a estas labores efectuadas desde antiguo. La hipótesis planteada por Goggin está hoy perfectamente documentada y confirmada gracias a los estudios arqueométricos de composición de pastas, realizados entre la *Smithsonian Institution* de Washington y la Universidad de Sevilla, determinando que las cerámicas descubiertas en la ciudad andaluza y los ejemplares del Nuevo Mundo tienen la misma fuente de barro (Pleguezuelo y Lafuente, 1995: 233), habiéndose localizado las minas de extracción a unos kilómetros de la capital hispalense (Marken, 1994: 141).
[20] El término "cerámica morisca" fue usado por primera vez por Florence y Robert Lister para describir un grupo de mayólicas andaluzas, sobre todo sevillanas, producidas por "musulmanes cristianizados" durante los siglos XV y XVI. Este tipo corresponde al grupo de "tradición medieval" descrito por Goggin (1968) o, lo que es lo mismo, al "Complejo Caribe" definido por los Lister en 1974 (Deagan, 1987: 55–56).
[21] Estos datos han sido tomados del apartado de Contratación del Archivo General de Indias, en concreto de los barcos Santa Catalina, a cargo del maestre Rodrigo Maders; del de Nuestra Señora de la Asunción, con Gaspar de Rojas y del barco Nuestra Señora del Rosario a cargo de Luis de Herrera, para las fechas de 1592 y 1593 (Marken, 1994: 141).

ambas versiones dentro del mismo grupo de producción, pues entendemos que las dos versiones surgen de los talleres sevillanos, y que la evolución de las características morfológicas o tecnológicas aplicadas sobre las piezas cerámicas podrá ser utilizada como indicadores cronológicos que sirvan para catalogar piezas rescatadas en otros yacimientos arqueológicos. Por eso hemos empleado una sola denominación: *Serie blanca sevillana*.

La serie *"malagueira"* portuguesa

Se ha venido considerando tradicionalmente la producción de cerámica esmaltada blanca como de procedencia andaluza. Sin embargo, estudios portugueses confirman la existencia de una fabricación paralela en alfares lusos, cuyas características morfológicas son prácticamente idénticas a las elaboradas en los talleres sevillanos, y que se encuadra cronológicamente en la segunda mitad del siglo XVI (Sousa, 2003: 194–195).

En una publicación de Mário Varela Gomes y Rosa Varela Gomes citan también algunas referencias como las de Joaquim de Vasconcelos, quien en la segunda mitad del siglo XIX había descubierto muchas piezas de la *"serie blanca"* en los alrededores del *Convento da Madre de Deus*, en Lisboa (Gomes e Gomes, 1987: 457–490).

Posteriormente, en las excavaciones del pozo-cisterna árabe de Silves se recuperaron centenares de fragmentos de escudillas y platos con pastas claras de color crema, esmaltadas en blanco de óxido de estaño. Algunos de los ejemplares mostraban manchas de vidriado verde de óxido de cobre, además de las cerámicas decoradas con azul de cobalto, similares a las mayólicas andaluzas. Sus autores sugirieron entonces la posibilidad de que estas cerámicas procedieran de Málaga, de Sevilla, de Valencia o de Talavera; pero también advertían sobre la posibilidad de que se tratara de producciones propias, procedentes de alfares de Coimbra, de Caldas, de Montijo o de Lisboa (Gomes e Gomes, 1987: 457–490). Indicaron asimismo que tal vez los primeros ejemplares llegaron importados de Málaga de ahí su nombre primitivo *"malega branca" (opus maleche, malica)*; pero en poco tiempo, a mediados del siglo XVI, en el Barrio de la Esperanza, en la propia ciudad de Lisboa, ya se fabricaban grandes cantidades de loza blanca (Gomes e Gomes, 1987: 457–490).

Estos datos quedaron confirmados gracias a la presencia de innumerables piezas esmaltadas en blanco con aplicaciones de vidriado verde en la intervención en los hornos de Barreiro, lo que permitió corroborar entonces que, de modo paralelo, hubo un centro productor portugués (Gomes e Gomes, 1987: 457–490).

No queremos dejar de mencionar en este apartado la excavación arqueológica realizada en la colonia portuguesa de Alcácer Seguer en Marruecos. Se trata de una intervención bien contextualizada, cuyas fechas de ocupación cubren los años que median entre 1458–1550. Para nosotros es de vital importancia porque se trata de uno de los yacimientos en los que nos hemos apoyado para la caracterización de una parte del material de "San Francisco". En aquella excavación se registró una alta presencia de mayólicas de origen andaluz (Redman & Boone, 1979: 5–77).

Si la ocupación portuguesa de Alcácer Seguer finaliza en el año 1550, y es, en términos generales, a partir de la segunda mitad del siglo XVI cuando comienza la producción de cerámica *malagueira*, ¿Cabe la posibilidad de que a partir de estas fechas se exportaran las cerámicas elaboradas en Portugal, o Sevilla mantuvo el monopolio exclusivo de la comercialización? Sea como fuere, será necesario buscar identificadores de ambas producciones que nos permitan reconocer la procedencia de las piezas que llegaron al ámbito canario a partir de la segunda mitad del Quinientos.

Por tanto, ya no podemos hablar exclusivamente de *serie blanca sevillana* o *"malagueira"* portuguesa, sino que debemos emplear otro término que incluya ambas producciones peninsulares, como *blanca lisa*, término empleado por los investigadores andaluces.

Lo cierto es que si el origen más remoto se localiza en los alfares en torno al barrio de Triana, estos hallazgos nos permiten reconocer la existencia de un territorio peninsular andalusí en el que es fácil imaginar a aquellos espacios comunicados por las calzadas romanas; y nos hace recordar asimismo que debemos concebir a la península ibérica del Quinientos de manera diferente, sin separar geográficamente a los dos territorios con la concepción política actual.

El proceso de elaboración

El proceso de elaboración

Florence y Robert Lister (1987: 109) fueron los primeros que describieron el proceso de fabricación de la *serie blanca sevillana*, un método de elaboración que, indicaron, continúa empleándose actualmente en Granada.

Los platos se trabajaban boca abajo apoyados sobre una plantilla fijada al torno (Fig. 2.1). Mientras el alfarero lo giraba, iba alisando el exterior de las piezas, al tiempo que los presionaba contra el molde; por este motivo, junto a los labios oblicuos como resultado de dicha presión, aparecen en el interior de los recipientes las huellas impresas de la horma sobre la que se apoyaban.

Las escudillas se trabajaban también boca abajo, pero la técnica que se empleó en ellas es la conocida como "el brazo mecánico y la horma", que utilizada desde época nazarí (Lister & Lister, 1987: 109)[22], multiplicó inusitadamente el volumen de producción a partir del siglo XVI (Pleguezuelo y Lafuente, 1995: 228). Esta técnica consistía en el empleo de una gran masa de barro que se revolvía en el torno y del que se iba sacando una pieza detrás de la otra de manera mucho más rápida, sin necesidad de extraer una bola de barro para cada pieza.

Cuando los recipientes tenían la dureza del cuero, el alfarero las volvía a centrar en el torno. Entonces se formaba la carena prominente y baja, a la vez que el cuerpo se estrechaba hasta llegar a la base, que podía tener un pie anular o ser cóncava. Las escudillas se adornaban algunas veces con apéndices de orejas horizontales festoneadas. Otras veces se colocó un asa en forma de "falange" vertical o de pellizco (Lister & Lister, 1987: 109).

Una vez moldeadas las piezas se oreaban o secaban al sol y recibían la primera cochura o **juaguete***. A continuación se procedía a la inmersión del recipiente en la mezcla estannífera que se caracterizaba por el empleo de casiterita en su barniz[23].

Una vez aplicado el baño estannífero sobre las piezas, se cocían en el horno a una temperatura que oscilaba entre los 850° a 950°/1.000° C (García Iñañez, Javier *et al*, 2008: 38), lo que hacía que el esmalte se adhiriera al barro **juagueteado*** (Lister & Lister, 1974: 17).

Para evitar que las piezas se pegaran durante la cocción se empleaban unos trípodes o **trébedes*** como separadores[24] (Fig. 2.2), por lo que es común hallar las cicatrices (Fig. 2.3) de los mismos, tanto al exterior como en el interior de las escudillas y de los platos (Marken, 1994: 140).

Esto subraya que las vasijas se producían en grandes cantidades (Goggin, 1968: 117–126), (Marken, 1994: 140), y que se apilaban para dejarlas secar, antes de su introducción definitiva en el horno para su cocción.

La cubierta estannífera

Cuando comenzamos el estudio de las mayólicas españolas eran pocos los trabajos que trataban sobre las fórmulas empleadas por los ceramistas de las épocas medieval y moderna para la obtención del esmalte blanco.

Así que tomamos dos referencias que nos permitieron hacernos una idea de cuáles eran los ingredientes necesarios para la obtención del baño estannífero. Estas fórmulas eran dos: la valenciana y la aragonesa. Como

---

[22] Este sistema parece que es el que se empleó para platos y escudillas, no hemos encontrado la explicación del proceso de elaboración para el resto de la vajilla del ajuar sevillano.

[23] La casiterita es el mineral más importante para la obtención del estaño (González Martí, 1933: 53).

[24] Durante el siglo XVI los azulejos se cocían por el procedimiento tradicional de Castilla, esto es, separados entre sí por trébedes de terracota que dejan tras su arranque las clásicas tres marcas equidistantes (Pleguezuelo, 1998: 289–307).

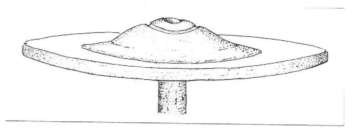

Fig. 2.1. Reproducción del método utilizado para la realización de los platos sobre una platilla atada al torno. (Lister & Lister, 1987: 109).

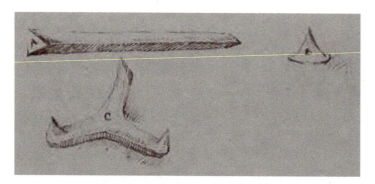

Fig. 2.2. Imagen de trébede e instrumentos utilizados para la separación de piezas cerámicas durante la cocción. Ilustración de Cipriano Piccolpasso en su obra *Li tre libri dell'arte del vasaio* (1557–1559). (Sebastian, 2010: 468, fig. 261). (© *Victoria and Albert Museum*, Londres).

Fig. 2.3. Huellas de trébede en el interior de una escudilla de la *serie blanca sevillana*. Registro nº 23.809. (Foto: El Museo Canario).

desconocemos el procedimiento utilizado en los talleres sevillanos, -que es de donde proceden las cerámicas tratadas en este capítulo-, reproducimos ambos documentos para hacernos una idea de su elaboración.

La fórmula valenciana consistía en *"60 partes de plomo, 10 de arena y 1 y media ó 2 de estaño. Fundían en un horno pequeño o de "quemar" el plomo, removiéndolo con una larga paletilla; añadían a continuación el estaño y seguían removiendo, uniéndole la arena y sacándolo todo del horno cuando se habían mezclado los minerales. Finalmente era llevado al molino para su refinamiento"* (Llubiá y López, 1951: 29).

La fórmula aragonesa es la siguiente:

"El esmalte blanco, lechoso y opaco, que es el empleado en la generalidad de las piezas decoradas salidas de los alfares de Muel, lo obtenían fundiendo en el "horno de quemar", por cada arroba de plomo, de 3 a 4 libras de estaño; "acerol" se denominaba la ceniza que resultaba de esta fusión y, una vez sacada de dicho horno, la mezclaban con igual cantidad de arena, la mitad de la cual era de Monforte (provincia de Teruel) y la otra mitad de cueva de Mozota; y un poco de sal común, mezcla que colocaban en la mesa de la "fogaina" del horno para cocer las piezas sobre una capa de unos 2 dedos de ceniza bien tamizada, para que no se enganchase. Después de cocida, esta mezcla quedaba convertida en un pan duro, lo partían con un martillo para sacarlo de la "fogaina" (...). Cuando necesitaban barniz lo partían a trocitos y los llevaban al molino público, de junto a la fuente. Cuanto más estaño llevaba el barniz, más rico y brillante resultaba. El barniz se disolvía en agua (caliente en invierno) dentro de un cuenco grande y lo agitaban cada vez que tenían que barnizar las piezas. El barnizado lo daban por inmersión de las piezas en una tinaja donde estaba aquella disolución (...)" (Almagro y Llubiá, 1952: 8).

En resumen, se puede decir que los ingredientes necesarios para la obtención del barniz blanco eran la casiterita, la **galena*** o sulfuro de plomo y la arena blanca (sílice), todo bien triturado. El resultado era un esmalte blanco impuro y pajizo, cuya función era la de aportarle opacidad al barro (González Martí, 1933: 53). Cuanto más estaño llevaba el barniz, más rico y brillante resultaba (Almagro y Llubiá, 1952: 8).

Sin embargo, existe un estudio más reciente de Ricardo Córdoba de la Llave sobre los recetarios de los siglos XV y XVI en el que *se* incluyen la mayor parte de las referencias técnicas sobre el vidriado de estaño. En él explica que *"para aplicar a las vasijas el vidriado de estaño se requiere previamente hacer una "frita" que, en los textos de la época denominan "marzacote" o "mazacote" y que consiste en mezclar los óxidos de estaño y de plomo en la proporción adecuada que se emplea para vidriar con algunos elementos que sirven de aglutinantes. Para ello se trituran las materias primas que componen el barniz (óxido de plomo, dióxido de estaño, cobre, arena) se mezclan y cuecen antes de ser introducidas en el horno; una vez cocida, se rompe la masa y se muele en polvo fino, que se echará en agua o vinagre[25]. Este fundente o frita, el marzacote, pesado y lavado, es molido y trabajado en proporciones variables que permiten obtener los diversos blancos del vidriado estannífero o los colores si se añaden otros óxidos* (Córdoba de la Llave, 2011: 135–150).

Córdoba de la Llave analiza también las recetas de *marzacote (o mazacote) de algunos centros italianos, mencionadas por Cipriano Picolpasso, integradas por estaño, tártaro, arena y sal. Una de las recetas procede del manuscrito castellano H490 de la Facultad de Medicina de Montpellier, en el que se recomienda mezclar genolí y piedra guija a fin de preparar la "frita" que, una vez cocida en el "horno de olleros" servirá para hacer el "vidrio valenciano" con que vidriar las vasijas* (Córdoba de la Llave, 2011: 135–150).

En algunas de estas fórmulas se menciona la proporción de estaño y plomo que se deben combinar para preparar el mazacote, tal y como hacen en algunas de las recetas ya conocidas en el siglo XVI. Así, uno documento de 1553 para hacer el vidriado estannífero recomienda mezclar el plomo y el estaño en proporción de 93 partes de plomo por 7 de estaño (7 % de estaño). En las obras valencianas la proporción de estaño se mantiene siempre por encima del 10 %. En la cerámica de Muel y Teruel suelen aparecer entre 1/9 y 1/12 de partes de estaño sobre el total de plomo (es decir, entre un 8–10 %). Por otro lado, el ceramista Nicolás Reyner anotará que los ingredientes usados para elaborar cerámica de *"reflejo metálico"* combinan 13 ó 14 partes de plomo por una de estaño, (es decir, un 7 % también) (Córdoba de la Llave, 2011: 135–150).

Para estos documentos Córdoba de la Llave cita, entre otros, los trabajo de Jaume Coll Conesa y Joseph Pérez Camps (1993) sobre los aspectos de la técnica de fabricación de la cerámica de Manises de los siglos XIV al XVI; los estudios de Mª Isabel Álvaro Zamora (1982), sobre la cerámica aragonesa; cita asimismo a M. C. Riu (1995) en lo referente a las cerámicas medievales catalanas. Sin embargo, seguimos echando en falta las

---

[25] Córdoba de la Llave cita el trabajo de Mª Paz Soler Ferrer sobre la *Historia de la cerámica valenciana*, publicado en 1988, por lo que entendemos se refiere a las fórmulas valencianas.

fórmulas específicas que hagan referencia a las producciones de la *serie blanca lisa* elaboradas en los talleres sevillanos objeto de este trabajo.

Confirmamos con estos recetarios la aplicación de diferentes fórmulas químicas por parte de los maestros alfareros, e incluso de las distintas localidades en las que se elaboró; por tanto, aunque de momento no tengamos las recetas sevillanas, sirven como testimonio para futuros trabajos de investigación vinculados a este campo; y, quién sabe, si los avances de la tecnología nos permita reconocer, en un futuro cercano, la autoría de las piezas esmaltadas de los maestros alfareros peninsulares.

3

Caracterización de la serie blanca lisa del antiguo convento de San Francisco de Asís de Las Palmas de Gran Canaria

Los arqueólogos intentamos "leer" en los restos cerámicos desechados por nuestros antepasados aspectos de la vida cotidiana, por lo que el análisis detallado de los mismos nos permiten acercarnos a una interpretación del desarrollo tecnológico que lograron, de las relaciones comerciales que alcanzaron o de los hábitos alimenticios que mantuvieron, entre otros aspectos de la vida diaria.

Algunas veces se nos ha criticado por enfatizar los datos que nos aportan los fragmentos cerámicos, y que ese análisis pormenorizado puede llevarnos a malinterpretar las variaciones morfológicas que probablemente tuvieron poca importancia para los fabricantes (Lister & Lister, 1974: 18). Sin embargo, después de tantos años observando una y otra vez los objetos cerámicos, han sido las cerámicas las que nos han hablado a través de sus "huellas y cicatrices", por lo que estamos cada vez más convencidas de que "el diálogo que hemos mantenido con ellas" ha servido para conocerlas cada vez con más profundidad, como sucede con el trato en lo que se refiere a las relaciones personales.

En este sentido, somos de la opinión de que ante un volumen de material que asciende a millares de fragmentos y piezas completas, o casi completas, se hace necesaria su observación macroscópica, para buscar **indicadores** que puedan revelar diversos datos, entre ellos, el origen del recipiente cerámico, el alfar que los produjo, cómo se produjo o incluso la fecha de su elaboración. Por tanto, en dicho análisis debemos tener en cuenta:

- El color de la arcilla, la textura y la granulometría de los desgrasantes.
- El tipo de cubierta: **engobe*, vidriado*** o **esmalte***.
- El espesor y el brillo de la cubierta estannífera.
- La adhesión del vidriado o esmalte al cuerpo arcilloso.
- Las formas y tamaños de los recipientes.
- Los modelos decorativos.
- Los pigmentos decorativos.
- La disposición de los pigmentos decorativos, es decir, si esta se aplicó bajo o sobre la cubierta vítrea.

Sin olvidar la situación en las que se encontraron las cerámicas en la excavación arqueológica que se estudia y los sedimentos que las envolvían.

En los próximos apartados vamos a desarrollar algunos de estos parámetros a partir de la observación macroscópica de las cerámicas rescatadas en la excavación arqueológica del antiguo Convento de San Francisco de Asís de Las Palmas de Gran Canaria, acompañado por una introducción en la que intentaremos recopilar la información aportada en estudios precedentes sobre la *serie blanca sevillana* en otros yacimientos arqueológicos.

El tipo de pasta

Si acudimos a los estudios americanos, éstos nos explican que la pasta "morisca" de la *serie columbia simple* se distingue de otras producciones esmaltadas en blanco por ser suave y esponjosa, de aspecto arenoso, sin **desgrasantes*** visibles, aunque ocasionalmente presenta inclusiones de grano medio. Su color varía desde el amarillo cremoso al ocre, presentando, a veces, una tonalidad rosada, llegando incluso al rojizo (Goggin, 1968: 117–126); (Lister & Lister, 1974: 20); (Deagan, 1987: 56). Para los americanos, la serie italianizante o *Sevilla White*, en cambio, se distingue de *columbia simple*, además de por sus formas, por la pasta más compacta y porque el esmalte es más grueso y brillante, por lo que puede decirse, en general, que el acabado final es menos irregular. Esta segunda versión la definen como una cerámica elaborada con un barro de textura granular, de color entre el amarillo pálido y el naranja, libre de hierro y con un alto contenido en calcio (Marken, 1994: 139 y 146).

Parece que *Sevilla White* está inspirada en la **faenza*** italiana, pero las copias elaboradas en Andalucía se diferencian de aquellas porque las italianas están fabricadas con una pasta más blanca y un esmalte extremadamente brillante, casi perfecto, en las que están ausentes las irregularidades en su superficie (Deagan, 1987: 61–62).

Proceso de estudio

Cuando nos enfrentamos a la caracterización del material cerámico el antiguo Convento de San Francisco de Asís, partimos del problema metodológico de cómo clasificar y catalogar este material. Lo primero que hicimos fue separar, del total de los fragmentos inventariados, aquellos que estaban esmaltados en blanco sin ningún tipo de decoración. Durante este procedimiento advertimos que las piezas estaban elaboradas con barros de diferentes texturas y tonalidades, así que hicimos una primera selección atendiendo a este criterio, la diversidad de pastas.

Los fragmentos los dividimos en grupos de pastas amarillas (subdividida en una variedad de textura esponjosa -la versión morisca de la que hablan los americanos-; y otra versión más pesada y compacta, asociada a la adaptación italianizante).

Un segundo y tercer grupo de fragmentos cuyos colores son claramente naranja y rojo respectivamente.

En cuarto lugar un conjunto algo más variado compuesto por pastas de color ocre (cuya gradación cromática oscilaba desde el pajizo al oscuro o rojizo, mostrándose en alguna ocasión de color rosado o salmón).

Por último, un grupo en el que el corte longitudinal de la pasta mostraba una tonalidad amarilla en la superficie del fragmento en contacto con el esmalte, que se iba convirtiendo en ocre o terroso hacia el interior. A esta modalidad la denominamos pasta "ama/ocre" (en ella se incluyen también la gama desde el "ama/ocre" pálido al rojizo, pasando por el rosado). Añadimos, por tanto, con respecto a las descripciones americanas, una variedad más de pasta según el color: "ama/ocre".

En el caso de los desgrasantes, en general son finos (menos de 1 mm), sin embargo encontramos algunos fragmentos con inclusiones rojizas o marrones de grano medio (entre 1–2 mm).

Aunque sabíamos, por las descripciones facilitadas por los autores citados, que la variedad en el cromatismo de las pastas[26] era típicamente andaluza, queríamos comprobar que las denominadas "ama/ocre" compartían la misma procedencia, o por el contrario, eran objetos derivados de otros alfares en plena actividad en ese momento[27], como los aragoneses (Álvaro, 1978), o los levantinos (Mesquida, 1996); pues tras el análisis de algunos restos cerámicos procedentes de colecciones y excavaciones valencianas, observamos que las lozas maniseras, ilustradas en diversas publicaciones[28], ofrecían esta bicromía[29] en su barro cocido.

Aprovechamos esta diferencia de coloración con tres fines: en primer lugar, para intentar recomponer recipientes completos asociando fragmentos con la misma tonalidad y textura de pastas. En segundo lugar,

---

[26] En la intervención arqueológica realizada en el Convento de doña Catalina de Cardona, durante las campañas de 1977–1981 aparecen cerámicas elaboradas con pastas, amarillas, rosadas, ocres, rojizas, naranjas y rojo ladrillo. En ningún caso están asociadas a producciones andaluzas, sino a producciones de Talavera y Teruel. Su consulta se debió al intento de localizar paralelos de intervenciones arqueológicas peninsulares con producciones cerámicas esmaltadas en blanco diferentes a las andaluzas ya conocidas. Por la fecha de ocupación del convento, las cerámicas están fechadas entre 1572–1603, esto es, a finales del siglo XVI y en el tránsito hacia el siglo XVII (Álvarez, *et al*, 1985: 300–366).

[27] En un trabajo de Pleguezuelo sobre los azulejos atribuidos a Juan Flores, ceramista procedente de Amberes y afincado en España, cita textualmente que *"se percibe un barro de color pajizo en superficie que se hace más rosáceo en profundidad"*. En este caso, este ceramista trabajó en Plasencia y luego en Talavera, por lo que encontrarnos con barros cocidos con esta bicromía podría indicarnos que proceden de otros alfares peninsulares diferentes a los andaluces. (Pleguezuelo, 1998: 289–307).

[28] Esta bicromía la habíamos observado en algunas piezas cerámicas de procedencia valenciana ilustradas por François Amigues en "Las importaciones de cerámicas doradas valencianas de los talleres de Paterna en el Languedoc-Rosellón" *La cerámica de Paterna. Reflejos del Mediterráneo*, 2002, pp. 58–82. En esta publicación puede apreciarse la bicromía del barro en algunos de los fragmentos ilustrados, similar a algunos ejemplares de la *serie blanca sevillana* registrados en el antiguo Convento de San Francisco de Asís de Las Palmas de Gran Canaria.

[29] Esta observación sobre la bicromía de las pastas de Manises la advierte también Pleguezuelo para el estudio cerámico de la Colección Carranza. Indica que las pastas con que están fabricadas las piezas sevillanas son sensiblemente más claras y pajizas que las empleadas en las coetáneas de Manises. Pleguezuelo señala que no ha encontrado ningún ejemplar de este grupo con el aspecto habitual del *"bizcocho manisero blanquecino en superficie y rosado en la zona interior"*. A su vez, indica, que como las apreciaciones visuales son engañosas se procedió al análisis por difracción de Rayos X y que este análisis ha confirmado el pretendido origen sevillano, al que llegó por el método convencional comparativo (Pleguezuelo, 1996: 72).

N° 23.655. Pasta roja.

N° 23.689. Pasta amarilla esponja.

N° 23.822. Pasta ocre pálido.

N° 23.886. Pasta ocre oscuro.

N° 23.984. Pasta ocre rojizo.

N° 23.927. Pasta ocre anaranjado

Fig. 3.1. Variedad de pastas con las que se elaboró la *serie blanca sevillana*. (Foto: Jacob Morales Mateos).

hacer una selección diferencial que nos permitiera posteriormente realizar análisis arqueométricos de los barros y conocer de ese modo la procedencia de las piezas[30]. En tercer lugar, cabía la posibilidad de que la variedad de las pastas pudiera interpretarse como un indicador cronológico más, aunque necesitábamos algún método con qué verificar esta tercera opción.

Una vez inventariados los fragmentos, procedimos a una selección según los distintos tipos de pastas (Fig. 3.1) y las enviamos a analizar[31].

La conclusión final, según los estudios realizados para la *serie blanca lisa*, es que todas las piezas fueron elaboradas en los alfares sevillanos[32], incluida la denominada pasta "ama/ocre".

Por otro lado, después de varios años intentando confirmar si la *serie blanca* se producía también en los alfares portugueses, como se recogía en algunas publicaciones, o si se trataba de exportaciones de loza sevillana a la vecina Portugal, comprobamos, -gracias a algunos trabajos de investigación citados y a los análisis de pastas realizados en cerámicas recuperadas en excavaciones en Lisboa-, que había existido de forma paralela una producción portuguesa. Tras confirmar este interesante dato, revisamos una vez más las piezas y los fragmentos de la *serie blanca lisa* depositados en el Museo Canario procedentes del solar "franciscano", buscando las variables macroscópicas que nos permitieran corroborar que se trataba de piezas portuguesas y no andaluzas. En este sentido, no hemos encontrado indicadores que nos hablen de una posible producción *malagueira* entre los restos "franciscanos", pero no descartamos la posibilidad de su presencia en otros yacimientos arqueológicos coetáneos[33].

[30] A partir de la observación macroscópica de las distintas pastas cerámicas de la serie de *reflejo metálico*, recuperadas igualmente en el yacimiento del antiguo Convento de San Francisco de Asís de Las Palmas de Gran Canaria, planteamos una triple procedencia de producción entre los alfares peninsulares, confirmada posteriormente por los análisis arqueométricos efectuados (Sosa, 2004: 21–41).

[31] El estudio estuvo integrado en el proyecto CERAMED llevado a cabo por el *Equip de Recerca Arqueomètrica de la Universitat de Barcelona (ERAUB)*. Los resultados formaron parte de la tesis doctoral de Javier García Iñañez y dirigida por Jaume Buxeda i Garrigós. Los análisis consistieron en la determinación de las procedencias de las cerámicas por fluorescencia de rayos X (FRX), activación neutrónica (AAN), gracias a la comparación con el banco de datos que el ERAUB dispone de los principales centros productores de la península ibérica. Igualmente, las cerámicas seleccionadas fueron también caracterizadas tecnológicamente por difracción de rayos X (DRX).

[32] Para un estudio más detallado puede consultarse García Iñañez, Javier; Buxeda I Garrigós, Jaume; Speakman, Robert, J.; Glascock, Michael D.; Sosa Suárez, Elena (2008): "Las cerámicas vidriadas decoradas del convento de San Francisco de Las Palmas de Gran Canaria: una aproximación a su estudio arqueométrico". Rev. *El Museo Canario* LXIII. pp. 9–46.

[33] Queremos agradecer al doctor Luís Sebastian, arqueólogo, las fotografías de cerámica *malagueira* enviadas por él, dándonos la oportunidad de comparar las cerámicas de ambas procedencias.

A continuación, sirviéndonos de una base de datos informatizada, procedimos al recuento general de fragmentos según la tonalidad y textura de las pastas, obteniendo los siguientes resultados[34]:

Del total de fragmentos, la *serie blanca sevillana* que asciende a un total de 2.004, 10 fueron elaborados con pasta roja, vinculados a la funcionalidad de vajillas de comedor, no refractarias o de cocina. Con pastas de color amarillo se elaboraron 400 fragmentos; de ellos, 53 son de textura esponjosa o morisca. Con pastas "ama/ ocre" se elaborados 361 fragmentos, en su diferente gradación de color, desde el más pálido al más oscuro; de ellos, solo un fragmento es de textura esponjosa o morisca. Con pastas de tonalidad ocre se elaboraron 1.232 fragmentos, en todo el abanico cromático que va desde el más claro al más oscuro, casi rojizo en algunos casos. Por último, sólo registramos 1 fragmento con pasta de color naranja.

Aunque la cuantificación sobre el tipo de pasta es un dato insuficiente por sí sólo y necesitan de otros indicadores para la clasificación cronológica de las cerámicas, es una referencia a tener en cuenta para la conclusión final del trabajo de caracterización de las cerámicas de la *serie blanca lisa*.

Discusión cronológica

Si consideramos la producción de la *serie blanca lisa* de tradición hispanomusulmana anterior en el tiempo, es decir, desde finales del siglo XV hasta la primera mitad del siglo XVI, y a las series italianizante y *malagueira* portuguesa como producciones que comienzan a partir de la segunda mitad del siglo XVI, podemos afirmar, en términos generales, que en el cenobio franciscano hay una alta presencia de cerámicas de la serie *Sevilla White*, cuyo volumen asciende a un 89,04 % del total. Y si consideramos las pastas moriscas y las rojas como indicadores de producciones *tempranas*, su volumen es menor en el conjunto de la *serie blanca lisa* recuperadas en el convento de "San Francisco", donde registramos tan solo un 10,96 %.

Por tanto, atendiendo al tipo de pasta con que fue elaborada esta serie, abundan sobre todo las piezas elaboradas a lo largo del siglo XVI y primera mitad del XVII.

Pero y sobre la **procedencia** de los barros, ¿qué nos dice la bibliografía al respecto?

José Gestoso y Pérez fue el primero en indicarnos que los alfareros empleaban dos tipos de barros desde época musulmana; una procedente de la Cuesta de Castilleja y otra de la misma Vega de Triana (Gestoso, 1904: 61).

En la Memoria de Licenciatura de Mª del Cristo González Marrero, citando a Córdoba de la Llave, dice que *"para la elaboración de la cerámica se emplearon **dos** tipos de barros: el rojizo o bermejo y el amarillento o barro blanco. Estos barros se obtenían de los lugares conocidos como barreros, escogidos a la sazón por la calidad de las tierras y por tener ésta unas propiedades concretas que la hacían apropiada para la alfarería* (González, 1993: 115–116).

Estudios más recientes, en el ámbito andaluz, distinguen el empleo de **tres** tipos de pastas para el caso de Triana, una más depurada para la labor fina, típicamente blanquecina-amarillenta utilizada para las lozas vidriadas finas, mayólicas, etc.; otra para la labor áspera, de composición y superficies más bastas, del mismo color, pero a veces con zonas rojizas a causa de la oxidación por la mayor temperatura necesaria para su cocción, con desgrasante de cuarzo, usado para los recipientes de mayor tamaño como cántaros, cangilones, botijas, orzas, etc. Aparte, y con carácter minoritario, se documenta el barro rojo típico de las cerámicas de cocina (ollas, cazuelas, etc.) (Amores y Chisvert, 1993: 276).

En esta misma línea, Alfonso Pleguezuelo y Mª Pilar Lafuente (1995: 233) hablan de **tres** tipos de arcillas en la producción general de cerámicas sevillanas. Una roja o parda para las piezas de fuego, otra rosada con

---

[34] Hemos de advertir, que en este recuento se han valorado fragmentos y no piezas completas, por lo que los resultados no son definitivos, sino orientativos. Lo que consideraremos en las próximas estadísticas serán bases completas, por representar la unidad de los recipientes. Tendremos también en cuenta como unidad las cerámicas que conservan desde la base hasta el borde, mostrando el perfil completo. Aunque se trate de medias piezas, el hecho de haberlas analizado desplegándolas conjuntamente sobre tablones nos ha permitido comprobar que se trata de ejemplares individuales. Las piezas completas o casi completas son las que tendremos en cuenta como fósiles directores a la hora de la distribución en el yacimiento y su reconstrucción artificial.

Fig. 3.2. Huella de herramienta sobre la base de una escudilla pequeña. Registro nº 23.704. (Foto: El Museo Canario).

abundantes desgrasantes para las piezas del ajuar doméstico de tamaño grande y mediano como los bacines, lebrillos, tinajas, entre otros, y una pasta calcárea de tono pajizo claro para la vajilla de mesa y objetos pequeños.

En términos generales, podemos decir que los autores andaluces mencionan tres tipos de pastas atendiendo a la funcionalidad de los recipientes.

En el caso del empleo del barro rojo de carácter refractario al que se refieren los investigadores andaluces se empleó en piezas, como las cazuelas, que irían en contacto con el fuego, pero este tipo de cerámicas las trataremos en próximos trabajos.

Resultado final

En este apartado hemos analizado solamente las pastas empleadas en las vajillas de comedor y en las piezas de uso doméstico de mayor tamaño de la *serie blanca lisa* del antiguo Convento de San Francisco de Asís de Las Palmas de Gran Canaria. Tras su análisis macroscópico coincidimos con los estudios realizados por John Goggin en 1968 para el área del Caribe, esto es, la existencia de una pasta color crema y de textura esponjosa de tipo morisco, que los americanos denominan *columbia simple*; y, en segundo lugar, una pasta de color amarillo pajizo, con una gradación de color que, a veces, llega al color ocre oscuro, rosado o anaranjado, de textura algo más compacta y que se empleó tanto en piezas de vajilla de comedor como en recipientes de mayor tamaño y de otras funcionalidades, como los lebrillos o los bacines. Por último, una pasta de color rojizo, diferente a la arcilla refractaria empleada en las cerámicas de cocina, que se utilizó en las piezas de vajilla de comedor, y que consideramos un indicador cronológico en las producciones más antiguas[35].

El tipo de esmalte

Con respecto a los esmaltes que caracterizan a la *serie blanca sevillana*, se presentan, unas veces, fino y opaco; y otras más grueso y brillante. Algunos acabados ofrecen como resultado un barniz quebradizo y craquelado que es fácil de levantar. En general, el aspecto final es tosco y poco uniforme, en el que a veces se dejan ver las huellas de las herramientas usadas por los alfareros para realizar los perfiles (Fig. 3.2); otras veces son

---

[35] Nos basamos en otros precedentes de la producción andaluza como son los azulejos de "cuerda seca", elaborados con barros rojos y presentes en Portugal. Consideramos esta producción como el antecedente de los "azulejos de arista" sevillanos, fabricados con pastas amarillas y cuyo máximo apogeo tuvo lugar en el siglo XVI. Para un estudio más amplio ver Sosa Suárez, Elena (2010): "Consideraciones sobre los inicios de la producción de la técnica de "arista" a través de los azulejos recuperados en algunas Islas Atlánticas". Rev. *C. E. A. M.* Madeira. Ver también Coll i Conesa, Jaume (1992): "La cerámica y las relaciones históricas entre España y Portugal (siglos XIV al XIX)", *Política Científica nº 24*, pp. 17–21.

Fig. 3.3. A la izquierda una escudilla grande con cubierta mate y a la derecha otra con aplicación de baño estannífero blanco, grueso, brillante y craquelado. Registros 23.745 y 23.927 respectivamente. (Foto: El Museo Canario).

las líneas del torno, o el alisado practicado en las paredes, las que quedan señaladas en la superficie de las cerámicas (Goggin, 1968: 117–126).

Proceso de estudio

Cuando iniciamos el análisis de las cerámicas esmaltadas blancas, vimos cómo en algunos trabajos publicados sobre *columbia simple* se describía la presencia de esmaltes brillantes y mates, relacionándolos incluso a probables indicadores cronológicos (Goggin, 1968), (Redman & Boone, 1979). Al principio esta apreciación no nos pareció acertada, pues pensamos que al tratarse de piezas recuperadas en una excavación arqueológica, y al hecho mismo de haber estado enterradas durante tantos siglos, sometidas a la humedad y salinidad del suelo, podía haber provocado la descomposición del esmalte, afectando al brillo de los mismos. Sin embargo, tras un análisis global de los fragmentos, comprobamos cómo existían efectivamente piezas con cubiertas mates y otras brillantes, y que la ausencia de brillo en las primeras no era fruto de una mala conservación, sino de la utilización de distinta composición estannífera en los baños aplicados (Fig. 3.3).

Por otro lado, observamos que las cubiertas mates ofrecían distintas tonalidades, incluyendo el rosado, el celeste, el verdoso o simplemente blanco (Fig. 3.4). Esta variedad cromática podía deberse a la mayor o menor cantidad de estaño empleado en la mezcla estannífera, o bien, a efectos provocados por el fuego durante la cocción de la cerámica. En el caso de las piezas de esmaltes brillantes, mostraban, en su mayoría, un aspecto final de tonalidad amarillenta, además del blanco propiamente dicho.

Teniendo en cuenta los antecedentes[36] de la producción de la loza blanca peninsular, vimos que las piezas andalusíes habían sido elaboradas con **engalba*** blanca y que con el tiempo se fueron sustituyendo por esmaltes de estaño. Las cubiertas mates, por tanto, se acercaban más a los engobes musulmanes aplicados sobre las cerámicas. Consideramos, finalmente, que sí podíamos estar ante otro indicador cronológico, como ya había apuntado John Goggin. De esta suerte, añadimos una nueva clasificación de los fragmentos en la base de datos, según el brillo de la cubierta estannífera, distinguiendo entre mate, intermedio (Fig. 3.5) y brillante.

---

[36] Véase Aguado Villalba, José (1979): *Los azulejos toledanos a través de los siglos.* Valdés Fernández, Fernando (1985): "La Alcazaba de Badajoz. I. Hallazgos islámicos (1977–1982) y testar de la Puerta del Pilar". *Excavaciones Arqueológicas en España.* Abellán, J. *et al*, (1986): "Cerámica hispanomusulmana de la provincia de Cádiz. Primeras piezas halladas en el yacimientos de Caños de Meca". *II C.I.C.M.M.O. (Toledo, 1981).* Madrid, pp. 141–148; Fernández Gabaldón, Susana, (1986): "Aproximación al estudio de un lote de cerámicas de vedrío blanco en Jerez de la Frontera. (Calle de la Encarnación)". *I C.A.M.E. Tomo IV.* Zaragoza, pp. 343–362. Martínez Caviró, Balbina, (1991): *Cerámica hispanomusulmana. Andalusí y mudéjar.* Pleguezuelo Hernández, Alfonso, (1997): "Cerámica de Sevilla (1248–1841)" En: *Cerámica española.* Summa Artis, vol. XLII. Madrid. pp. 344–386.

Fig. 3.4. A la izquierda un plato con cubierta mate de color celeste y a la derecha otro de color blanco. Registros 23.719 y 23.722 respectivamente. (Foto: El Museo Canario).

Fig. 3.5. Fragmento de plato con cubierta estannífera de tipo *intermedio*. Registro n° 23.694. (Foto: El Museo Canario).

Discusión cronológica y propuesta de la hipótesis de partida

Una vez incluido este nuevo parámetro en la base de datos, vimos que nuestros resultados coincidían con la propuesta de John Goggin, esto es, que las piezas bañadas con engobes mates eran más antiguas que las de esmaltes brillantes. Esta clasificación, sin embargo, no coincidía con las observaciones de Boone para el yacimiento de Alcácer Seguer, quien atribuye las cubiertas brillantes a las manufacturas más antiguas (Boone, 1984: 76–86). Boone analizó también las variantes de esmaltes como posible indicador cronológico en el yacimiento marroquí, llegando a la conclusión de que los esmaltes brillantes, pero "finos", se hallaban vinculados a periodos *tempranos* que pueden fecharse entre 1458 y 1495, mientras que los mates se fijaban entre 1530 y 1540 (Boone, 1984: 76–86).

Teniendo en cuenta el criterio defendido por Boone, revisamos los esmaltes brillantes de la colección "franciscana", y percibimos que algunos casi transparentaban los barros, mientras que otros eran más espesos y gruesos. El resultado final fue que existían escasos restos cerámicos en los que sí coincidían los atributos morfológicos *tempranos* con los esmaltes brillantes y finos, casi transparentes.

Era necesario, pues, incluir en la base de datos un identificador cronológico más: **el espesor de los esmaltes.**

Constatada la variedad de pastas y esmaltes, y basándonos en las secuencias cronológicas[37] de los yacimientos de Alcácer Seguer, analizados por Boone y las de las intervenciones americanas estudiadas por John Goggin, con sus correspondientes asociaciones de pastas y tipo de esmalte, planteamos una **hipótesis**[38] de partida para catalogar la *serie blanca sevillana* recuperada en el yacimiento "franciscano" grancanario, en la que propusimos que las piezas de esmaltes finos y brillantes de pasta amarilla esponja eran las más *antiguas*, quizás fabricadas en el último cuarto del siglo XV; las elaboradas con engobes mates podrían haber sido manufacturadas en fechas *tempranas*, entre 1500 y 1550; las de esmaltes *intermedios* entre 1550 y 1600; y las de esmaltes gruesos y brillantes podrían ser más *tardías*: entre 1600 y 1650, o incluso posteriores, llegando hasta el año 1700. Supuesto que habría de demostrarse comparando estos datos con las piezas de otros yacimientos bien fechados, junto al resto de las series andaluzas recuperadas en el yacimiento "franciscano" de Las Palmas de Gran Canaria.

Resultado final

Una vez introducidos los parámetros según el brillo y grosor de la cubierta estannífera para la *serie blanca lisa*, y basándonos en análisis macroscópicos, obtuvimos los siguientes resultados[39]: 18 fragmentos con esmaltes brillantes y finos; 554 fragmentos con cubiertas mates; 1.161 fragmentos cubiertos con esmaltes intermedios y 232 fragmentos con esmaltes brillantes recientes o gruesos.

Por otro lado, comparamos cada uno de los tipos de esmaltes descritos con los diferentes grupos de pastas para comprobar si existía alguna frecuencia que nos permitiera corroborar que las asociaciones de esmalte y pasta, en sus distintas versiones, pudieran ser posibles indicadores cronológicos, y obtuvimos los siguientes resultados:

Análisis cuantitativo asociando el brillo del esmalte con el tipo de pasta

El primer tipo de esmalte brillante y muy fino, casi transparente (*"brillante antiguo"*), de tonalidad rosada, se aplicó sobre fragmentos elaborados con barros amarillos de textura esponjosa, que como indicamos, parecen vincularse con las mayólicas denominadas "moriscas" o *columbia simple*, asociadas a cronologías *tempranas*.

Un segundo tipo de cubierta corresponde a engobes mates. Comprobamos que se aplicó sobre todo a piezas elaboradas con pastas rojas y a algunas cerámicas con pasta "ama/ocre". En este segundo caso, vimos que era frecuente y característica de este tipo de cubiertas, la descomposición en círculos generado por el ataque de sales sobre la superficie.

En términos generales, parece que estos tres tipos de pastas ("morisca", "ama/ocre" y roja), con la cubierta estannífera "fina y brillante" o el engobe mate podían pertenecer a las producciones más *antiguas* rescatadas en el yacimiento.

En tercer lugar encontramos piezas que mostraban esmaltes de brillo y grosor *intermedio*, y que este tipo de cubierta estannífera se aplicó sobre piezas de pastas amarillas, ocres o terrosas, de textura compacta.

---

[37] Hay que tener en cuenta que las fechas de ocupación del yacimiento de Alcácer Seguer son anteriores a las de la fundación del Convento de San Francisco de Asís de Las Palmas de Gran Canaria, e incluso anteriores a las fechas de ocupación de algunos yacimientos americanos estudiados por John Goggin. En este sentido variarán las fechas que se asignan a los términos *"antiguo, intermedio y tardío"* para cada yacimiento. Asimismo, algunas etapas se van a solapar, de tal modo que las fechas de producción *"tardía"* para el yacimiento marroquí, se corresponderían con las producciones *"tempranas"* recuperadas en el cenobio franciscano. (Ver apartado sobre la caracterización según los atributos morfológicos).

[38] Un análisis más detallado de esta hipótesis se completará en el apartado de tipología y, en concreto, en la discusión cronológica sobre los atributos morfológicos de los platos y escudillas en las piezas de vajilla.

[39] En el recuento se han valorado también fragmentos y no piezas completas, por lo que los resultados no son tampoco definitivos, sino orientativos.

Por último, una cubierta estannífera gruesa, de aspecto brillante, muchas veces craquelado y de tonalidad amarillenta o, en algunos casos, verdosa y que suele aplicarse sobre piezas de pastas amarillas, ocre oscuro y anaranjadas, de textura compacta.

Por tanto, estos dos últimos grupos podrían estar presumiblemente relacionados con fábricas de cronologías *tardías*, asociadas al tipo de influencia italiana denominado *Sevilla White*.

Resultado final

Teniendo en cuenta los análisis macroscópicos expuestos se puede apreciar que:

Las pastas **amarillas de textura esponjosa** aparecen cubiertas con esmaltes "finos y brillantes", por lo que existe un reducido número de fragmentos elaborados con pastas "moriscas" asociadas a cronologías *tempranas* de finales del siglo XV e inicios del XVI.

Las pastas **amarillas** están altamente representadas en todas las etapas cronológicas propuestas, por lo que parece que es el prototipo de pasta utilizado a lo largo del tiempo para la *serie blanca sevillana* en su variedad *Sevilla White* o de influencia italiana, cuyo auge productivo comprende desde la segunda mitad del siglo XVI y el siglo XVII.

En el caso de las pastas **ocre** y **"ama/ocre"**, de textura más compacta, coincide con la cubierta estannífera *intermedia*, por lo que corresponderían a las fechas de producción de la segunda mitad del siglo XVI y el siglo XVII.

Por lo que respecta a las cerámicas elaboradas con pastas **rojas**, podemos comprobar que no están presentes en el primer grupo de esmaltes finos y transparentes; sí lo están, en cambio, dentro de los engobes mates. En este sentido, creemos que el empleo de barro rojo en la elaboración de las piezas de vajilla, podría ser también un indicador cronológico antiguo. Ya señalamos que la variable "barro rojo" unida a la aplicación de cubiertas estanníferas mates podría reflejar igualmente pervivencias de la tradición alfarera hispanomusulmana[40], que se extiende a los primeros años del siglo XVI, para el caso del yacimiento del convento de "San Francisco".

Los fragmentos de cerámicas con pastas rojas están también presentes en los dos periodos posteriores. Creemos sin embargo que, como en cada caso se trata de un fragmento de jarro y de una pieza indeterminada, no son representativos dentro del grupo de producción al que las hemos asociado.

Las pastas **naranjas** sólo están presentes en el grupo de esmalte grueso y brillante, que relacionamos con las producciones *tardías*, por lo que esta asociación podría considerarse un indicador cronológico reciente en el yacimiento "franciscano" de Las Palmas de Gran Canaria, de la primera mitad del siglo XVII. Supuesto que habrá de verificarse comparándolo con otros yacimientos arqueológicos en los que esté presente el mismo tipo de material bien contextualizado[41].

En definitiva, atendiendo a la combinación de las variables pasta-esmalte, vemos que la manufactura predominante en el antiguo Convento de San Francisco de Asís de Las Palmas de Gran Canaria vuelve a

---

[40] Al revisar las publicaciones sobre producciones cerámicas andaluzas hemos comprobado que para la elaboración de azulejos sí se confirma el empleo de barro rojo en las fabricaciones más antiguas. Así, por ejemplo, en un trabajo anterior, Pleguezuelo y Lafuente hablan de la existencia de una primera etapa de producciones de cerámica andaluza comprendida entre 1248 y 1400 en la que confirman la existencia de azulejos primitivos hechos con pastas rojas que no se empleará en Sevilla en las etapas posteriores (Pleguezuelo y Lafuente, 1995: 224). En una publicación posterior Pleguezuelo indica que los azulejos monocromos que datan del siglo XIV están elaborados frecuentemente con pastas rojizas. Señala incluso algunos ejemplos como los azulejos recuperados en la Antigua Iglesia del Monasterio de San Clemente (Sevilla), en el Convento de Santa Inés, así como en las excavaciones de la Casa-Palacio de Miguel de Mañara. También nombra otros azulejos heráldicos elaborados en ocasiones con pastas rojas y cubiertos de esmaltes marrones, melados o negro sobre blanco, que datan de los siglos XIII y XIV (Pleguezuelo, 1996: 23).

[41] En la excavación arqueológica realizada en la Calle Candiota nº 6, 8 y 10 de Granada, se recuperó un lote de cerámicas, entre las que se encontraban algunas piezas de vajilla esmaltadas en blanco, elaboradas con pasta de similares características a las inventariadas en el cenobio franciscano de Las Palmas de Gran Canaria. En el trabajo publicado aparecen ilustradas algunas piezas elaboradas con barro naranja igualmente cubiertas con un baño estannífero grueso, brillante y de aspecto craquelado. Las fechas de producción de aquellas apuntan al Seiscientos, con lo que coincide con la hipótesis de partida en el estudio que estamos realizando a los fragmentos franciscanos, cuyos indicadores cronológicos a partir de la observación macroscópica, los situamos como *tardíos*, entre 1600-1650 ó 1700, aunque hemos de advertir que tampoco se trata de una producción de origen sevillano, sino granadino (Rodríguez *et al*, 2011: 147–168).

corresponder a la cerámica de **influencia italiana** o *Sevilla White*, que se elaboró en los alfares sevillanos entre la segunda mitad del siglo XVI y a lo largo del XVII.

Sin embargo, el empleo de barros de **tradición hispanomusulmana**, propios de finales del siglo XV, no se extingue, sino que sigue presente en la producción alfarera de los talleres sevillanos, aunque en una proporción menor, a lo largo de la primera mitad del siglo XVI.

La aplicación parcial de vidriado verde sobre la cubierta estannífera blanca

Las cerámicas de la *serie blanca lisa* de tradición morisca se caracterizan por la capa de esmalte blanco uniforme que cubre toda la pieza, obtenido mediante la inmersión de las vasijas en un recipiente que contenía la mezcla estannífera (Goggin, 1968: 117–123).

Dentro de esta serie, Goggin incluye algunas variantes decorativas. Una de ellas consiste en la aplicación parcial de vidriado verde sobre la superficie blanca. Considerando este motivo decorativo como otro indicador cronológico *temprano* que asocia al siglo XVI (Goggin, 1968: 117–123).

El uso parcial del vidriado verde no es exclusivo de Andalucía, sino que se empleó también en los alfares portugueses en el mismo siglo. Conocemos de su existencia gracias a los hallazgos de Silves (Gomes e Gomes, 1984: 35–44), así como a las intervenciones que se han venido realizando en los últimos años en Lisboa, en donde ha aparecido idéntico material y cuyos análisis arqueométricos han confirmado su procedencia lusa[42].

Proceso de estudio

Entre los ejemplares del yacimiento de "San Francisco" hemos registrado algunos fragmentos de platos en los que la aplicación vítrea verde se ejecutó sobre la mitad longitudinal de su superficie (Fig. 3.6). Si bien no son muy representativos entre los restos de la excavación, tenemos constancia de esta misma aplicación decorativa en escudillas o trincheros más completos, en otros yacimientos arqueológicos canarios[43], americanos y portugueses.

Las aplicaciones de vidriado verde, en parte de la superficie de las cerámicas estanníferas blancas, son fáciles de identificar. Se realizaban mediante la inmersión de la mitad de la pieza, o parte de ella, en un recipiente con la disolución de óxido de cobre, o aplicando la mezcla de color con un pincel en algunos elementos ornamentales como los apéndices de falange.

El empleo de vidriado verde sobre las asas de falange (Fig. 3.7) que adornan algunas escudillas son características de esta serie (Goggin, 1968:117–123).

Otras veces la cubierta vítrea de color verde se aplica sobre la superficie externa de las cerámicas. Tal es el caso de algunas escudillas (Fig. 3.8); de un asa y parte del cuello aristado, fragmentos que formaron parte de un jarro (Fig. 3.9); así como parte de un cuello cilíndrico liso de una jarra.

Hemos localizado asimismo un plato incompleto en el que se aprecian algunas gotas de vidriado verde sobre la superficie externa. En este caso, parece que las gotas no fueron un motivo decorativo intencionado, sino que son fruto de la contaminación accidental por otras piezas colocadas sobre él durante el proceso de secado; o bien, por haberlas introducido en el horno para su cocción con la mezcla vítrea aún fresca.

---

[42] Entre los años 2004 y 2005 se realizó una excavación arqueológica en la antigua prisión del *Aljube* (Lisboa). En ella se identificó un depósito cerrado, fechado en el siglo XVI, con una gran cantidad de cerámica de la serie que estamos tratando. Parte de estas cerámicas fueron analizadas, dando como resultado su procedencia portuguesa (Amaro *et al*, 2013: 1019–1024). Damos fe de que las afinidades morfológicas y decorativas son idénticas (Amaro *et al*: Comunicación presentada en el *Primer Congreso de Fayança portuguesa no Mundo, 22–26 de mayo de 2013*). Estamos a la espera de hacer un estudio comparativo de los resultados arqueométricos entre las pastas con que se elaboraron las piezas lusas y las "franciscanas". Agradecemos asimismo la información facilitada al respecto por el arqueólogo José Pedro Vintem Henriques.

[43] Ver Informe de la cerámica de importación recuperada en el proyecto *"Intervención arqueológica en el solar de la Calle San Marcial, esquina Herrería (Las Palmas de Gran Canaria)"*, realizado durante la campaña del año 2011, que hemos elaborado por encargo de la empresa "Tibicena Arqueología y Patrimonio S. L.".

Ver Delgado Darias, Teresa; Cruz De Mercadal, Mª Carmen y Sosa Suárez, Elena (2014): *La Edad Moderna y Contemporánea en Las Palmas de Gran Canaria a través de los objetos. Materiales arqueológicos de la exposición "El pasado bajo nuestros pies"* [en línea]. Las Palmas de Gran Canaria: El Museo Canario. Disponible en:http://www.elmuseocanario.com/images/documentospdf/elpasadobajonuestrospies.pdf

Fig. 3.6. Fragmento de borde de un plato de la *serie blanca sevillana* con aplicación de vidriado verde en la mitad longitudinal de la superficie. (Registro nº 24.000). (Foto: El Museo Canario).

Fig. 3.7. Pared-borde-apéndice de escudilla pequeña carenada con apéndice de falange vidriado en verde. Registro nº 23.981. (Foto: El Museo Canario).

En el proceso de elaboración de las cerámicas, las piezas se disponían en el horno boca abajo, apiladas y separadas por trébedes para evitar que se pegaran. Esta disposición de las piezas dentro del horno debió realizarse inmediatamente después de su inmersión en la mezcla plúmbea aún líquida, goteando y manchando los recipientes colocados debajo, como es el caso del ejemplar nº 23.978 (Fig. 3.10).

Otras veces, sin embargo, las gotas sí se colocaron sobre la superficie externa de los recipientes de manera intencionada. En este caso, hemos encontrado una escudilla decorada con motivos de color azul cobalto en el interior, acompañados de gotas verdes que se aplicaron sobre el labio de la escudilla, chorreando el vidriado verde por la pared externa forzando así su intención decorativa (Fig. 3.11).

Fig. 3.8. Dos fragmentos de una escudilla de pie anular con aplicación de vidriado verde en la superficie externa de la pieza. Registro nº 21.932. (Foto: El Museo Canario).

Fig. 3.9. Fragmentos de cuello y asa de cinta de un jarro blanco al interior y vidriado verde al exterior. Registro nº 21.938. (Foto: El Museo Canario).

Discusión cronológica

La aplicación de vidriado verde sobre la *serie blanca sevillana* fue siempre considerada por los autores americanos como un indicador cronológico *temprano*.

En yacimientos como el de Alcácer Seguer en Marruecos, se encontraron piezas decoradas con vidriado verde en contextos fechados a finales del siglo XV, principios del XVI. Recordemos que las fechas de ocupación de este yacimiento corresponde a los años comprendidos entre 1458 y 1550 (Redman & Boone, 1979: 5–77).

Goggin propone, a partir de los gráficos de frecuencia de la *serie blanca con aplicaciones de vidriado verde* registradas en las diferentes intervenciones arqueológicas practicadas en El Caribe, que la decoración plúmbea

Fig. 3.10. Plato incompleto de la *serie blanca sevillana*. En él se aprecian algunas gotas de vidriado verde en la superficie externa del plato, debido a la contaminación de otros recipientes. Registro nº 23.978. (Foto: El Museo Canario).

Fig. 3.11. Base-pared-borde de escudilla semiesférica en la que se aplicó gotas de vidriado verde sobre el labio, cayendo sobre la pared exterior del recipiente, con una intención decorativa. Registro nº 24.192. (Foto: El Museo Canario).

verde desapareció a mediados del siglo XVII. Lo datos se obtuvieron a partir del análisis de la *serie blanca sevillana* presente en los siguientes yacimientos arqueológicos: en La Isabela, en la República Dominicana, con fechas de ocupación de 1493 a 1503, existe un alto porcentaje, un 70% de mayólicas con vidriado verde (Marken, 1994: 148). En la localidad de Juandolio, considerada de las ocupaciones más antiguas de la República Dominicana, también registra una abundante cantidad de cerámica con vidriado verde, un 36 % (Prat de Puig, 1980: 25).

En el yacimiento de La Vega Vieja, fundada en 1495, se ha documentado un 16% de cerámicas con aplicaciones de vidriado verde. En Jacagua, localidad fundada en 1511 y, cuya vida se prolonga hasta 1562, sólo aportó un 11% de esta producción (Prat de Puig, 1980: 25).

En el caso del yacimiento de Nueva Cádiz en Venezuela, fundada en 1515, y que pervive durante casi todo el siglo XVI, tan solo se halló un 10% de este tipo cerámico (Prat de Puig, 1980: 25).

Otro yacimiento dominicano, Cepicepi cuya ocupación está establecida alrededor de 1600, no existe evidencia de vidriado verde en las mayólicas, mientras que en *Fig Springs* en Florida, revela un pequeño porcentaje 1,69%, cuya ocupación está fechada entre 1615 y 1650 (Marken, 1994:148).

Todo parece indicar que la proporción de la presencia de esta cerámica va disminuyendo hasta desaparecer en las ciudades de ocupación más recientes. Se trata, por tanto, de un tipo decorativo común en el siglo XVI, siendo más frecuente en las primeras décadas del siglo (Prat de Puig, 1980: 25).

Por otro lado, en algunos pecios de la Armada Española, fechados en las primeras décadas del Seiscientos, como son "El San Antonio" y "El Atocha", no existen registros de la *serie blanca con vidriado verde*, excepto un pequeño pico vertedor en el primero de ellos (Marken, 1994: 148).

Esta secuencia, en la que se va perdiendo el registro de cerámicas con vidriado verde, es la que llevó a Goggin a considerar esta decoración como un indicador cronológico *temprano*, que desaparece entre finales del XVI y las primeras décadas del XVII.

Por tanto, para fechar el material "franciscano" recuperado en Las Palmas de Gran Canaria, por comparación, podemos afirmar, en términos generales, que la *serie blanca sevillana con aplicaciones de vidriado verde* pertenecen a producciones elaboradas a lo largo del siglo XVI. Sin embargo, si queremos precisar algo más las fechas de su fabricación en las dos mitades del siglo, siguiendo nuestra hipótesis inicial, debemos comparar los ejemplares y analizar el tipo de pasta, así como las cubiertas estanníferas que fueron aplicadas a las piezas recuperadas en el antiguo Convento de San Francisco de Asís. Nuestros resultados son los siguientes:

Resultado final desde el punto de vista de la pasta:

Del grupo de fragmentos y piezas de la *serie blanca con aplicaciones de vidriado verde*, atendiendo al tipo de pasta con que fueron manufacturadas, solo un 1,44% fueron confeccionadas con pastas "moriscas", vinculadas a cronologías *antiguas*; un 23,18% con pastas amarillas, el 18,84% corresponde a las cerámicas hechas con

Yacimientos área del Caribe	Fechas de ocupación	Porcentaje de vidriado verde
La Isabela (Rep. Dominicana)	1493-1503	70 %
Juandolio (Rep. Dominicana)	¿1503-1511?	36 %
La Vega Vieja (Rep. Dominicana)	1495	16 %
Jacagua (Rep. Dominicana)	1511-1652	11 %
Nueva Cádiz (Venezuela)	1515-1600	10 %
Cepicepi (Rep. Dominicana)	1600	No hay
Fig Springs (Florida)	1615-1650	1,69 %

Fig. 3.12. Tabla con los porcentajes de la presencia de cerámicas de la *serie blanca sevillana con vidriado verde* en yacimientos arqueológicos del Caribe.

pastas "ama/ocre"; un 37,68% a pastas ocres; y, por último, las elaboradas con barros de tonalidad ocre rojizo suponen un 18,84% del total.

Llama la atención la presencia de dos grupos de vajillas diferentes, los fabricados con pastas amarillas en las que el vidriado se levanta con facilidad dejando ver el barro juagueteado; y otro grupo de vajillas en las que las pastas son rojizas y van cubiertas con engobe mate.

Son tan diferentes entre sí que parecen haber sido confeccionadas por alfareros diferentes, pero de manera paralela. Por los análisis de pastas ambas producciones son sevillanas, probablemente unas se corresponden con las producciones de tradición morisca, que suman un 39,12 % del volumen total, y las otras están asociadas a la sub-serie de influencia italianizante o *Sevilla White*, cuyos fragmentos sumados hacen un 60,86 % de la producción.

Resultado final desde el punto de vista del esmalte:

Al analizar los fragmentos y piezas completas con aplicaciones de vidriado verde, siguiendo los cuatro grupos propuestos en la hipótesis de partida, obtuvimos los siguientes resultados:

Al **primer grupo (finales del siglo XV-1500)**, pertenecen las piezas con cubiertas estanníferas brillantes y finas. Solo hemos registrado un fondo-pared de plato, en el que se conserva la mitad longitudinal vidriada en verde. Es decir, un 1,69% de las cerámicas blancas con aplicaciones de vidriado verde.

Del **segundo grupo (1500–1550)**, hemos identificado 32 fragmentos con cubiertas mates. Esto es, un 54,23% del total.

Respecto al **tercer grupo (1550–1600)**, registramos un total de 26 fragmentos con cubiertas de tipo *intermedio*, que corresponden al 44,06% de los registros.

Mientras que del **cuarto grupo (1600–1650 ó 1700)**, es decir, ejemplares con cubiertas estanníferas gruesas y brillantes, no hemos registrado ningún ejemplar.

Quedaría confirmada, por tanto, la teoría de Goggin, quien afirma que las aplicaciones de vidriado verde son propias del siglo XVI, y que su uso desaparece a finales de esta centuria. Subrayaría asimismo nuestra propuesta inicial, es decir, que haciendo uso del análisis macroscópico, el tipo de esmalte puede emplearse como indicador cronológico de la *serie blanca sevillana*, unido a los otros parámetros mencionados.

Resultado final desde el punto de vista de los pigmentos:

Hemos identificado cuatro tonalidades[44] diferentes de vidriado verde: Verde *aquamarine* que es el aplicado sobre los apéndices de falange de las escudillas. El verde "musgo" aparece en algunos platos, aunque apenas quedan restos de vidriado en la propia fractura. Verde "bosque intenso", que es el de la mayoría de los recipientes registrados; y, por último, el verde "pálido", aplicado en la cara externa de una base-pared de escudilla. El fragmento está muy deteriorado, la pasta con que fue elaborada es de tonalidad rosada y el esmalte interior blanco es de tipo *intermedio*.

Esta diversidad cromática podría ser no tan relevante, e indicar simplemente la distinta cantidad de óxido de cobre que añadió el ceramista cuando elaboraba las piezas. Creemos, sin embargo, que podría indicarnos también diferentes alfares a lo largo del Guadalquivir o bien diferentes fuentes de la obtención del óxido de cobre, como vimos con las fórmulas y recetas de los maestros alfareros para las cubiertas estanníferas.

---

[44] La carta de color de referencia son los lápices *Stadhler*.

Resultado final desde el punto de vista tipológico:

Entre los ejemplares franciscanos hemos identificado dos fragmentos de borde-pared de escudilla pequeña, en los que se conserva el asa de falange con la aplicación de vidriado verde, de los que solo uno pertenece a un perfil en el que conserva desde la base hasta el borde, por lo que si hablamos de representación cuantitativa en la vajilla, solo podemos hacerlo de dos recipientes correspondientes a escudillas pequeñas.

Para el caso de los jarros, hemos inventariado 12 fragmentos diferentes de paredes, bordes, etc. Pero como en el ejemplo anterior, no podemos hablar de 12 piezas. Los ejemplares más representativos corresponden a un asa y un cuello cilíndrico de una jarra, una base y un hombro, por lo que creemos que los registros constituyen la existencia de tan sólo 2 ó 3 jarros blancos con cubierta parcial vidriada verde.

Con respecto a los platos, solo hemos identificado 9 fragmentos, de los cuales, 4 pertenecen a fondos de platos; por lo que, cuantitativamente, la representación de este tipo de piezas es muy pequeña para el conjunto de la vajilla desenterrada en el solar "franciscano".

Por último, el tipo numéricamente más representado es la escudilla, de la que se contabiliza un total de 36 fragmentos. Sin embargo, entre estos registros contamos con 2 escudillas completas con apéndices de falange vidriados en verde, así como un perfil incompleto de un tercer ejemplar.

No sabemos a qué se debe la escasa representación de los platos con respecto a las escudillas; quizás porque su uso no se generalizó hasta más avanzado el siglo XVI. Por el contrario, existe un documento en el que se habla de *"1 espuerta con una docena de platos blancos y 5 escudillas"* (Sánchez, 1998:121–133). Parece que el uso del plato doblaba al de la escudilla. En este sentido, los platos son, dentro de las piezas del ajuar cerámico moderno del siglo XVI, el tipo que simboliza el cambio cultural y de los hábitos sociales de la época; pues sustituye de forma definitiva al ataifor desde el siglo XV, produciéndose desde entonces una gran variedad formal.

Las marcas incisas sobre la cubierta estannífera

Algunas piezas de la *serie blanca lisa* tienen en común la presencia de marcas incisas practicadas sobre la superficie externa después de cocidas.

Goggin halló marcas en forma de "X" y de "I" entre las piezas del yacimiento de La Vega Vieja en la República Dominicana. Este mismo autor identificó otras cerámicas con marcas entre las piezas extraídas de la excavación del Convento de San Francisco de la citada isla caribeña. Los motivos representados en este segundo caso, son, además de la "X", la letra "A"; así como, tres pequeñas incisiones debajo del borde, en otro de los ejemplares (Goggin, 1968: 119). En el yacimiento de Puerto Real, en Haití, se han localizado también fragmentos de platos de la *serie blanca* con restos de marcas incisas, aunque difíciles de describir por la complicación de los diseños representados, adscritos a mediados del siglo XVI por Kathleen Deagan (Deagan, 1987: 56). En Marruecos, en el yacimiento de Alcácer Seguer, se han encontrado también marcas incisas en forma de "X" en las bases de algunas escudillas (Marken, 1994:148).

Proceso de estudio

De todas las piezas con marcas incisas nos llamó la atención dos platos registrados con los números 23.748 (Fig. 3.13) y 23.778 (Fig. 3.14) respectivamente. Ambos ejemplares tenían una particularidad, y es que por el tipo de pasta "ama/ocre" de color rosado con que fueron elaboradas se distinguían claramente del resto de las piezas de la *serie blanca sevillana* descritas hasta el momento.

Al analizar las piezas observamos que el tratamiento superficial era también diferente. Parecía que podían tener otra procedencia dentro de la *serie blanca lisa*. Además tenían la peculiaridad de llevar marcas incisas en la base, al exterior, dibujando respectivamente una "X" y una "Y".

Inicialmente nos pareció que podíamos estar ante otro centro alfarero no andaluz. Pensamos que, atendiendo a la bicromía de la pasta, se trataba quizás de una producción manisera. Esta diferencia macroscópica fue lo que nos llevó a seleccionar una muestra para que formara parte de los análisis arqueométricos que enviamos

Fig. 3.13. Marca incisa en forma de "X" en la base de un plato troncocónico elaborado con una pasta "ama/ocre" de tonalidad rosada. Registro nº 23.748. (Foto: El Museo Canario).

Fig. 3.14. Marca incisa en forma de "Y" en la base de un plato elaborado con pasta "ama/ocre" de tonalidad rosada. Registro nº 23.778. (Foto: El Museo Canario).

a Barcelona. El resultado final fue que se trataba igualmente de una producción andaluza[45] de la *serie blanca lisa*; eso sí, por las característica tecnológicas y morfológicas con que fueron elaborados, pensamos entonces que pertenecían probablemente al grupo *"Sevilla White"* descrito por los investigadores americanos.

---

[45] Corresponde a la muestra MJ0262, y se adscribe a Sevilla como centro productor.

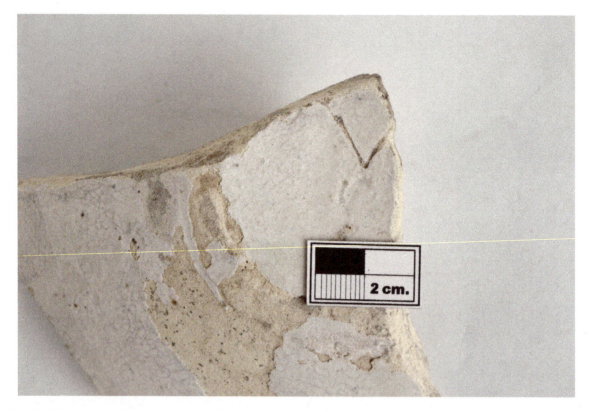

Fig. 3.15. Incisión en forma de "V" en la base de un fragmento de plato. El dibujo original está incompleto por la fractura de la pieza. Registro nº 23.694. (Foto: El Museo Canario).

Fig. 3.16. Tres pequeñas incisiones bajo el labio de un borde de plato. Registro nº 23.752. (Foto: El Museo Canario).

Fig. 3.17. Pequeña cruz incisa en la base de un plato incompleto. Registro nº 23.802. (Foto: El Museo Canario).

Fig. 3.18. Dos pequeñas incisiones practicadas en el pie de una escudilla. Registro nº 26.303. (Foto: El Museo Canario).

Discusión cronológica

Recurrimos, una vez más, a las fechas proporcionadas por los autores americanos para piezas con las mismas características. De este modo, las cerámicas halladas en el yacimiento de La Vega Vieja de la República Dominicana están datadas entre 1495–1562 (Goggin, 1968:119); por otro lado, los ejemplares de Haití corresponden a mediados del XVI (Deagan, 1987:56). Y han aparecido asimismo algunas vasijas en pecios, como el de La Armada Española, fechado en 1588, o el de *Padre Island* en 1554.

Marken precisa que según los estudios realizados en el Nuevo Mundo, las señales incisas desaparecen a finales del siglo XVI, por lo que se convierten en otro indicador temporal importante (Marken, 1994:142–148).

Con respecto a los ejemplares "franciscanos" canarios, la pieza registrada con el n° 23.748 presenta unas características similares a un plato con una marca incisa en la base, recuperado en el pecio de La Armada Española y que Marken fecha en 1588. Ambos platos presentan un perfil de paredes gruesas de lados acampanados, bordes rectos y labios oblicuos, características morfológicas de las producciones *tardías* como veremos en el apartado dedicado a la morfología.

Resultado final

Por otro lado, para el resto de los ejemplares recuperados en el cenobio de Las Palmas de Gran Canaria, si recurrimos a los indicadores macroscópicos propuestos como el tipo de pasta y esmalte con que fueron elaboradas las piezas, vemos que solo uno de los ejemplares pertenece al segundo grupo de clasificación por tratarse de un fragmento de plato elaborado con pasta de color ocre rojizo y estar cubierto con un engobe mate, por tanto estaría fechado entre 1500–1550. Sin embargo, el resto de los ejemplares con marcas incisas corresponden a piezas que incluimos dentro del tercer grupo de clasificación, es decir, sus producciones se elaborarían en arco cronológico comprendido entre 1550 y 1600.

Por tanto, al coincidir las fechas de producción propuestas, atendiendo a la observación macroscópica, junto con los resultados de los estudios americanos, confirmaríamos, una vez más, nuestro método de clasificación, pues sus características apuntan también a la producción sevillana del siglo XVI.

¿Y cuál es el significado de las marcas?

El profesor Goggin habla de marcas de propiedad para dar una explicación a estas señales (Goggin, 1968:119). Otros autores, como Martin Colin, prefieren, sin embargo, ver signos de contabilidad de los alfareros después de cada hornada, proponiendo que la frecuencia de las "X" puede interpretarse como un recuento de la producción (Marken, 1994:148).

En el Algarve portugués han aparecido también ejemplares de escudillas y platos con marcas hechas después de haber sido esmaltadas. Gomes y Gomes proponen que podrían ser marcas de propiedad con una intención higiénica, permitiendo a cada persona –sea de una corporación militar o religiosa- reconocer su loza y evitar así posibles contagios, por las grandes epidemias y pestes comunes en aquella época (Gomes e Gomes, 1987: 465).

Sin embargo, el hecho de que se repitan los mismo tipos de marcas, tanto del Viejo como del Nuevo Mundo, excepto en los ejemplares recuperados en Haití, junto al hecho de que estas marcas aparezcan solo en esta serie cerámica, y no en otras producidas en las mismas fechas, nos hace pensar, -sin descartar que sean señales de los frailes para evitar el contagio de enfermedades-, que se trata de marcas de alfarero, o que tienen una interpretación que a día de hoy se nos escapa.

Sea cierto o no esta intencionalidad, lo importante es que las muescas no son exclusivas de las vajillas del antiguo Convento de San Francisco de Asís de Las Palmas de Gran Canaria, sino que han aparecido en yacimientos del Viejo y Nuevo Mundo, por lo que sería interesante hacer un estudio más detallado al respecto, sobre los modelos, la frecuencia y las series sobre las que se practican, y profundizar de este modo sobre la cronología a la que se asocian en los yacimientos en los que se han recuperado.

La sub-serie grisácea o negruzca (*"Columbia gunmetal"*)

Las características que hemos descrito para la *serie blanca sevillana o lisa* se repiten en otros fragmentos, cuya única diferencia es el color final del esmalte, esto es, gris oscuro o negro. Los americanos denominan a esta variedad *columbia gunmetal* y la incluyen dentro de la serie *columbia simple*, aunque existe disparidad de opiniones sobre la obtención del color negruzco en estos esmaltes.

En los primeros años del siglo XX, José Gestoso y Pérez (1904: 133) llamaba la atención sobre la presencia de algunos platos descubiertos en el fondo de un pozo de una hacienda en el término de la villa de Gelves, en Sevilla, en los cuales hacía notar que el vidriado blanco se había convertido en negro intenso, en su opinión debido al efecto de la acción de las aguas, pues al parecer, él mismo había comprobado que esto sucedía también en otros hallazgos extraídos igualmente en otros pozos.

Años más tarde, otros autores como Boone (1984: 81) defendían que esta coloración grisácea era también el resultado de la oxidación de los esmaltes blancos como consecuencia de la deposición en medios acuáticos.

Para otros autores americanos, sin embargo, como los Lister, o Kathleen Deagan se trata simplemente de un tipo diferente de coloración intencionada, resultado de la adición de óxido de hierro o manganeso a la mezcla estannífera, junto al uso de una atmósfera reductora de los hornos en la cocción de las cerámicas (Lister & Lister, 1987: 108–110); (Deagan, 1987: 57–58).

Los Lister, para defender su teoría, se apoyaron en la representación de loza oscura en cuadros como el de *"Cristo en casa de Marta y María"*, pintado por Velázquez alrededor de 1618 (Fig. 3.19).

Deagan tampoco estaba de acuerdo en que el color negro fuera el resultado de una reacción química por deposición en zonas húmedas o acuáticas, argumentando que, si el color negro fuera el resultado de la oxidación del esmalte en este medio, ocurriría en todos los pecios (Deagan, 1987: 57–58), a lo que Marken respondió que entre el material recogido en los pecios que él estudia ha encontrado formas de oxidación entre los ejemplares rescatados que provoca el ennegrecimiento del esmalte (Marken, 1994:145).

Fig. 3.19. *"Cristo en casa de Marta y María"*. Óleo sobre lienzo de Diego Velázquez, año 1618. (© *The National Gallery*, London).

Fig. 3.20. Fragmento de base-pared de plato con umbo y ónfalo central vidriado en negro. Registro nº 21.422. (Foto: El Museo Canario).

Por nuestra parte, consideramos factible ambas teorías, tan sólo tenemos que detenernos a observar mejor los fragmentos para distinguir cuáles son fruto de una intencionalidad técnica y cuáles lo son de la oxidación en medios acuáticos. Por otro lado, creemos que la vajilla oscura representada en algunos cuadros de Velázquez corresponde a piezas vidriadas y no esmaltadas.

Proceso de estudio

Entre los restos recuperados en la excavación del antiguo Convento de San Francisco de Asís de Las Palmas de Gran Canaria, hemos registrado escasos fragmentos con una cubierta de acabado grisáceo o negruzco. En ninguno de los caso, los fragmentos estaban asociados a medios acuáticos, sólo dos de ellos aparecieron en un "sedimento negro", según los datos de las fichas de la excavación que le acompañan. Sin embargo, tras su análisis macroscópico observamos que el resultado final de la coloración se debe a distintos tratamientos o procesos a los que se vieron sometidas las cerámicas.

Desde el punto de vista de la cubierta, existen dos tipos de tratamiento, unas piezas fueron sumergidas en óxido de plomo, por tanto hay que hablar de cerámica vidriada, no esmaltada, a las que se aplicó algún óxido colorante como el azur[46] con una intención final decorativa; mientras que otras están cubiertas con una baño estannífero, cuya tonalidad grisácea final puede ser el resultado de la aplicación de óxido de manganeso.

Entre los fragmentos de cubierta vítrea registramos una base-pared, un borde y un borde-pared de platos. De ellos tiene más interés la base, registrada con el nº 21.422, (Fig. 3.20) pues conserva el ónfalo y la arista en el fondo, características que, como veremos en el próximo apartado, corresponden a morfologías *tempranas*, vinculadas al siglo XVI.

---

[46] Córdoba de la Llave recoge la receta para la obtención del *"Vidriado negro para pintar vasos de tierra. De la misma forma puedes hacer vidrio negro útil para pintura. Muele el **azur** que se encuentra en la tierra con goma después tritura vidrio claro sobre la tabla de mármol, mézclalo con lo anterior y muélelo juntos. Esta mezcla tomará un color azul, el cual, sin embargo, la fuerza del fuego lo volverá en bello negro".* El documento lo recoge de Heraclio, *De Coloribus et Artibus Romanorum*, siglo XII. Edit. M. Merryfield, *Original Treatises dating from the Twelth to the Eighteenth Centuries on the Arts of Painting*, New Cork, 1964, pp. 202–203. (Córdoba de la Llave, 2011: 135–150).

Con respecto al cuadro de Velázquez que citan los Lister, en los que aparecen cerámicas oscuras, ya adelantamos que lo que probablemente se representa son vajillas vidriadas y no esmaltadas. Hemos localizado asimismo otros cuadros de Velázquez en los que están ilustradas lozas de esta coloración. Uno de los cuadros es *"Dos jóvenes a la mesa"*, elaborado entre los años 1618 y 1620; y en él aparece representado, debajo de dos platos de la *serie blanca lisa*, un plato vidriado negro en el que se puede ver los chorretones de la cubierta vítrea en su cara externa (Fig. 3.21).

Idéntica disposición de la loza apilada aparece en otro cuadro del mismo autór, conocido como *"La mulata"*, *"La cocinera"* o *"Escena de cocina"*, fechado por los especialistas entre 1620 y 1622 (Fig. 3.22).

Fig. 3.21. *"Dos jóvenes a la mesa"*. **Óleo sobre lienzo de Diego Velázquez (ca. 1622). (*Wellington Collection, Apsley House, English Heritage*).**

Fig. 3.22. *"La mulata"*, *"La cocinera"* o *"Escena de cocina"*. **Óleo sobre lienzo de Diego Velázquez, (ca. 1618–1622). (© 2023. The Art Institute of Chicago / Art Resource, NY / Scala, Florence).**

Por otro lado, existen otros tipos de acabados entre los fragmentos recuperados en la excavación "franciscana" grancanaria, éstos fueron cubiertos por un baño de estaño, y probablemente se les añadió también óxido de manganeso con la misma intención decorativa, pero el aspecto final es diferente a los anteriores.

Con estas características podemos incluir un reducido número de fragmentos entre los que se encuentra un borde de escudilla de labio redondeado, registrado con el nº 24.003 y un borde-pared de plato de labio oblicuo, fichado con el nº 24.004.

Estos fragmentos son muestras poco significativas para llegar a conclusiones relevantes, pero no dudamos de la existencia de estas piezas en otros yacimientos bien contextualizados, como tampoco cuestionamos que en los medios subacuáticos algunos de estos recipientes se vean sometidos a un proceso de oxidación que produce el ennegrecimiento de las superficies esmaltadas blancas, pero no es el caso de los exhumados en "San Francisco".

Sin embargo, queremos añadir otra posible circunstancia que pudo haber provocado el oscurecimiento de las superficies estanníferas blancas, y es el **fuego**. Es decir, no podemos descartar que vasijas inicialmente blancas se ennegrecieran, bien como consecuencia de una mala cocción en el horno durante su elaboración; o bien se quemaran por la simple intención de acercar a la lumbre los alimentos que contenían, con el fin de mantener la comida caliente. Si estas circunstancias provocaron el cambio de color en el esmalte no lo sabemos, lo que sí observamos es que en algunos fragmentos la cubierta de estaño se ha ennegrecido en una zona de la superficie, manteniendo otra parte su coloración blanca y textura original, propia de la *serie blanca* que estamos tratando en nuestro estudio (Fig. 3.23).

Otra posibilidad es que algunos de estos fragmentos fueron desechos de vajillas rotas arrojadas al basurero, junto con otros restos orgánicos a los que se les prendió fuego con fines higiénicos. Esto puede observarse en algunos fragmentos con el tizne y la calcinación del barro cocido posterior a la fractura, como es el caso del borde nº 24.005.

Por último, no queremos dejar de considerar otra posibilidad, aunque no tenemos base científica con qué sostener esta última teoría, y es que el color negruzco ceniciento fuera la huella de una situación catastrófica

Fig. 3.23. Fragmento de borde de la serie *columbia gunmetal*. Registro nº 24.125. (Foto: El Museo Canario).

ocurrida en el edificio como es la de un incendio. Si esto fuera cierto, estos pocos fragmentos podrían haber sido los testigos mudos de uno de los acontecimientos históricos más conocidos en nuestra ciudad, como fue el incendio perpetrado por *Van der Doez*, que destruyó una parte del cenobio franciscano en el año 1599, haciendo que las llamas devastaran parte de la estructura conventual, afectando igualmente a una parte de los enseres de su interior (Cuenca *et al*, 1993:21).

No lo sabemos. En cualquier caso habría sido interesante analizar en qué circunstancias aparecieron estos fragmentos cerámicos durante la excavación para llegar a conclusiones más objetivas.

Discusión cronológica

Se han documentado algunos fragmentos de esta serie en Sevilla, en la ciudad de México, en los yacimientos americanos de *Fig Springs* y San Agustín, en la Florida; en el yacimiento de Santa Elena, en el Estado de Carolina de Sur, además del yacimiento marroquí de Alcácer Seguer, en contextos asociados a finales del siglo XVI (Deagan, 1987: 57).

Por otro lado, al consultar la colección digital del Museo de Historia Natural de la Florida encontramos que el rango cronológico de la producción lo incluyen entre 1490 y 1650[47]. Se trata de un abanico amplio que por el momento no podemos acotar, y entre cuyas fechas se incluyen los cuadros elaborados por Velázquez en los que aparecen representados el mismo tipo de cerámicas.

Resultado final

Aplicando nuestro análisis macroscópico, vemos que desde el punto de vista de la pasta, todos los fragmentos se elaboraron con barros de color amarillo pajizo, y que solo dos de ellos muestran una coloración grisácea por efecto del fuego posterior a la fractura del recipiente.

Sin embargo, desde el punto de vista del esmalte, no hemos podido utilizar los mismos criterios de clasificación que los empleados para la *serie blanca lisa*, porque el aspecto final es muy diferente, por tanto el método no es válido en esta *sub-serie grisácea sevillana*.

Para clasificar esta sub-serie sólo podemos recurrir a los criterios morfológicos y a los atributos que distinguen a los ejemplares *tempranos* de los más *tardíos*. Sin embargo la fragmentación de las piezas y la escasa representatividad dentro del yacimiento hace muy difícil su catalogación. Solo en uno de los casos, una base de plato con arista y umbo central, registrado con el nº 21.422, nos permite identificarlo dentro de las producciones más *tempranas*, apoyándonos en los criterios morfológicos que desarrollamos a continuación.

Los atributos morfológicos

Para establecer una tipología cerámica en un yacimiento arqueológico, debemos contar, en primer lugar, con una secuencia estratigráfica que nos permita contextualizar el material recuperado y comprobar, tras su análisis, las posibles evoluciones tecnológicas o estilísticas producidas en el mismo tipo de material –en este caso el cerámico- a lo largo de la vida del recinto excavado.

La finalidad es obtener un orden cronológico que nos ayude a identificar, entre otras cosas, las fechas de deposición y, posteriormente las de producción de los objetos exhumados. En este sentido, la cerámica siempre se ha utilizando como fósil director, pues determinar las fechas en que se elaboraron y su procedencia, resulta imprescindible para observar y establecer los cambios registrados a lo largo del tiempo en las unidades estratigráficas, en nuestro caso, del solar en el que estuvo ubicado el edificio conventual.

Cuando la vida del yacimiento arqueológico ha sido amplia, los depósitos que generaron sus residuos pueden llegar a abarcar siglos, y en estos basureros en los que fueron depositándose los desechos, los arqueólogos hacemos lecturas de sus estratos como si de páginas de un libro se tratara.

---

[47] Para consultar la colección digital véase: http://www.flmnh.ufl.edu/histarch/

Proceso de estudio

La intervención arqueológica realizada en el solar del antiguo Convento de San Francisco no nos aportó, lamentablemente, ninguna información derivada de los trabajos de campo, debido a la deficiencia de datos que fueron recogidos en la Memoria de la excavación. Éste fue uno de los motivos por el que hubimos de recurrir a los resultados de otras excavaciones en las que aparecía el mismo tipo de material bien contextualizado para compararlos. De esta manera en los primeros años de la investigación nos apoyamos en los estudios realizados por John Goggin (1968) y Kathleen Deagan (1987) en el ámbito americano, así como los de Mitchel W. Marken (1994) en lo referido a la arqueología subacuática. Hemos utilizado asimismo las conclusiones obtenidas por Redman y Boone (1979) para el yacimiento de Alcácer Seguer en Marruecos.

Recurrimos a los trabajos americanos porque fue donde encontramos el mismo material bien, asociado a fechas concretas; y en los que además se argumentaba las evoluciones tecnológicas a partir de los atributos morfológicos de las cerámicas recuperadas en los yacimientos arqueológicos estudiados por ellos. Hoy podemos ampliar esos trabajos con algunas publicaciones andaluzas (Amores y Chivert, 1993: 269–325); (Pleguezuelo y Lafuente; 1995: 217–244); (Pleguezuelo, Huarte, Somé y Ojeda: 1997: 130–157); (Rodríguez Aguilera y Revilla Negro, 1997: 147–168); (Somé y Huarte, 1999: 160–171); (Pleguezuelo, 1999: 245–256) que han venido a completar los análisis tipológicos elaborados en el ámbito andaluz; así como los trabajos de José Mª Sánchez Sánchez, (1998: 121–133) que a su vez han venido a complementar los necesarios estudios en los archivos históricos que nos ayuden a un mejor conocimiento de la producción cerámica andaluza.

Identificar la morfología

Tras el inventario, el primer paso que nos planteamos fue identificar la morfología de los recipientes recuperados en la excavación de "San Francisco". Como la mayoría de las piezas se encontraban altamente fragmentadas, hicimos un intento de recomposición desplegando los trozos por cortes estratigráficos, con el fin de restaurar vasijas completas o bien reconstruir -a través del dibujo arqueológico-, contornos que nos permitieran reconocer las formas de las vajillas, y, siempre que fuera posible, deducir sus posibles funciones.

Identificar la funcionalidad

Las cerámicas nos hablan de su funcionalidad, es decir, si se emplearon como vajillas de mesa, para cocinar, almacenar, etc.; pues aparecen *"en todos los espacios de la casa: en las **cocinas** donde se utilizó para contener, condimentar o cocinar alimentos; en el **comedor**, como servicio de mesa; y en los **dormitorios** con funciones de aseo e higiene personal"* (Sánchez, 1998: 122). Por tanto, una vez identificada la pieza recuperada en una excavación, por su forma, su tamaño, su lugar y fecha de producción aproximada, es posible establecer una tipología de los recipientes. Una estructura, que junto al análisis de otros desechos, como los restos alimenticios que consumieron, nos ayudarán a acercarnos al conocimiento de la vida cotidiana del pasado. Con su análisis podemos interpretar los usos y costumbres de la época, qué objetos estaban de moda en las mesas de los comensales, pero también las relaciones entre países, llegando a comprender el alcance comercial de las cerámicas en fechas precedentes.

Sin embargo, independientemente de este análisis interpretativo más complejo, el propósito principal de nuestro trabajo es el de contribuir a completar catálogos ya existentes, facilitando de este modo la identificación de esas mismas piezas en otros yacimientos arqueológicos en donde existe un material idéntico.

Identificar la terminología

Al construir el catálogo, uno de los problemas que debíamos resolver era conocer la terminología usada antiguamente para referirse a las distintas formas cerámicas, y comprobar si se correspondía con la utilizada actualmente.

Para resolver la cuestión terminológica, consultamos varios documentos publicados por los autores americanos y andaluces citados, relativos a las listas de embarque en los que están consignados los productos con destino a Las Indias Occidentales.

José Mª Sánchez explica que, en la documentación manejada sobre las cerámicas que se exportaban a América en el siglo XVI, existen diferentes denominaciones para la primera y la segunda mitad del siglo (Sánchez, 1998: 121–133). Nos informa asimismo que la loza se comercializó por docenas, cantidades que oscilaron entre las 12 y las 150 docenas por registro. Respecto a las denominaciones utilizadas por los escribanos tendieron a utilizar simplemente el término genérico "loza", y cuando emplearon vocablos más específicos, siempre resultan vagos e imprecisos, muy confusos y de difícil correspondencia con las series conocidas por la arqueología (Sánchez, 1998: 121–133).

Hay que tener en cuenta, además, que, en general, en la lectura de los documentos, quienes escriben los inventarios desconocen la terminología de los recipientes cerámicos; por eso, al escribir podían emplear indistintamente **topónimos** si conocían o suponían su origen (de Barcelona, de Pisa, de Mallorca, de Valencia, de Génova, etc.); describir el **color** de la pieza cerámica (verde, azul, blanca, amarillo, etc.); el **uso** para el que se destinaba el recipiente (para aceite, para guardar olivas, etc.), o incluso describir sus características **morfológicas** (platos con ala, escudillas de oreja, jarra grande, plato mediano, etc.) (Cerdà i Mellado, 2001: 47).

Sin embargo, para el caso de las cerámicas andaluzas que estudiamos en este capítulo, los términos que se emplean para definir los objetos, su forma y funcionalidad casi no han variado, se han conservado prácticamente idénticas a lo largo de los años, lo que *"revela la perduración en el tiempo de la vajilla popular sevillana, una producción en serie que cubría la demanda más modesta y numerosa, como ha demostrado la enorme difusión que alcanzó en el resto de Europa y América"* (Pleguezuelo, 1999: 245–256).

Elaborar la tipología

Teniendo en cuenta estas consideraciones, entre los documentos publicados hemos escogido para este apartado relativo a la tipología de la *serie blanca lisa* una relación de suministros del barco Nuestra Señora de la Concepción del año 1554, que nos indica la alfarería cargada a bordo, consistente en *"**embudos, jarras**, 3 docenas de **pitchers** (o jarros), 10 docenas de **platos** y el mismo número de **platos de sopa**, así como 8 docenas de **platos blancos**, 4 docenas de **lebrillos** y 6 **jarras blancas**, contenidos en cestas de sauce"* (Marken, 1994: 141)[48].

Aunque el documento no haga referencia directa al alfar de procedencia de las cerámicas, elegimos este documento, en primer lugar, porque describe una buena parte de las piezas de vajilla propias de una mesa del siglo XVI, que junto a los lebrillos son las más representadas de esta serie cerámica entre las que fueron identificadas en la excavación; y, en segundo lugar, porque alude al adjetivo **"blanco"** para referirse a las jarras y a los platos. Si este término implica la ausencia de decoración, nos resulta válido porque probablemente está describiendo las piezas de la *serie blanca lisa* que son objeto de nuestro estudio[49].

En el documento se establece una distinción muy clara entre *"jarros"* y *"jarras"*. Entendemos que los jarros son las piezas de cuerpo ovoide, con un asa de cinta y un pico para verter el contenido, mientras las jarras incluyen dos apéndices adosados a bocas generalmente cilíndricas, que descansan sobre una panza globular. Pero podría existir también una diferenciación entre los recipientes de cuerpo globular u ovoide descritos y el vaso-jarro medieval de paredes verticales. En otros documentos se distingue entre *"jarro blanco de pico"* y las *"jarras para beber"* (Cortegana, 1992: 70–17).

El escribano distingue asimismo entre *"platos"* y *"platos de sopa"*. ¿Correspondería con nuestros platos llanos y hondos actuales?, y en ese caso, ¿cómo eran aquellas formas?

---

[48] Este autor recoge la cita de Arnold J. Barto, III y Robert Weddle: "The nautical Archaeology of Padre Island: The Spanish Shipwrecks of 1554". *Academy Press*, Nueva York, 1978, p. 87.
[49] Un interesante trabajo, que complemente a este estudio cerámico, podría ser el análisis documental en los que aparezcan cerámicas con destino a Canarias. Ya existen trabajos de esta índole sobre las cerámicas embarcadas hacia las Indias en Sánchez Cortegana, José Mª (1996): "La cerámica exportada a América en el siglo XVI a través de la documentación del Archivo General de Indias (I). Materiales arquitectónicos y contenedores de mercancías" *Laboratorio de Arte nº 9*, pp. 125–142. Sánchez Cortegana, José Mª (1998): "La cerámica exportada a América en el siglo XVI a través de la documentación del Archivo General de Indias (II). Ajuares domésticos y cerámica cultual y laboral". *Laboratorio de Arte nº 11*, pp. 121–133). Por otro lado, sería igualmente interesante continuar indagando entre los documentos de los Archivos Históricos canarios y analizar el registro de objetos cerámicos presentes en testamentos, entre otros. Un estudio en este sentido fue realizado por González Marrero, Mª del Cristo, *La vida cotidiana en Tenerife a raíz de la conquista. Vestido, menaje y ajuar*. Memoria de Licenciatura. (Inédita).

En la última parte del documento se alude a los *"lebrillos"*. Cuando completamos el análisis de las piezas esmaltadas blancas vimos que, aunque en la mayoría de los casos se trataba de piezas de vajilla de comedor, comprobamos que existían otras cerámicas de mayor tamaño, pero de idéntica manufactura, y eran, por tanto, de la misma procedencia andaluza, por lo que consideramos que debíamos incluirlas en la *serie blanca sevillana*, pero dentro de otro grupo con funcionalidad diferenciada.

Elaborar el catálogo

Por otro lado, para elaborar el catálogo y comprobar la existencia de otras formas susceptibles de ser incluidas en la *serie blanca sevillana*, pero que no se hallaban presentes en "San Francisco", revisamos las piezas rescatadas en otros yacimientos arqueológicos, tanto americanos como andaluces. Decidimos finalmente que incluiríamos cada tipo cerámico dentro de seis grandes grupos, atendiendo a la **funcionalidad** de los recipientes y al espacio doméstico en el que se utilizaban; empleando la terminología usada en los documentos siempre que fuera posible. Para la *serie blanca sevillana*, estos grupos son: *vajillas de comedor*[50], *vasijas de usos múltiples*[51], *otra funcionalidad*[52], *dormitorio*[53], *otras formas no identificadas*[54]. Existen otras funcionalidades dentro del mundo de la cerámica, como son las piezas de *cocina*[55] y las *industriales*[56], pero éstas no van cubiertas de estannífero blanco.

Después de restauradas o reconstruidas las piezas mediante dibujo arqueológico, comprobamos que cada tipo cerámico ofrecía diferentes tamaños o perfiles. Esta variedad nos posibilitará, en algunos casos, distinguir sus funciones; en otros, la diversidad de los perfiles nos llevará a conocer posibles evoluciones estilísticas de los recipientes, lo que constituirá un indicador cronológico más.

---

[50] Dentro de las vajillas de **comedor**, como servicio de mesa se incluyen los platos, las escudillas, los especieros, los jarros y las servidoras o trincheros (Lister & Lister, 1974: 20). Otras formas reconocidas por Goggin son escudillas globulares con pie en anillo y las jarras de paredes verticales (Goggin, 1968: 117–123). En los refectorios de los recintos monacales se enviaron tazas, recipientes de perfil semiesférico, sin asas y con un pie anular, que en muchas ocasiones se citan textualmente como "tazas de fraile" (Sánchez, 1998: 121–133). Una variante de escudilla es la denominada "grealense" (Prat de Puig, 1980: 21) y la copa (Barnes y Medina, 1995: 39). En algunos pecios de la Armada Española (1588) se han recuperado piezas descritas como poncheras (Marken, 1994: 140), que podrían ser cuencos o ensaladeras. Estudios más recientes en el ámbito español, incluyen las alcuzas o aceiteras dentro de las cerámicas de servicio y presentación de alimentos (Rodríguez *et al*, 1997: 147–168), así como las botellas de pequeño tamaño, con cuello estrecho, cuerpo globular y pie anular (Somé y Huarte, 1999: 160–171). En los registros de las embarcaciones del siglo XVI se citan también los **bernegales*** (Sánchez, 1992: 7–17). Los saleros fueron posiblemente piezas pequeñas de 4 ó 5 cm de diámetro, y las salseras fueron recipientes en forma de barca donde se depositaban las salsas para llevar a la mesa (Sánchez, 1998: 121–133).

[51] Dentro del espacio doméstico podemos encontrar vasijas destinadas a almacenar, o condimentar o cocinar los alimentos. A veces, algunas de estas piezas pueden tener **usos múltiples**, tal es el caso de los lebrillos y de los morteros gruesos, destinándose a uso sanitario o culinario según el caso (Deagan, 1987: 56), (Marken, 1994: 151), o en contextos defensivos para la pólvora (Marken, 1994: 151), (Cuenca y Guillén, 2004: 193–224). Se incluyen también las tapaderas (Rodríguez *et al*, 1997: 147–168), así como los botes, los tarros, **las burnias*** (Sánchez, 1992: 7–17) y las orzas, pues su uso puede ser tanto **doméstico**, formando parte de las cocinas, para guardar condimentos y especias; como **laboral**, apareciendo en boticas y herboristerías, conteniendo todo tipo de plantas medicinales (Sánchez, 1998: 121–133).

[52] Entre los restos exhumados en otras excavaciones arqueológicas encontramos también piezas con **otra funcionalidad** como los tinteros, las fuentes de agua bendita, las pilas bautismales (Sosa, 2002: 467–485), los candeleros (Deagan, 1987: 56), el candil o palmatoria (Rodríguez *et al*, 1997: 147–168), los anafes y los braseros.

[53] En el ámbito doméstico, y concretamente el en **dormitorio** hay que citar las cerámicas que tienen una función de **aseo e higiene personal**, como es el caso de los bacines, las bacías, o piezas de **usos múltiples** como los lebrillos y los jarros (Sánchez, 1998: 121–133).

[54] En este apartado incluimos aquellas **otras formas** rescatadas en los sótanos del convento de San Francisco de Asís de Las Palmas de Gran Canaria, pero no identificadas con paralelos de otros yacimientos arqueológicos.

[55] En el espacio destinado a la **cocina** se incluyen las cerámicas que van en contacto con el fuego, esto es, las cazuelas y las ollas.

[56] Entre las cerámicas **industriales**, se incluye las formas de azúcar y los recipientes para purgar, así como los cangilones de noria, aunque no van cubiertas de estannífero.

4

Catálogo de la serie blanca sevillana del antiguo convento de San Francisco de Asís de Las Palmas de Gran Canaria

Consideramos que los atributos morfológicos de las cerámicas y la evolución tipológica observada en los piezas analizadas, sobre todo por John Goggin en el área caribeña, y por Boone, para el yacimiento marroquí, son pruebas evidentes de que son identificadores cronológicos a tener en cuenta en la clasificación de las mayólicas andaluzas; sin embargo, como ellos mismos apuntan, estos no deben estudiarse de manera aislada, sino que debemos combinarlo con el resto de los indicadores analizados en los apartados anteriores, esto es, el tipo de pasta y el esmalte con que se bañaron las piezas.

De todos modos, para verificar el método, necesitamos comparar estos resultados con otros yacimientos bien contextualizados en los que haya aparecido el mismo tipo de material. Conocemos la existencia de esta serie en excavaciones arqueológicas como la Cueva Pintada de Gáldar (Onrubia *et al*, 1998: 643–675) o la intervención practicada en la Calle de San Marcial, en Vegueta (Tibicena. Arqueología y Patrimonio, S. L., 2011, memoria inédita), ambas en la isla de Gran Canaria, por lo que sendos espacios arqueológicos se perfilan como puntos de referencia de futuras investigaciones en el campo de la cerámica bajomedieval y moderna.

El **catálogo** que describimos a continuación lo hemos desarrollado de la siguiente manera:

Hemos elaborado varios apartados atendiendo en primer lugar a la **funcionalidad** de las cerámicas: *vajilla de comedor, vasijas de usos múltiples, otra funcionalidad y otras formas no identificadas*. Cada uno de estos apartados está subdividido según el *tipo* cerámico, es decir, plato, escudilla pequeña, escudilla, trinchero, cuenco, jarro, etc. Cada tipo, a su vez, va precedido de una definición, acompañada de una introducción en la que se sintetizan los estudios americanos y andaluces precedentes de cada tipo, junto a sus respectivas propuestas cronológicas. Seguidamente describimos el proceso de estudio que hemos seguido, para concluir con nuestra discusión cronológica y con nuestros resultados.

A continuación, añadimos el catálogo propiamente dicho, agrupando cada uno de estos tipos desde el punto de vista cronológico, combinados los tres criterios propuestos a lo largo de las páginas precedentes: **pasta, esmalte y atributos morfológicos**; pues son, a nuestro juicio, los indicadores macroscópicos que permiten identificar las fechas de producción de la cerámica andaluza. Esta subdivisión por fechas la hacemos partiendo de nuestra hipótesis de partida, es decir, *antiguo, temprano, intermedio* y *reciente*. Para una mejor compresión del catálogo, incluiremos una ficha descriptiva de cada pieza, acompañada de un dibujo y/o una fotografía, en algunos casos.

Como no es viable hacer el catálogo de todas las piezas que han sido recuperadas en la excavación del antiguo convento de San Francisco hemos hecho una selección de las más representativas, acompañando al final del recuento cuantitativo para analizar las frecuencias de cada tipo cerámico.

Los números señalados corresponden al registro asignado en los fondos del Museo Canario de Las Palmas de Gran Canaria.

Nuestra tipología es la siguiente:

1. Vajilla de comedor

1.1. Los platos

Desde el punto de vista morfológico, los platos de la *serie blanca lisa* de época moderna se pueden definir como vasijas de base cóncava, paredes acampanadas y bordes rectos, en el que el espesor de sus paredes se va estrechando a medida que nos acercamos al labio, que unas veces es redondeado y otras oblicuo, debido a la presión ejercida por el alfarero sobre torno durante su elaboración.

Goggin fue el primero en determinar la existencia de unas formas *tempranas* y otras *tardías* entre las piezas de la vajilla de mesa de "uso diario".

Los platos *tempranos* se distinguen por llevar una protuberancia central en el fondo rodeada por una arista. En los *tardíos*, en cambio, estos signos desaparecen, sustituyéndose por un surco alrededor del fondo. Otra de las características de los platos *tempranos*, como tuvimos ocasión de ver, es la aplicación parcial de vidriado verde sobre la cubierta estannífera, que se ha conseguido por la inmersión de parte del recipiente en la mezcla plúmbea (Goggin, 1968: 117–123).

Por otro lado, Goggin, y posteriormente otros autores americanos, afirma que existió una etapa de **transición** en la producción de las cerámicas sevillanas entre los periodos *temprano y tardío,* que se identifica por los cambios tecnológicos y estéticos registrados en los recipientes (Goggin, 1968: 117); (Deagan, 1987: 56–57); (Marken, 1994: 142). Desde el punto de vista morfológico, algunos de estos autores consideran que las paredes de los platos se hacen cada vez más acampanadas o troncocónicas, pero indican que, esta etapa de transición se caracteriza -en términos generales-, porque en las cerámicas se combinan los atributos propios de los dos periodos el *temprano* y el *tardío*. Para la mayoría de ellos, esa fase se desarrolló a mediados del siglo XVI; sin embargo, para el yacimiento de Alcácer Seguer en Marruecos esta transformación es anterior, produciéndose entre 1495 y 1521 (Boone, 1974: 80).

Proceso de estudio

Cuando terminamos el inventario de la *serie blanca lisa* del Convento de "San Francisco", observamos que, en el caso de los platos, existían dos perfiles diferentes: el primero de base cóncava, asociada a una protuberancia interior[57] y una arista alrededor del fondo. En este caso, las paredes tenían una tendencia recta o curva divergente, los bordes se exvasaban ligeramente y los labios tendían a ser redondeados.

Un segundo perfil correspondía a platos de base casi plana, y en sus fondos, la protuberancia y la arista central habían desaparecido. Esta última se había sustituido por una acanaladura alrededor del fondo, sobre la que muchas veces se apreciaban las marcas del atifle que se había empleado durante la cocción. Las paredes de estos platos eran más gruesas y rectas que en el primer tipo, cuyo perfil de tendencia acampada se correspondía con bordes rectos de labio oblicuo. Idéntico perfil aparece ilustrado en el cuadro de Velázquez *"La vieja friendo huevos",* realizado hacia 1618 (Fig. 4.1).

Inicialmente, cada perfil parecía corresponderse con la clasificación tipológica propuesta por Goggin, subdividida en *temprana* y *tardía,* por lo que en la base de datos añadimos un campo para distinguir los dos perfiles de platos, curvo divergente o troncocónico. La finalidad era analizar las asociaciones de cada uno de ellos con el tipo de pasta y la cubierta estannífera, y de este modo comprobar si coincidían con las propuestas de Goggin de los dos periodos mencionados.

Analizamos simultáneamente la presencia de este mismo tipo de material en otros yacimientos arqueológicos para establecer los posibles paralelos que nos ayudaran a fechar las piezas "franciscanas" que estudiamos.

En este sentido, Kathleen Deagan ilustra una tipología de las formas medievales y modernas del Viejo Mundo (Fig. 4.2).

En ella se aprecia cómo los platos con protuberancia central pertenecen a la primera mitad del siglo XVI, mientras que los de fondo cóncavo se incluyen en el siglo XVI *tardío* (Deagan, 1987: 55). En publicaciones andaluzas posteriores estos dos perfiles se incluyen también dentro del siglo XVI, asociando el primer tipo de plato a la serie *columbia simple*, que denominan *"blanca lisa: columbia simple"* (Pleguezuelo y Lafuente, 1995, fig. 18.18, 1), y el segundo tipo correspondiente, probablemente, al grupo *Sevilla White* al que nos hemos referido en los primeros capítulos, conocido también como *"blanca lisa"* según la terminología andaluza (Pleguezuelo y Lafuente, 1995, fig. 18.18, 6–7).

---

[57] A esta protuberancia central la hemos denominado "botón" para simplificar la descripción.

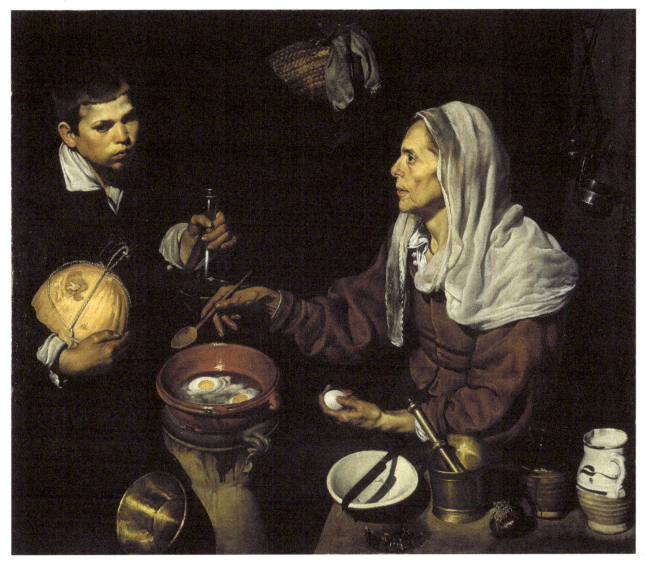

Fig. 4.1. Plato de la *serie blanca sevillana* con características morfológicas *tardías*, representado en el cuadro *"La vieja friendo huevos"* de Velázquez, (ca. 1618. *National Galleries of Scotland*. Purchased with the aid of the Art Fund and a Treasury Grant 1955).

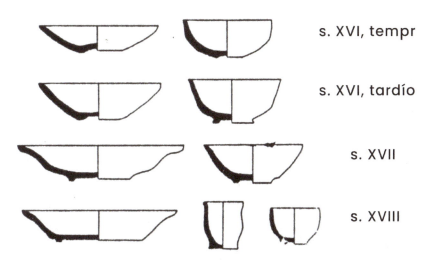

Fig. 4.2. Tipología de formas medievales y modernas del Viejo Mundo (Deagan, 1987, fig. 4.24).

El siguiente paso era clasificar el material "franciscano", dentro de los tres periodos propuestos por los autores citados. Hicimos la clasificación de las piezas seleccionándolas en periodos *temprano, intermedio* y *tardío,* según los atributos morfológicos. A continuación hicimos una selección de los diferentes perfiles y tamaños de platos con los atributos morfológicos propios de cada uno de los periodos de clasificación, obteniendo de ese modo los siguientes resultados:

Los perfiles de platos con arista y botón están ilustrados en la figura 4.3.

Por otro lado, al revisar los posibles indicadores morfológicos del periodo de transición para los platos de la *serie blanca sevillana,* inicialmente consideramos como probabilidad la ausencia de protuberancias centrales en el fondo de los platos, junto a la presencia de la arista alrededor del fondo, que aún no había sido sustituida por la incisión propia de los platos *tardíos.* Sin embargo, como los platos aparecen incompletos, cabía la posibilidad de que el botón central no se conservara por la fractura de la pieza. Identificamos solamente dos tamaños (Fig. 4.4).

Entre los ejemplares del antiguo cenobio franciscano registramos un buen número de platos en los que la protuberancia del fondo había desaparecido, y habían sido sustituidas por incisiones formadas por el molde con que se elaboraron; en ellos observamos además que las paredes se cerraban formando perfiles troncocónicos y las bases eran menos marcadas que en los casos anteriores, llegando en algunas ocasiones a ser casi planas.

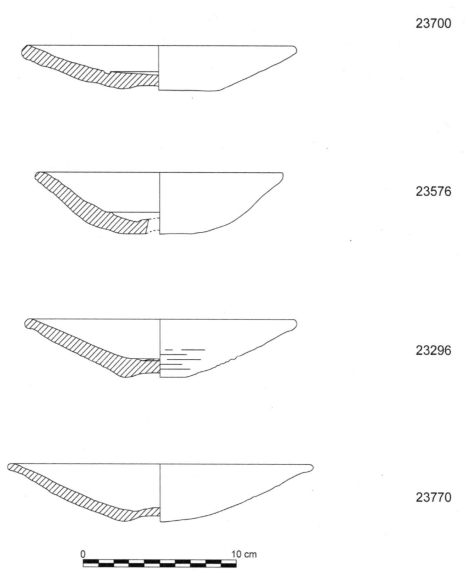

23700

23576

23296

23770

0   10 cm

Fig. 4.3. Variedad de platos "presuntamente *tempranos*" de la *serie blanca sevillana* del antiguo Convento de San Francisco de Asís de Las Palmas de Gran Canaria, atendiendo exclusivamente a criterios morfológicos.

Entre los perfiles restaurados identificamos con estas características dos tamaños diferentes que ilustramos en la figura 4.5.

Como la identificación del material dentro del grupo *intermedio* se presentaba más ambigua, para resolver las dudas de cómo clasificar el material cerámico atendiendo a la información que nos refieren los autores citados, recurrimos, una vez más, a los indicadores con los que hemos venido trabajando en los apartados anteriores, esto es, el tipo de pasta y el esmalte con que fueron cubiertos.

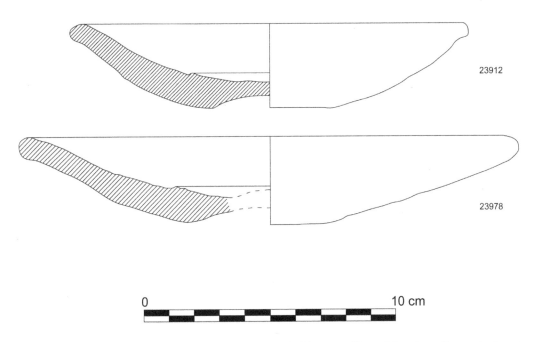

Fig. 4.4. Variedad de platos "presuntamente *intermedios*" de la *serie blanca sevillana*, del antiguo Convento franciscano, atendiendo exclusivamente a los atributos morfológicos.

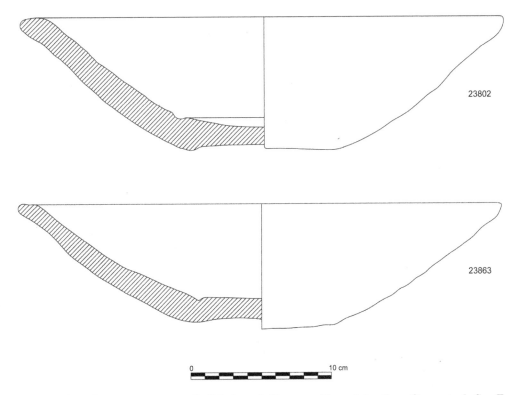

Fig. 4.5. Variedad de platos "presuntamente *tardíos*" de la *serie blanca sevillana*, del antiguo Convento de San Francisco de Asís, atendiendo exclusivamente a criterios morfológicos.

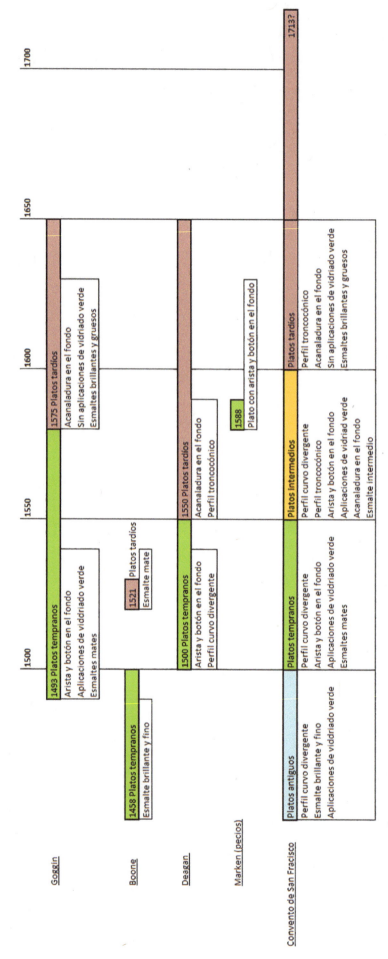

Fig. 4.6. Fechas asignadas como periodos *temprano, intermedio y tardío*, por los autores americanos, junto a nuestra propuesta cronológica de las etapas de producción de los platos de la *serie blanca sevillana*.

A continuación volvimos a hacer uso de la base de datos informatizada, esta vez para analizar en conjunto la combinación de los tipos de esmalte y pasta con que fueron elaborados, junto a los atributos morfológicos, en concreto, con las variedades de fondos de platos registrados: "con botón y arista", solo con "arista" y con "incisión", asociándolos a los cuatro grupos de nuestra hipótesis de partida, es decir, a las cronologías *antigua*, *temprana*, *intermedia* y *tardía* respectivamente.

Aunque debemos confirmar esta hipótesis con futuras investigaciones en yacimientos bien contextualizados, nuestros resultados son los siguientes:

Análisis cuantitativo

En primer lugar, podemos decir que existen escasos restos cerámicos en los que sí coinciden los atributos cronológicos considerados *tempranos* como son el esmalte brillante, casi transparente y fino, junto a pastas de tipo "esponja o morisco". Se trata de 7 fragmentos que podrían clasificarse a **finales del siglo XV**. Sin embargo, estos ejemplares que incluimos dentro del primer grupo, además de ser numéricamente muy escasos, no son piezas completas, por tanto, hay que tomar con ciertas reservas la contabilidad.

En el segundo grupo registramos un total de 236 fragmentos, de los que tan solo 62 son bases. En él se incluyen los platos con "botón y arista" en el fondo elaborados con pastas rojas y cubiertas con engobes mates. Si bien están poco representadas cuantitativamente, podrían pertenecer a los momentos más *tempranos* del yacimiento, y se fecharían en las **primeras décadas del XVI**. Las bases con "arista y botón", así como los fragmentos que conservan sólo el "botón" central, pero que fueron elaboradas con pastas amarillas, ocres y "ama/ocres", y cubiertas por engobes mates, se incluirían igualmente en la **primera mitad del siglo XVI.**

Dentro del tercer grupo anotamos un total de 561 fragmentos entre los que hemos podido identificar 102 bases con atributos o característica *intermedias*. Es decir, desde el punto de vista del esmalte, la cubierta de los platos ya no es fina, casi transparente; pero tampoco es gruesa; por eso, en nuestro estudio los denominamos esmaltes *intermedios*. En cuanto a la textura de las pastas con que fueron elaboradas las cerámicas intermedias de la *serie blanca lisa*, ya no son ligeras y esponjosas, pero tampoco son compactas y pesadas. En cuanto al color de la pasta, no es el cremoso característico de los ejemplares *tempranos*, pero tampoco es el anaranjado ni el ocre oscuro de los *tardíos*; por tanto, se incluirían la mayor parte de las piezas registradas en el yacimiento franciscano, que fueron elaboradas con barros de tonalidad amarilla, ocre o "ama/ocre", de textura *intermedia*, por lo que podrían fecharse en la **segunda mitad del XVI**. Desde el punto de vista morfológico, encontramos fragmentos de este grupo tanto con "arista" como con "incisión" en el fondo.

Por último, dentro del cuatro grupo hemos registrado 93 ejemplares, de los que tan solo 16 son bases. En este grupo se incluyen los fragmentos de platos con "incisión" en el fondo, numéricamente menos representados y que corresponden a los perfiles troncocónicos más recientes, elaborados con pastas de color amarillo y ocre de textura compacta, de esmaltes brillantes y gruesos. Podrían fecharse a lo largo del **siglo XVII** llegando quizás, en algún caso, hasta el **primer tercio del siglo XVIII**. En este último grupo desaparecen las aplicaciones parciales de vidriado verde, con lo que se confirmaría la teoría de John Goggin con respecto a los platos *tardíos*.

En definitiva, la proporción más abundante, una vez más, corresponde a los ejemplares *tempranos* e *intermedios*; por tanto, a grandes rasgos, la producción predominante sigue fechándose a lo largo del siglo XVI. Aunque se trata de fragmentos y no de piezas enteras, su representación numérica nos ayuda a interpretar cuál es el grupo más abundante, y nos permite tener una visión general, si consideramos la pasta y el tipo de esmalte como indicadores cronológicos.

Discusión cronológica

A la hora de fechar los ***platos tempranos***, recurrimos a los datos proporcionadas por los investigadores mencionados. Goggin (1968: 117–123) asigna una cronología entre 1493 y 1575 a los que presentan una "protuberancia central y arista" alrededor del fondo. Deagan (1987: 56–57), para el área caribeña, los incluye en la primera mitad del siglo XVI. Marken (1994: fig. 5.25), por su parte, ilustra un plato con "botón" rescatado en un pecio de 1588. En el caso del yacimiento marroquí de Alcácer Seguer, en cambio, estos materiales aparecen contextualizados con anterioridad, entre 1458 y 1500, por ser las cronologías *tempranas* para este asentamiento (Boone, 1984: 81).

Por tanto, el atributo morfológico de la protuberancia central o "botón" abarca un margen cronológico muy amplio, desde mediados del siglo XV hasta casi finales del XVI. Consecuentemente, todos los platos con "arista y botón" rescatados en el yacimiento de "San Francisco" podían fecharse en este marco temporal.

En términos generales, podemos decir que la "incisión en el fondo" es el atributo que identifica a los platos *tardíos*, aunque se trata de un indicador que comienza a aparecer a mediados del siglo XVI para autores como Deagan (1987: 55) o Pleguezuelo y Lafuente (1995: Fig. 18.18).

En el caso de los **platos tardíos,** Googin establece un abanico que va desde 1575 a 1650 (1968: 117–123), Deagan (1987: 56–57) los incluye entre 1550 y 1650, Marken (1994: 168), por su lado, ha recuperado un ejemplar en los pecios "Tolosá" y "Guadalupe", cuyos naufragios datan de 1724. Desde mediados del siglo XVI hasta el primer cuarto del siglo XVIII, es una etapa demasiado amplia que habrá que acotar estableciendo nuevos indicadores que surjan en futuras investigaciones.

Con los datos ofrecidos por los diferentes autores a partir de las piezas contextualizadas en los diferentes yacimientos, lo que hicimos fue cruzar las fechas y analizar el arco temporal en el que se constata la producción de los diferentes atributos morfológicos.

En términos generales, podemos decir que la "incisión en el fondo" es el atributo que identifica a los platos *tardíos*, aunque se trata de un indicador que comienza a aparecer a mediados del XVI para autores como Deagan (1987: 55) o Pleguezuelo y Lafuente (1995: Fig. 18.18).

Por tanto, al recurrir a la clasificación de los platos a partir de los indicadores y los cuatro grupos propuestos comprobamos, no sólo que la gran mayoría de los recipientes se elaboraron en la **segunda mitad del XVI**, sino que, si estamos en lo cierto, ambos perfiles se producen simultáneamente.

Resultado final

Si admitimos la argumentación expuesta por los estudios americanos, es decir, que existió un periodo de transición en donde se mezclan los atributos morfológicos de ambos periodos; podremos encontrar piezas con indicadores *tempranos* como la "arista" y el "botón" en el fondo, pero elaborados con pasta y esmalte de características *tardías*, como es el caso del ejemplar 23.926 (Fig. 4.3). Pero también podrá suceder lo contrario, es decir, registrar piezas de perfiles troncocónicos con bases casi planas, consideradas *tardías* desde el punto de vista morfológico, elaboradas con pastas y esmaltes *tempranos*, como es el caso del fragmento nº 23.802 (Fig. 4.5). En este caso, su pasta es amarilla esponjosa -propia de las producciones moriscas- y su esmalte *intermedio*, brillante y craquelado. Estos indicadores hacen, por tanto, que lo cataloguemos dentro de los ejemplares *intermedios*.

Si seguimos los criterios morfológicos exclusivamente, vemos que la variedad de platos con distinto fondo refleja la evolución estilística probada en las secuencias estratigráficas de los yacimientos analizados; pero si a esto sumamos los tres criterios de clasificación: la morfología, el tipo de pasta y el tipo de esmalte; comprobamos que hubo una producción simultánea de ambos perfiles de platos, quizás con funcionalidades diferentes. Acaso sea esta la dualidad de denominaciones -*"plato" y "plato de sopa"*- que leímos en el documento de 1554 citado en páginas anteriores, y que correspondan a algo así como nuestros platos llanos y hondos actuales.

La convivencia de ambos perfiles de platos a mediados del siglo XVI puede deberse al cambio de hábitos alimenticios entre la población musulmana y la cristiana, desarrollándose en ese periodo *intermedio* que nosotros fijamos provisionalmente también en la **segunda mitad del siglo XVI** hasta que estudios del mismo tipo de material sean abordado en otras excavaciones bien contextualizadas.

Catálogo

1.1.1. Platos antiguos (1486–1500)

Esmalte brillante, fino y transparente (1° grupo)

Partiendo de nuestra hipótesis inicial, los platos clasificados como *antiguos* (1486–1500), llevarían los atributos morfológicos de "botón y arista" en el fondo, combinado con el esmalte brillante y fino, casi transparente; y estarían elaborados con pastas esponjosas, del tipo "morisco", en color amarillo cremoso.

a) Plato con "botón y arista" en el fondo

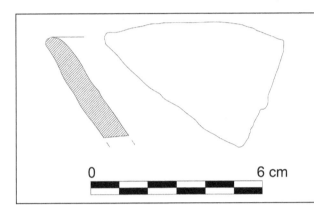

Nº de inventario: 23.728
Objeto: Plato.
Procedencia: Sevilla.
Serie: *Serie blanca sevillana.*
Cronología: 1486–1500.
Medidas: 1 cm grosor de la pared; 5,5 cm de largo; 5,8 cm de ancho.
Descripción: Borde recto de labio redondeado.
Color de la pintura: Sin decoración.
Pasta: Amarilla. Textura: Esponjosa. Desgrasante: Muy fino.
Esmalte: Fino, casi transparente, de tonalidad rosada.

0   6 cm

b) Plato con "botón y arista" en el fondo, y aplicación parcial de vidriado verde

En este apartado podría incluirse aquellos platos que, junto a las características mencionadas, llevaran aplicaciones parciales de vidriado verde, pero no hemos registrado ningún ejemplar en el solar franciscano.

1.1.2. Platos tempranos (1500–1550)

Esmalte mate (2° grupo)

Los platos que clasificamos como *tempranos* (1500–1550), incluyen los atributos de "arista y botón" en el fondo, pero van cubiertos con esmaltes mates o engobes. En algún caso el fino esmalte ha perdido el brillo original y la pasta se trasluce a través de la cubierta estannífera.

Desde el punto de vista de la pasta se incluyen los platos elaborados con pasta de tonalidad amarillo pajizo, "ama/ocre", ocre rojizo o rojo, de textura esponjosa o intermedia.

a) Platos con "botón y arista" en el fondo

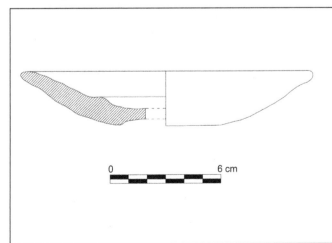

Nº de inventario: 23.580
Objeto: Plato **pequeño**.
Procedencia: Sevilla.
Serie: *Serie blanca sevillana.*
Cronología: 1500–1550.
Medidas: 1,1 cm grosor de la pared; 8,1 cm de largo; 7 cm de ancho.
Descripción: Base-pared-borde. La base es cóncava y al interior se conserva la arista alrededor del fondo. Tuvo probablemente el "botón" característico de las formas tempranas. Las paredes curvas divergentes terminan en un borde exvasado de labio redondeado.
Color de la pintura: Sin decoración.
Pasta: Ocre pálido. Textura: Intermedia. Desgrasante: Fino.
Esmalte: Mate, de tonalidad grisácea.
Observaciones: Presenta huellas de atifle al interior. Se observan las líneas del torno al exterior.

0   6 cm

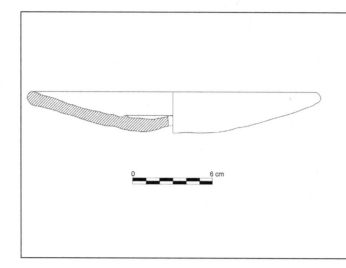

N° de inventario: 23.636
Objeto: Plato.
Procedencia: Sevilla.
Serie: *Serie blanca sevillana.*
Cronología: 1500–1550.
Medidas: 0,8 cm grosor de la pared; 22 cm de Ø de la boca; 3 cm de alto.
Descripción: Plato incompleto formado por una base-pared-borde y una base. La base es cóncava, y al interior se conserva la arista alrededor del fondo. Las paredes curvas divergentes terminan en un borde recto de labio redondeado.
Color de la pintura: Sin decoración.
Pasta: Ocre pálido. Textura: Intermedia. Desgrasante: Fino.
Esmalte: Fino, casi transparente, de tonalidad rosada, contaminado de vidriado melado.
Observaciones: Presenta huellas de atifle al interior y marcas de herramientas de apoyo junto al labio. Se observan asimismo las líneas del torno al exterior.

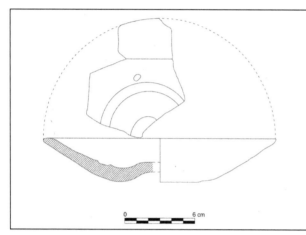

N° de inventario: 23.614
Objeto: Plato.
Procedencia: Sevilla.
Serie: *Serie blanca sevillana.*
Cronología: 1500–1550.
Medidas: 0,8 cm grosor de la pared; 20 cm de Ø de la boca; 3,6 cm de alto.
Descripción: Plato incompleto formado por una base-pared-borde. La base es cóncava, y al interior se conserva la arista desgastada alrededor del fondo. Las paredes curvas divergentes terminan en un borde ligeramente exvasado de labio redondeado.
Color de la pintura: Sin decoración.
Pasta: Ocre rojizo. Textura: Intermedia. Desgrasante: Fino.
Esmalte: Mate de tonalidad celeste.
Observaciones: Presenta huellas de atifle al interior y al exterior.

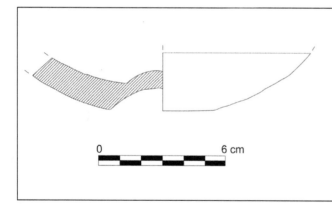

N° de inventario: 23.679
Objeto: Plato **grande**.
Procedencia: Sevilla.
Serie: *Serie blanca sevillana.*
Cronología: 1500–1550.
Medidas: Base: 5 cm de Ø de la base; 1,2 cm grosor de la pared; 7,7 cm de ancho; 5,4 cm largo. Pared: 1,3 cm grosor de la pared; 6,1 cm de ancho; 3,3 cm de largo.
Descripción: Una base-pared y una pared. La base es cóncava con umbo interior, y el cuerpo de paredes rectas divergentes. En el fondo se observa la huella de la arista interior desgastada.
Color de la pintura: Sin decoración.
Pasta: Ocre pálido. Textura: Intermedia. Desgrasante: Fino.
Esmalte: Mate.

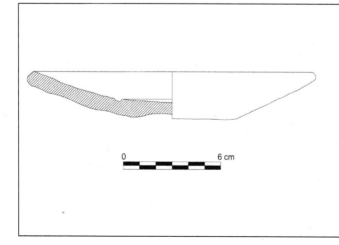

N° de inventario: 23.700
Objeto: Plato.
Procedencia: Sevilla.
Serie: *Serie blanca sevillana.*
Cronología: 1500–1550.
Medidas: 1 cm grosor de la pared; 18 cm Ø de la boca; 3 cm de alto.
Descripción: Plato de base cóncava, casi plana. El perfil del ala es muy plana y se confunde con el borde que es recto de labio redondeado. En el fondo aparece una protuberancia central o "botón", rodeado por una acanaladura que originalmente fue una arista, hoy desgastada.
Color de la pintura: Sin decoración.
Pasta: Ocre rojizo. Textura: Intermedia. Desgrasante: Fino.
Esmalte: Mate.
Observaciones: Un fragmento de este plato (muestra MJ0261) se envió a analizar y dio como resultado ser de origen sevillano.

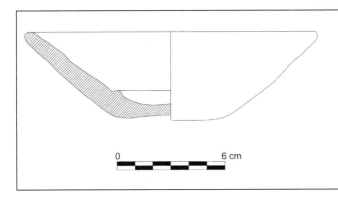

Nº de inventario: 23.715
Objeto: Plato **pequeño**.
Procedencia: Sevilla.
Serie: *Serie blanca sevillana.*
Cronología: 1500–1550.
Medidas: 1 cm grosor de la pared; 16 cm de Ø de la boca;
4,5 cm de alto.
Descripción: Una base-pared. La base es cóncava y la
pared curva divergente. El fondo cóncavo conserva la arista
desgastada al interior.
Color de la pintura: Sin decoración.
Pasta: Ocre rojizo. Textura: Intermedia. Desgrasante: Fino.
Esmalte: Mate.

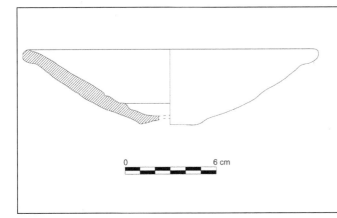

Nº de inventario: 23.719
Objeto: Plato.
Procedencia: Sevilla.
Serie: *Serie blanca sevillana.*
Cronología: 1500–1550.
Medidas: 0,9 cm grosor de la pared; cm de 20 cm de Ø de la
boca; 5 cm de alto.
Descripción: Plato incompleto formado por tres fragmentos
de base-pared-borde y un borde. La base es cóncava y al
interior conserva el "botón" y la arista desgastada alrededor
del fondo. Las paredes rectas divergentes terminan en un
borde ligeramente exvasado de labio redondeado.
Color de la pintura: Sin decoración.
Pasta: Ama/ocre. Textura: Intermedia. Desgrasante: Fino.
Esmalte: Mate.

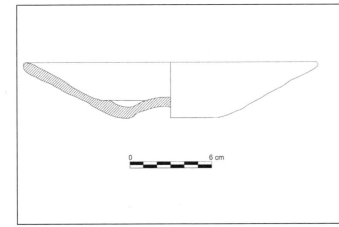

Nº de inventario: 23.722
Objeto: Plato.
Procedencia: Sevilla.
Serie: *Serie blanca sevillana.*
Cronología: 1500–1550.
Medidas: 0,8 cm grosor de la pared; 22 cm de Ø de la boca;
6,6 cm Ø de la base; 4 cm de alto.
Descripción: Dos platos incompletos formados por sendos
fragmentos de base-pared-borde. La base es cóncava con
umbo y arista interior alrededor del fondo. Las paredes curvas
divergentes terminan en un borde ligeramente exvasado de
labio redondeado.
Color de la pintura: Sin decoración.
Pasta: Ocre. Textura: Intermedia. Desgrasante: Muy fino.
Esmalte: Mate de color verdoso.
Observaciones: Presenta huellas de atifle al interior.

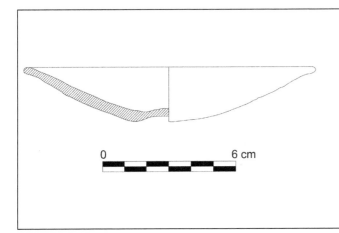

Nº de inventario: 23.770
Objeto: Plato.
Procedencia: Sevilla.
Serie: *Serie blanca sevillana.*
Cronología: 1500–1550.
Medidas: 0,9 cm grosor de la pared; 22,2 cm de Ø de la boca;
4 cm de alto.
Descripción: Plato de base cóncava. El cuerpo es de paredes
curvas divergentes que se exvasan a medida que se acercan
al borde de labio redondeado. En el fondo aparece una
protuberancia central o "botón", rodeada por una arista.
Color de la pintura: Sin decoración.
Pasta: Ama/ocre. Textura: Intermedia. Desgrasante: Muy fino.
Esmalte: Mate o engobe fino.
Observaciones: Presenta una descomposición de la cubierta
por presencia de sales. No se ha tratado.

b) Platos con "botón y arista" en el fondo, y con aplicaciones de vidriado verde

En este apartado se incluyen aquellos platos que, junto a las características mencionadas para el segundo grupo, llevan aplicaciones parciales de vidriado verde.

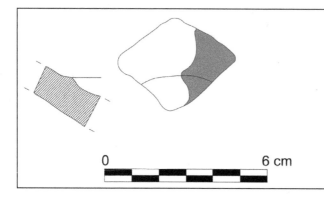

Nº de inventario: 21.921
Objeto: Plato.
Procedencia: Sevilla.
Serie: *Serie blanca sevillana con verde.*
Cronología: 1500–1550.
Medidas: 1 cm grosor de la pared; 4,5 cm de ancho; 3,5 cm de largo.
Descripción: Un fondo-pared. La pared es curva divergente y el fondo cóncavo conserva la arista que rodea el interior de los ejemplares más tempranos.
Color de la pintura: Mitad longitudinal vidriada en verde.
Pasta: Ocre rojizo. Textura: Intermedia. Desgrasante: Fino.
Esmalte: Mate.

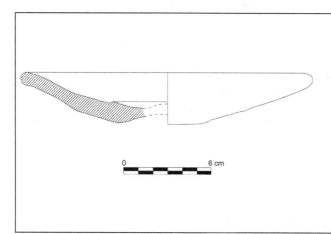

Nº de inventario: 23.978
Objeto: Plato.
Procedencia: Sevilla.
Serie: *Serie blanca sevillana con verde.*
Cronología: 1500–1550.
Medidas: 1,1 cm grosor de la pared; 20 cm Ø de la boca; 3,4 cm de alto.
Descripción: Plato incompleto. La base es cóncava y el cuerpo de paredes curvas divergentes termina en un borde exvasado de labio oblicuo. Al interior, presenta la característica arista alrededor del fondo (Fig. 3.10).
Color de la pintura: Gotas dispersas de vidriado verde por contaminación sobre la superficie exterior del plato.
Pasta: Ama/ocre pálido. Textura: Intermedia. Desgrasante: Fino.
Esmalte: Mate.

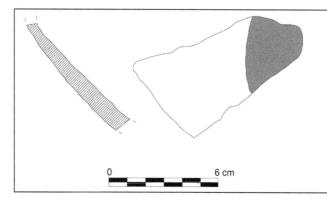

Nº de inventario: 23.979
Objeto: Plato.
Procedencia: Sevilla.
Serie: *Serie blanca sevillana con verde.*
Cronología: 1500–1550.
Medidas: 1,2 cm grosor de la pared; 9,4 cm de ancho; 5,2 cm de largo.
Descripción: Pared curva divergente.
Color de la pintura: Mitad longitudinal vidriada en verde sobre cubierta estannífera.
Pasta: Ama/ocre. Textura: Intermedia. Desgrasante: Fino.
Esmalte: Mate.

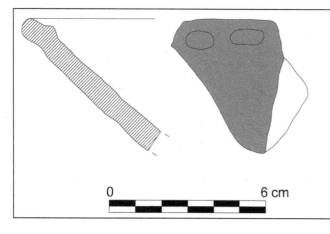

Nº de inventario: 24.000
Objeto: Plato.
Procedencia: Sevilla.
Serie: *Serie blanca sevillana con verde.*
Cronología: 1500–1550.
Medidas: 0,9 cm grosor de la pared; 5,4 cm de ancho; 5,1 cm de largo.
Descripción: Borde-pared. El borde ligeramente exvasado de labio redondeado y la pared curva divergente.
Color de la pintura: Mitad longitudinal vidriada en verde sobre cubierta estannífera. En el borde quedan las gotas de vidriado verde en relieve.
Pasta: Amarillo pajizo. Textura: Intermedia. Desgrasante: Fino.
Esmalte: Mate.

1.1.3. Platos intermedios (1550–1600)

Esmalte intermedio (3° grupo)

En este grupo incluimos los platos de esmalte brillante de espesor *intermedio*, muchos de aspecto craquelado, a veces se despega con facilidad del barro juagueteado.

Las pastas con que fueron elaboradas son de color amarillo pajizo, "ama/ocre" y ocre, de textura intermedia, es decir, la mayoría de los registrados en la excavación.

a) Platos con "botón y arista" en el fondo

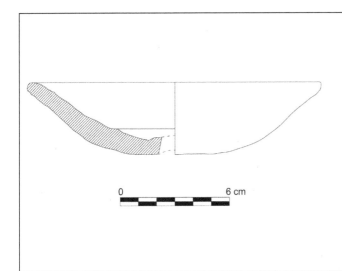

N° de inventario: 23.576
Objeto: Plato **pequeño**.
Procedencia: Sevilla.
Serie: *Serie blanca sevillana*.
Cronología: 1550–1600.
Medidas: 1 cm grosor de la pared; 16 cm de Ø de la boca; 4 cm de alto.
Descripción: Fragmento de base-pared-borde. La base cóncava, casi plana, conserva la arista y "botón" en el fondo. El cuerpo de paredes curvas divergentes, termina en un borde ligeramente exvasado de labio redondeado.
Color de la pintura: Sin decoración.
Pasta: Amarillo pajizo. Textura: Intermedia. Desgrasante: Muy fino.
Esmalte: Brillo intermedio, de tonalidades rosadas y verdosas. El esmalte se levanta con facilidad. En algunas zonas está contaminado de azul cobalto y melado.
Observaciones: Se observan las huellas de herramientas de apoyo al exterior, sobre la pared.

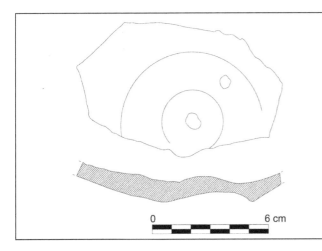

N° de inventario: 23.611
Objeto: Plato
Procedencia: Sevilla.
Serie: *Serie blanca sevillana*.
Cronología: 1550–1600.
Medidas: 0,9 cm grosor de la pared; 10,8 cm de ancho; 7,1 cm de largo; 5 cm Ø de la base.
Descripción: Base-pared. La base es cóncava y conserva la arista y botón interior en el fondo. Las paredes son curvas divergentes.
Color de la pintura: Sin decoración.
Pasta: Ama/ocre pálido. Textura: Intermedia. Desgrasante: Fino.
Esmalte: Brillo intermedio, nacarado y grueso.
Observaciones: Huella de atifle al interior y exterior.

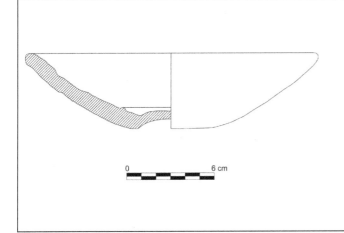

N° de inventario: 23.634
Objeto: Plato
Procedencia: Sevilla.
Serie: *Serie blanca sevillana*.
Cronología: 1550–1600.
Medidas: 0,9 cm grosor de la pared; 21 cm de Ø de la boca; 4 cm Ø de la base; 5 cm de alto.
Descripción: Plato incompleto formado por una base-pared-borde. La base es cóncava con la típica arista y "botón" interior en el fondo. El cuerpo es de paredes curvas divergentes y terminan en un borde ligeramente exvasado de labio oblicuo.
Color de la pintura: Sin decoración.
Pasta: Amarilla. Textura: Intermedia. Desgrasante: Fino.
Esmalte: Brillo intermedio, con manchas de tonalidad rosada. El esmalte se desprende con facilidad.
Observaciones: Conserva la huella del atifle al interior.

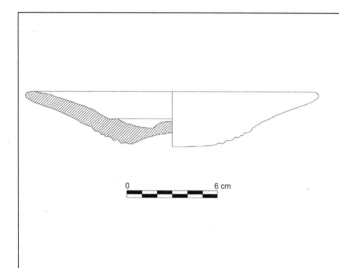

Nº de inventario: 23.654
Objeto: Plato
Procedencia: Sevilla.
Serie: *Serie blanca sevillana.*
Cronología: 1550–1600.
Medidas: 0,9 cm grosor de la pared; 11,6 cm de ancho; 11,4 cm de largo; 20 cm de Ø de la boca, 4,5 cm de alto.
Descripción: Plato incompleto formado por una base-pared-borde y una base. La base es cóncava y al interior se conserva la "arista y el botón" en el fondo. El cuerpo es de paredes curvas divergentes y termina en un borde ligeramente exvasado de labio redondeado.
Color de la pintura: Sin decoración.
Pasta: Amarilla. Textura: Intermedia. Desgrasante: Muy fino.
Esmalte: Brillo intermedio, de tonalidad rosada. El esmalte se ha perdido en el anverso del recipiente.
Observaciones: Se observan las líneas del torno al exterior, más marcadas junto a la base.

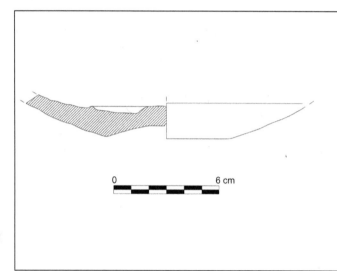

Nº de inventario: 23.694
Objeto: Plato **¿grande?**
Procedencia: Sevilla.
Serie: *Serie blanca sevillana.*
Cronología: 1550–1600.
Medidas: 0,9 cm grosor de la pared; 10,8 cm de ancho; 9,1 cm de largo; 7 cm Ø de la base.
Descripción: Fragmento de base-pared. La base cóncava conserva, al interior, la "arista y el botón" en el fondo. El cuerpo es de paredes curvas divergentes. Presenta una marca incisa en la base en forma de "v", pero por la fractura de la pieza no podemos apreciar el dibujo completo (Fig. 3.5 y 3.15).
Color de la pintura: Sin decoración.
Pasta: Amarilla. Textura: Intermedia. Desgrasante: Muy fino.
Esmalte: Brillo intermedio, con manchas de tonalidades rosadas y verdosas. El esmalte se levanta con facilidad.
Observaciones: Conserva las huellas del atifle al interior.

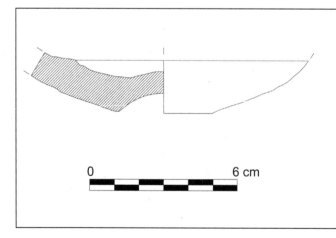

Nº de inventario: 23.760
Objeto: Plato
Procedencia: Sevilla.
Serie: *Serie blanca sevillana.*
Cronología: 1550–1600
Medidas: 1 cm grosor de la pared; 7,6 cm de ancho; 6,5 cm de largo.
Descripción: Fragmento de base-pared. La base cóncava con arista y "botón" en el fondo. El cuerpo es de paredes curvas divergentes.
Color de la pintura: Sin decoración.
Pasta: Ocre pálido. Textura: Intermedia. Desgrasante: Fino con intrusiones rojas y láminas marrones.
Esmalte: Intermedio y craquelado.
Observaciones: Huellas del atifle al interior y líneas del torno al exterior.

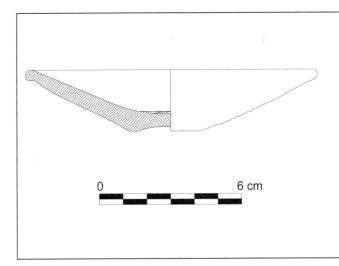

Nº de inventario: 23.926
Objeto: Plato.
Procedencia: Sevilla.
Serie: *Serie blanca sevillana.*
Cronología: 1550–1600.
Medidas: 1,1 cm grosor de la pared; 19 cm de Ø de la boca; 4 cm de alto.
Descripción: Plato cuyas paredes rectas forman un perfil recto divergente, y un borde ligeramente exvasado de labio redondeado. En el fondo aparece desgastada la protuberancia central o "botón", rodeado por la arista interior. Puede verse asimismo, en el fondo, las huellas del atifle empleado durante su cocción.
Color de la pintura: Sin decoración.
Pasta: Ocre pálido. Textura: Intermedia. Desgrasante: Fino.
Esmalte: Intermedio, grueso y opaco.
Observaciones: Se aprecian las estrías del torno fuertemente marcadas al exterior, en la parte inferior.

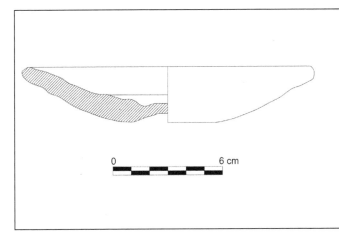

Nº de inventario: 23.974
Objeto: Plato **pequeño**.
Procedencia: Sevilla.
Serie: *Serie blanca sevillana.*
Cronología: 1550–1600.
Medidas: 1 cm grosor de la pared; 16 cm de Ø de la boca; 4 cm Ø de la base; 3 cm de alto.
Descripción: Plato incompleto formado por una base-pared-borde. La base cóncava conserva al interior la "arista y el botón" interior en el fondo. El cuerpo de paredes curvas divergentes termina en un borde ligeramente exvasado de labio oblicuo.
Color de la pintura: Sin decoración.
Pasta: Amarilla. Textura: Intermedia. Desgrasante: Fino.
Esmalte: Intermedio, de tonalidades rosadas y verdosas.
Observaciones: Conserva la huella del atifle al interior.

b) Platos con arista en el fondo y sin "botón"

En algunos ejemplares la protuberancia central o "botón" del fondo que caracterizó a las piezas *tempranas* desaparece, sólo continúa la arista que los rodeaba, aunque no lo podemos afirmar con seguridad, pues no contamos con la pieza completa.

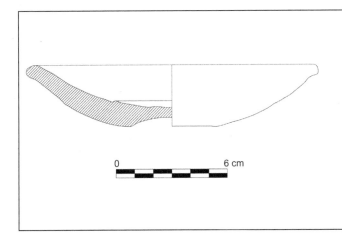

Nº de inventario: 23.912
Objeto: Plato **pequeño**.
Procedencia: Sevilla.
Serie: *Serie blanca sevillana.*
Cronología: 1550–1600.
Medidas: 1 cm grosor de la pared; 16 cm de Ø de la boca; 3,3 cm de alto.
Descripción: Fragmento de base-pared-borde. La base es cóncava y el cuerpo de paredes curvas divergentes termina en un borde exvasado de labio redondeado. Presenta una arista interior alrededor del fondo y aunque la pieza está incompleta parece que no tuvo el "botón" típico de las morfologías *tempranas*.
Color de la pintura: Sin decoración.
Pasta: Ocre. Textura: Intermedia. Desgrasante: Fino.
Esmalte: Intermedio.

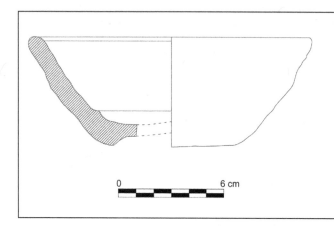

Nº de inventario: 23.951
Objeto: Plato **pequeño**.
Procedencia: Sevilla.
Serie: *Serie blanca sevillana.*
Cronología: 1550–1600.
Medidas: 1,2 cm grosor de la pared; 6,4 cm de ancho; 8,1 cm de largo.
Descripción: Fragmento de base-pared-borde. La base es cóncava y conserva en su interior la arista alrededor del fondo. El cuerpo de paredes curvas divergentes, termina en un borde ligeramente exvasado de labio oblicuo.
Color de la pintura: Sin decoración.
Pasta: Ocre pálido. Textura: Intermedia. Desgrasante: Fino.
Esmalte: Brillo intermedio, de tonalidad rosada.
Observaciones: Se aprecian las líneas del torno al exterior.

c) Platos con incisión en el fondo y esmalte antiguo (fino y brillante)

Otros ejemplos *intermedios* corresponden a platos de perfiles troncocónicos, asociados por tanto a morfologías *tardías*, pero con pastas y esmalte de características *tempranas*. El hecho de tener una marca incisa en la base después de la cocción, ayuda a clasificar algunos ejemplares, pues como vimos en otros yacimientos conocidos, las marcas desaparecen a finales del siglo XVI.

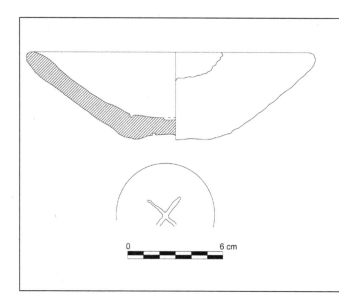

Nº de inventario: 23.748
Objeto: Plato de ¿**sopa**?
Procedencia: Sevilla.
Serie: *Serie blanca sevillana.*
Cronología: 1550–1600.
Medidas: 1,1 cm grosor de la pared; 18,5 cm de Ø de la boca; 5 cm Ø de la base; 5,5 cm de alto.
Descripción: Dos fragmentos de base-pared-borde de un plato incompleto. La base cóncava es casi plana y en ella está marcada una "X" incisa. Las paredes rectas divergentes forman un cuerpo troncocónico de fondo cóncavo con incisión en el punto de inflexión. El borde es recto y el labio redondeado (Fig. 3.13) .
Color de la pintura: Sin decoración.
Pasta: Ama/ocre rosado. Textura: Intermedia. Desgrasante: Fino-medio.
Esmalte: Intermedio de tonalidad amarillenta.
Observaciones: Un fragmento de este plato se envió a analizar (muestra MJ0262), dando como resultado ser de procedencia sevillana.

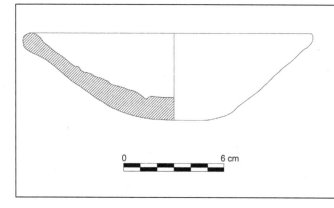

Nº de inventario: 23.754
Objeto: Plato de ¿**sopa**?
Procedencia: Sevilla.
Serie: *Serie blanca sevillana.*
Cronología: 1550–1600.
Medidas: 0,8 cm grosor de la pared; 17,5 cm Ø de la boca; 5 cm Ø de la base; 5,0 cm de alto.
Descripción:
Plato incompleto. La base es plana y el fondo cóncavo. Las paredes rectas divergentes forman un cuerpo troncocónico de borde recto y labio oblicuo.
Color de la pintura: Sin decoración.
Pasta: Ocre pálido. Textura: Intermedia. Desgrasante: Fino.
Esmalte: Intermedio y craquelado.

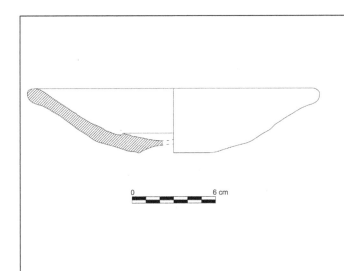

Nº de inventario: 23.800
Objeto: Platos.
Procedencia: Sevilla.
Serie: *Serie blanca sevillana.*
Cronología: 1550–1600.
Medidas: *Ejemplar a*: 1 cm grosor de la pared; 22 cm de Ø de la boca; 4 cm de alto. *Ejemplar b*: 0,9 cm grosor de la pared; 21 cm de Ø; 5 cm de alto.
Descripción: Dos fragmentos de base-pared-borde de dos platos diferentes. Ambos presentan base cóncava y paredes curvas divergentes, pero uno de ellos termina en una borde curvo de labio oblicuo, (ejemplar a); mientras que el otro tiene un borde ligeramente exvasado de labio redondeado (ejemplar b).
Color de la pintura: Sin decoración.
Pasta: Ocre pálido. Textura: Intermedia. Desgrasante: Muy fino.
Esmalte: Intermedio, craquelado de tonalidad verdosa.
Observaciones: Conservan las huellas del atifle al interior.

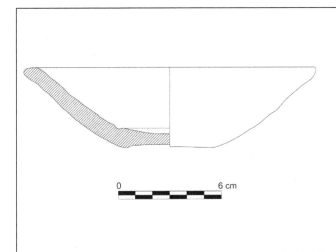

Nº de inventario: 23.802
Objeto: Plato de ¿**sopa**?
Procedencia: Sevilla.
Serie: *Serie blanca sevillana.*
Cronología: 1550–1600.
Medidas: 1,1 cm grosor de la pared; 17,5 cm de Ø de la boca; 4,5 cm de alto.
Descripción: Plato incompleto de cuerpo troncocónico formado por paredes rectas divergentes, borde recto y labio oblicuo. El fondo es cóncavo rodeado por una incisión en el punto de inflexión. La base es casi plana y presenta una pequeña marca incisa en forma de "x" al exterior (Fig. 3.17).
Color de la pintura: Sin decoración.
Pasta: Amarillo pajizo. Textura: Intermedia, algo esponjosa. Desgrasante: Muy fino.
Esmalte: Intermedio y fino de tonalidad rosácea, casi transparente, craquelado.
Observaciones: Conserva la huella del atifle al exterior.

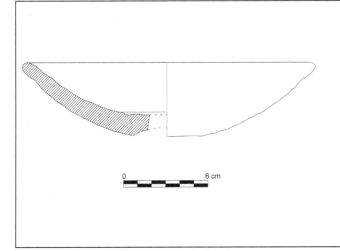

Nº de inventario: 23.804
Objeto: Plato de ¿**sopa**?
Procedencia: Sevilla.
Serie: *Serie blanca sevillana.*
Cronología: 1550–1600.
Medidas: 1,1 cm grosor de la pared; 21 cm de Ø de la boca; 5 cm de alto.
Descripción: Plato incompleto formado por un fragmento de pared-borde-base, una pared-borde y una pared. El plato es de base cóncava, el cuerpo de paredes curvas divergentes que terminan en un borde ligeramente exvasado y labio oblicuo. Al interior se aprecia la incisión alrededor del fondo.
Color de la pintura: Sin decoración.
Pasta: Ocre pálido. Textura: Intermedia. Desgrasante: Muy fino.
Esmalte: Intermedio, de tonalidades verdosas y rosadas. Contaminado de azul cobalto.
Observaciones: Conserva la huella del atifle al interior.

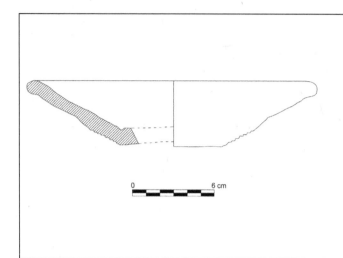

Nº de inventario: 23.846
Objeto: Plato de ¿**sopa**?
Procedencia: Sevilla.
Serie: *Serie blanca sevillana.*
Cronología: 1550–1600.
Medidas: 0,9 cm grosor de la pared; 21 cm de Ø de la boca; 4,5 cm de alto.
Descripción: Fragmento de base-pared-borde. La base es cóncava y el cuerpo troncocónico termina en un borde recto de labio oblicuo. Al interior se aprecia la incisión alrededor del fondo.
Color de la pintura: Sin decoración.
Pasta: Amarilla. Textura: Intermedia. Desgrasante: Muy fino.
Esmalte: Intermedio de tonalidad rosada. Se levanta con facilidad.
Observaciones: Conserva las huellas del atifle al exterior, así como las huellas del torno muy marcadas al exterior, junto a la base.

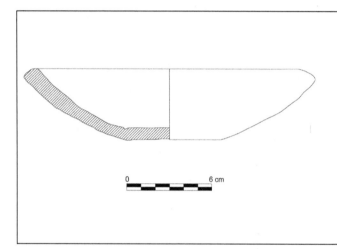

Nº de inventario: 23.895
Objeto: Plato de ¿**sopa**?
Procedencia: Sevilla.
Serie: *Serie blanca sevillana.*
Cronología: 1550–1600.
Medidas: 1,1 cm grosor de la pared; 21 cm de Ø de la boca; 5,5 cm de alto.
Descripción: Dos fragmentos de pared-borde-base y borde. El plato es de base cóncava y el cuerpo de paredes curvas divergentes que terminan en un borde ligeramente curvo de labio oblicuo ligeramente engrosado. Al interior se aprecia la incisión alrededor del fondo.
Color de la pintura: Sin decoración.
Pasta: Ocre pálido. Textura: Intermedia. Desgrasante: Fino.
Esmalte: Intermedio y craquelado de tonalidad verdosa.
Observaciones: Conserva las huellas del atifle al exterior y al interior.

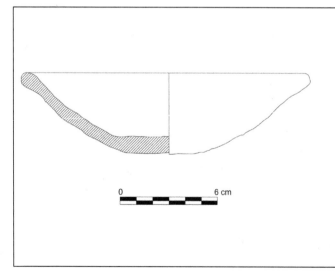

Nº de inventario: 23.900
Objeto: Plato de ¿**sopa**?
Procedencia: Sevilla.
Serie: *Serie blanca sevillana.*
Cronología: 1550–1600.
Medidas: 1,1 cm grosor de la pared; 18 cm de Ø de la boca; 4,6 cm de alto.
Descripción: Plato incompleto de base plana, el cuerpo troncocónico termina en un borde recto de labio oblicuo. Al interior se aprecia una acanaladura alrededor del fondo.
Color de la pintura: Sin decoración.
Pasta: Ama/ocre anaranjado. Textura: Intermedia.
Desgrasante: Fino con intrusión roja de 2 mm.
Esmalte: Intermedio y fino.
Observaciones: Conserva las huellas del atifle al exterior en la base y bajo el labio. Se aprecian las huellas del torno al exterior.
CONS/REST: La cubierta estannífera presenta una descomposición en círculos por presencia de sales. Sin tratar.

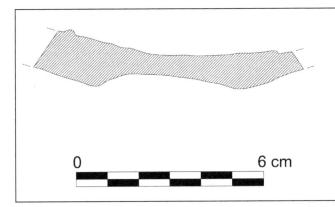

Nº de inventario: 26.315
Objeto: Plato **grande** de ¿**sopa**?
Procedencia: Sevilla.
Serie: *Serie blanca sevillana.*
Cronología: 1550–1600.
Medidas: 1,2 cm grosor de la pared; 8,5 cm de ancho; 5,9 cm de largo; 5 cm Ø de la base.
Descripción: Fragmento de base cóncava. En el interior se observa una incisión alrededor del fondo de 7 cm de Ø.
Color de la pintura: Sin decoración.
Pasta: Ama/ocre oscuro. Textura: Intermedia. Desgrasante: Fino.
Esmalte: Intermedio.
Observaciones: Conserva las huellas del atifle al interior.

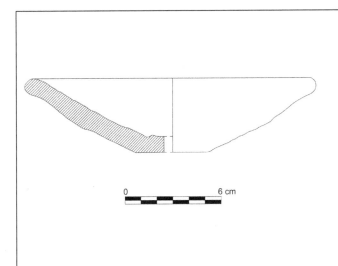

Nº de inventario: 26.378
Objeto: Plato de ¿**sopa**?
Procedencia: Sevilla.
Serie: *Serie blanca sevillana.*
Cronología: 1550–1600.
Medidas: 0,7 cm grosor de la pared; 18 cm de Ø; 4 cm Ø de la base; 5 cm de alto.
Descripción: Fragmento de base-pared-borde. La base es ligeramente cóncava, el interior conserva una incisión alrededor del fondo. Las paredes son rectas divergentes y forman un cuerpo troncocónico de borde curvo y labio oblicuo.
Color de la pintura: Sin decoración.
Pasta: Ama/ocre pálido. Textura: Intermedia. Desgrasante: Fino.
Esmalte: Intermedio.
Observaciones: Presenta huellas del torno al exterior. Conserva las huellas del atifle al interior, así como la de apoyo bajo el labio.

d) Platos con o sin "botón y arista" en el fondo y con aplicaciones de vidriado verde

Aunque las aplicaciones de vidriado verde son indicadores *tempranos*, el análisis macroscópico de las cerámicas nos permite determinar que se trata de piezas elaboradas en un momento *intermedio* de la producción, atendiendo al tipo de pasta y al tipo de esmalte blanco que baña a los fragmentos.

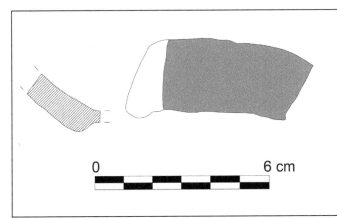

Nº de inventario: 21.934
Objeto: Plato.
Procedencia: Sevilla.
Serie: *Serie blanca sevillana con verde.*
Cronología: 1550–1600.
Medidas: 0,9 cm grosor de la pared; 2,7 cm de largo; 6,5 cm de ancho.
Descripción: Fragmento de base-pared. La base y el fondo son cóncavos, mientras que las paredes se intuyen curvas divergentes.
Color de la pintura: Vidriada en verde la mitad longitudinal del recipiente.
Pasta: Ocre pálido. Textura: Intermedia. Desgrasante: Muy fino.
Esmalte: Intermedio.

1.1.4. Platos tardíos (1600–1650 ó hasta ¿1713?)

Esmalte grueso y brillante (4° grupo)

En este grupo incluimos aquellos platos en los que las pastas son más pesadas y compactas; y están cubiertos por esmaltes gruesos, duros y brillantes, normalmente de tonalidad verdosa.

En los platos *tardíos*, la "protuberancia central y la arista" características de las producciones *tempranas* se sustituyen por un surco alrededor del fondo. Desaparecen asimismo las aplicaciones de vidriado verde sobre la cubierta estannífera (Goggin, 1968: 117–123).

Con estas características hemos seleccionado los siguientes ejemplares, elaborados con distintas pastas de tonalidad amarilla y ocre, pero de textura compacta y pesadas.

a) Platos con incisión en el fondo

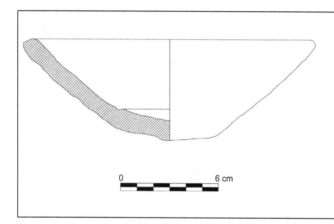

Nº de inventario: 23.709
Objeto: Plato de ¿**sopa**?
Procedencia: Sevilla.
Serie: *Serie blanca sevillana.*
Cronología: 1600–1650 ó hasta ¿1713?
Medidas: 1 cm grosor de la pared; 19 cm Ø de la boca; 4,5 cm Ø de la base; 6 cm de alto.
Descripción: Fragmento de base-pared-borde. La base es cóncava casi plana, y el fondo cóncavo está rodeado por una incisión en el punto de inflexión de 8 cm de Ø. El cuerpo troncocónico termina en un borde curvo de labio oblicuo.
Color de la pintura: Sin decoración.
Pasta: Ocre pálido. Textura: Compacta. Desgrasante: Fino.
Esmalte: Brillante y grueso, de tonalidad verdosa.
Observaciones: Conserva las huellas del atifle al interior.

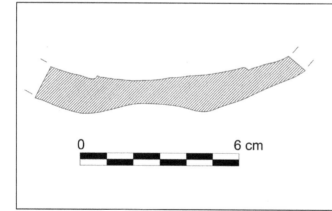

Nº de inventario: 23.774
Objeto: Plato **grande** de ¿**sopa**?
Procedencia: Sevilla.
Serie: *Serie blanca sevillana.*
Cronología: 1600–1650 ó hasta ¿1713?
Medidas: 1,1 cm grosor de la pared; 5,6 cm de largo; 10,5 cm de ancho.
Descripción: Fragmento de base-pared. La base es cóncava casi plana, y el fondo cóncavo está rodeado por una incisión interior en el punto de inflexión de 8 cm de Ø.
Color de la pintura: Sin decoración.
Pasta: Ama/ocre. Textura: Compacta. Desgrasante: Fino.
Esmalte: Brillante y grueso.
Observaciones: Conserva la huella del atifle al interior sobre la incisión.

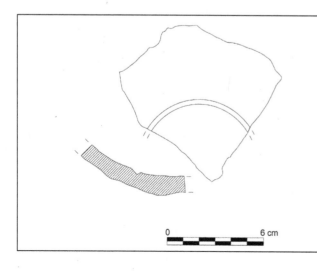

Nº de inventario: 23.801
Objeto: Plato **grande** de ¿**sopa**?
Procedencia: Sevilla.
Serie: *Serie blanca sevillana.*
Cronología: 1600–1650 ó hasta ¿1713?
Medidas: 0,9 cm grosor de la pared; 8,8 cm de largo; 10,1 cm de ancho.
Descripción: Fragmento de base-pared. La base cóncava casi plana, y el fondo cóncavo rodeado por una incisión en el punto de inflexión.
Color de la pintura: Sin decoración.
Pasta: Ocre pálido. Textura: Compacta. Desgrasante: Muy fino.
Esmalte: Brillante y grueso, de tonalidad verdosa.
Contaminado de melado.
Observaciones: Conserva la huella del atifle al interior.

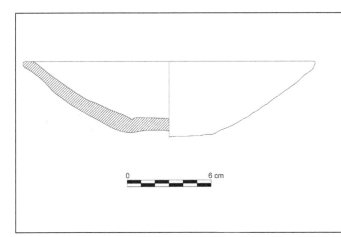

Nº de inventario: 23.863
Objeto: Plato de ¿**sopa**?
Procedencia: Sevilla.
Serie: *Serie blanca sevillana.*
Cronología: 1600–1650 ó hasta ¿1713?
Medidas: 1,1 cm grosor de la pared; 21 cm Ø de la boca; 5 cm Ø de la base; 6 cm Ø incisión del fondo; 5 cm de alto.
Descripción: Plato incompleto. La base es cóncava y el fondo también cóncavo está rodeado por una incisión en el punto de inflexión. El cuerpo es de paredes curvas divergentes que termina en un borde curvo de labio oblicuo.
Color de la pintura: Sin decoración.
Pasta: Ocre oscuro. Textura: Compacta. Desgrasante: Fino.
Esmalte: Brillante y grueso, de tonalidad verdosa.
Observaciones: Conserva las huellas del atifle al interior. Se aprecia la mala ejecución en el esmalte defectuoso.

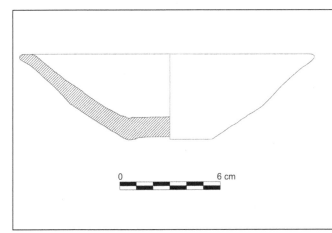

Nº de inventario: 23.867
Objeto: Plato **pequeño** de ¿**sopa**?
Procedencia: Sevilla.
Serie: *Serie blanca sevillana.*
Cronología: 1600–1650 ó hasta ¿1713?
Medidas: 1,2 cm grosor de la pared; 15 cm Ø de la boca; 5 cm Ø de la base; 5 cm de alto.
Descripción: Fragmento de base-pared-borde. La base es cóncava casi plana, y el fondo cóncavo está rodeado por una incisión interior en el punto de inflexión. El cuerpo troncocónico termina en un borde recto de labio oblicuo.
Color de la pintura: Sin decoración.
Pasta: Ocre oscuro. Textura: Compacta. Desgrasante: Fino.
Esmalte: Brillante y grueso, de tonalidad verdosa.
Observaciones: Conserva las huellas del atifle al interior y las del torno al exterior.

b) Platos con incisión en el fondo y con aplicaciones de vidriado verde

No se han registrado ejemplares con aplicaciones de vidriado verde, con estas características morfológicas.

1.2. Las servidoras o trincheros

Siguiendo la definición de John Goggin para la *serie blanca lisa*, las servidoras o trincheros son formas semejantes a los platos, aunque de diámetro mucho mayor. Estos recipientes se apoyan sobre un ancho pie en forma de anillo para afianzar los asados sobre ellos y así poder manipularlos o trocearlos con más comodidad (Goggin, 1968:117–123).

Por otro lado, en la historiografía española, González Martí representa el perfil del *"tallador pla"* como parte de las formas del siglo XV, cuya función es servir de soporte para trinchar los asados (1944: 271. Fig 352, nº 7); sin embargo, esta forma no presenta un pie anular, sino una base cóncava.

Entre los antecedentes de la producción de la *serie blanca sevillana*, Huarte y Somé muestran un tipo de fuente elaborada en el siglo XIV, cuya morfología corresponde a un pie anular, y un cuerpo troncocónico achatado (Huarte y Somé, 2001: 913–921. Fig. 2.1).

Asimismo en otros trabajos en el ámbito andaluz se recogen fuentes de la *serie blanca lisa*, correspondientes al siglo XVI, pero el perfil de sus paredes se dibuja curvo divergente. Si bien, en este caso no se muestra el tipo de base, sí se sabe que su diámetro es superior a los 20 cm (Pleguezuelo y Lafuente, 1995: Fig. 18.18.4).

Proceso de estudio

Cuando realizamos el inventario de la *serie blanca lisa* del material "franciscano", vimos cómo la fractura de las piezas era muy alta, por lo que distinguir si se trataba de parte de un plato o de una servidora entre los fragmentos de paredes, bordes o bases de la vajilla sevillana, era prácticamente imposible.

Sin embargo, lo que sí nos llamó la atención fue el grosor de la pared de algunas bases que morfológicamente correspondían a formas abiertas similares a los platos. Fue, en estos casos, donde vimos la posibilidad de que se tratara de recipientes de mayores dimensiones que el plato y que éstos se destinaran a servir los alimentos en las mesas de los comedores.

Procedimos a analizar en conjunto el diámetro de los platos de la *serie blanca sevillana* registrados en "San Francisco" y vimos que, en términos generales existían tres tamaños diferentes:

Un tamaño de plato pequeño cuyo diámetro oscilaba alrededor de los 15 y 16 cm.
Un tamaño mediano cuyos diámetros comprendían desde los 18, 19, 20, 21, 22 cm.
Un tamaño grande de unos 24 cm de diámetro.

Recurrimos a la documentación de los registros de carga estudiados por José Mª Sánchez y vimos que existían también tres tamaños de platos entre *la vajilla blanca común* de mesa; sin embargo, diferían las medidas asignadas a cada tamaño. Para los platos pequeños Sánchez presenta una medidas de unos 10 cm de diámetro. Uno de los documentos seleccionados por el autor dice: *"1 docena de platillos pequeños para salerillos en 2 reales y medio"*. Desde el punto de vista de la funcionalidad suelen estar vinculados a otros objetos cerámicos como las aceiteras, tazas, saleros, pimenteros, etc. Se asocian, por tanto, a una función de salvadera (Sánchez, 1998: 121–133).

En el caso de los platos de tamaño mediano, Sánchez les asigna una medida de 25 cm de diámetro. Esta medida, sin embargo, es la que corresponde con nuestros platos grandes. En otro de los documentos seleccionados por el citado autor dice: *"Docena y media de platos medianos blancos"*. Desde el punto de vista de la documentación, los platos medianos aparecen comercializados por docenas, pues posiblemente respondan a platos de uso individual (Sánchez, 1998: 121–133).

Por último, Sánchez selecciona un documento en el que dice *"un salero y dos platos grandes"*. El autor propone que estos platos grandes son piezas de uso colectivo cuyos diámetros miden alrededor de los 35 cm. La teoría sobre su uso colectivo vendría corroborada por el hecho de que en los registros de carga nunca se citan por docenas, sino de manera individual (Sánchez, 1998: 121–133).

Una fuente con el tamaño indicado por Sánchez aparece ilustrada en un trabajo de John Goggin (1968: *Plate 3*); sin embargo no hemos conseguido registrar piezas de la *serie blanca sevillana* con estas medidas en el yacimiento grancanario, debido a la alta fragmentación de los recipientes.

Por los resultados obtenidos en el conjunto de la vajilla de "San Francisco", quizás debemos estimar la posibilidad de que de la misma manera que existen platos medianos en un abanico de medidas que oscila desde los 18 a los 22 cm; entre los platos grandes y servidoras existen también una variabilidad de tamaños que mediría desde los 25 a los 35 cm diámetro.

Discusión cronológica

Goggin incluye las servidoras de la *serie blanca sevillana* a comienzos del siglo XVI (Fig. 4.7). Otros hallazgos paralelos de este tipo de recipientes esmaltados blancos con la mitad longitudinal vidriada en verde se han localizado en Cuba. Fueron fechados a principios del siglo XVI por Prat de Puig (1980: 42–44), basándose en la existencia de ejemplares parecidos que fueron recuperados en la excavación del Convento de San Francisco de la República Dominicana, cuyos niveles ocupación se vinculan también al siglo XVI.

Resultado final

Al igual que los hallazgos del área del Caribe, hemos registrado algunos fragmentos en el antiguo Convento de San Francisco de Asís de Las Palmas de Gran Canaria que se pueden fechar en el siglo XVI, siguiendo los indicadores de tipo de pasta y esmalte con que fueron elaborados.

Consideramos, sin embargo, que los fragmentos registrados con los nº 23.658 y 26.322 pertenecen a un período *tardío* de la producción. El tipo de pasta compacta, de color ocre oscuro, del primero de ellos, así como el tipo de cubierta estannífera gruesa y brillante de ambos, hace que los incluyamos en el siglo XVII.

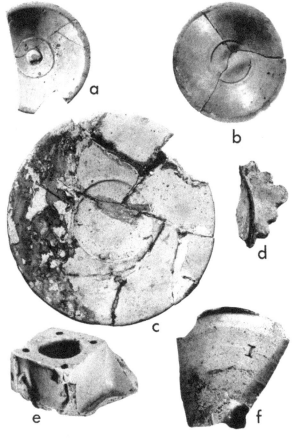

Columbia Plain Pottery

Fig. 4.7. Platos y servidoras de la *serie blanca sevillana* ilustrados por John Goggin (1968: *Plate* 3). Entre las figuras a, b y c puede verse la diferencia de diámetros entre ambos tipos.

El uso de las fuentes o trincheros ha estado presentes entre las piezas de vajilla con funcionalidad de servicio en las mesas de comedor, llegando su uso hasta la actualidad.

Catálogo

Entre los restos de la excavación de "San Francisco" hemos identificado algunos fragmentos de la *serie blanca* que, a juzgar por el grosor de las paredes, formaron parte de una pieza de considerable tamaño y, por tanto, creemos, después de intentar reconstruirlas mediante el dibujo arqueológico, que se trataba de recipientes destinados al servicio colectivo en la presentación de viandas sobre la mesa.

De este modo, al no encontrar una nomenclatura entre la documentación con qué denominar cada una de estas formas, recurrimos a la aproximación de las figuras geométricas que dibujan sus perfiles. Así distinguimos entre servidoras o trincheros, semejantes a los "platos grandes", agrupados como tipo A; servidoras de "paredes acuencadas", nombrando el único fragmento registrado como tipo B; y servidora de "carena alta", cuyo único fragmento registrado lo definiremos como tipo C, y un fragmento de "umbo muy marcado" que agruparemos dentro del tipo D.

A) Servidora o trinchero "plato grande"

A) 1.2.1. Servidora o trinchero "plato grande" antiguo (1483–1500)

Esmalte brillante, fino y transparente (1° grupo)

No hemos registrado ningún ejemplar.

A) 1.2.2. Servidora o trinchero "plato grande" temprano (1500–1550)

Esmalte mate (2º grupo)

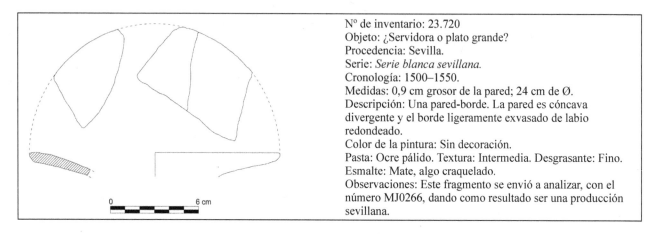

Nº de inventario: 23.720
Objeto: ¿Servidora o plato grande?
Procedencia: Sevilla.
Serie: *Serie blanca sevillana.*
Cronología: 1500–1550.
Medidas: 0,9 cm grosor de la pared; 24 cm de Ø.
Descripción: Una pared-borde. La pared es cóncava divergente y el borde ligeramente exvasado de labio redondeado.
Color de la pintura: Sin decoración.
Pasta: Ocre pálido. Textura: Intermedia. Desgrasante: Fino.
Esmalte: Mate, algo craquelado.
Observaciones: Este fragmento se envió a analizar, con el número MJ0266, dando como resultado ser una producción sevillana.

A) 1.2.3. Servidora o trinchero "plato grande" inermedio (1550–1600)

Esmalte intermedio (3º grupo)

No hemos identificado ningún ejemplar.

A) 1.2.4. Servidora o trinchero "plato grande" tardío (1600–1650 ó hasta ¿1713?)

Esmalte grueso y brillante (4º grupo)

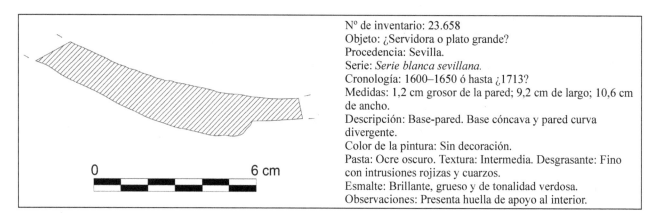

Nº de inventario: 23.658
Objeto: ¿Servidora o plato grande?
Procedencia: Sevilla.
Serie: *Serie blanca sevillana.*
Cronología: 1600–1650 ó hasta ¿1713?
Medidas: 1,2 cm grosor de la pared; 9,2 cm de largo; 10,6 cm de ancho.
Descripción: Base-pared. Base cóncava y pared curva divergente.
Color de la pintura: Sin decoración.
Pasta: Ocre oscuro. Textura: Intermedia. Desgrasante: Fino con intrusiones rojizas y cuarzos.
Esmalte: Brillante, grueso y de tonalidad verdosa.
Observaciones: Presenta huella de apoyo al interior.

Nº de inventario: 26.322
Objeto: ¿Servidora o plato grande?
Procedencia: Sevilla.
Serie: *Serie blanca sevillana.*
Cronología: 1600–1650 ó hasta ¿1713?
Medidas: 0,8 cm grosor de la pared; 7,4 cm de largo; 9,7 cm de ancho.
Descripción: Un fragmento de pared oblicua divergente.
Color de la pintura: Sin decoración.
Pasta: Amarilla. Textura: Intermedia. Desgrasante: Fino.
Esmalte: Brillante, algo craquelado y de tonalidad verdosa.
Observaciones: Presenta tres líneas en relieve al exterior.

B) Fuente o servidora de "paredes acuencadas"

Junto a las piezas enumeradas existen otras de las que desconocemos su forma original, pero por las afinidades de pasta con las que se elaboraron y la cubierta estannífera, los incluimos dentro de la *serie blanca sevillana.*

Los tipos corresponden a morfologías abiertas, pero la fragmentación del recipiente hace muy difícil incluirlos dentro de una tipología precisa, pues desconocemos su forma completa, así como su funcionalidad dentro de las tipologías hasta ahora establecidas.

B) 1.2.1 Fuente o servidora o servidora de "paredes acuencadas" antigua (1486–1500)

Esmalte brillante, fino y transparente (1º grupo)

No hay registros.

B) 1.2.2 Fuente o servidora de "paredes acuencadas" temparana (1500–1550)

Esmalte mate (2º grupo)

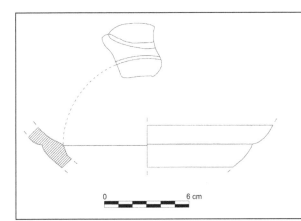

Nº de inventario: 24.066
Objeto: Fuente o servidora.
Procedencia: Sevilla.
Serie: *Serie blanca sevillana.*
Cronología: 1500–1550.
Medidas: 1,3 cm grosor de la pared; 5,2 cm de largo; 5,4 cm de ancho; 16 cm de Ø de arista interior.
Descripción: Fragmento de fondo-pared. La pared es curva con una incipiente ala oblicua al exterior, y recta a partir de un punto de inflexión en el fondo. En este caso la inflexión no coincide en las caras externa e interna.
Color de la pintura: Sin decoración.
Pasta: Ocre. Textura: Intermedia. Desgrasante: Fino con intrusiones canelas.
Esmalte: Mate, de tonalidad verdosa.

B) 1.2.3. Fuente o servidora de "paredes acuencadas" intermedias (1550–1600)

Esmalte intermedio (3º grupo)

No hay registros.

B) 1.2.4. Fuente o servidora de "paredes acuencadas" tardía (1600–1650 ó hasta ¿1713?)

Esmalte grueso y brillante (4º grupo)

No hay registros.

Resultado final

Hemos encontrado un paralelo entre los platos grandes, de más de 20 cm de diámetro de boca, en una excavación de Granada (Rodríguez y Revilla, 1997: 147–168, lam. 5.7). Se trata de un ejemplar de grandes dimensiones. Nuestro fragmento es de grosor considerable, por lo que probablemente también formó parte de un recipiente mayor que el plato convencional.

El paralelo granadino está fechado a finales del siglo XVI y principios del XVII, por lo que la morfología coincide con la fecha asignada al fragmento "franciscano" siguiendo los indicadores propuestos (Fig. 4.8).

C) Fuente o servidora de "carena alta"

Se trata de un fragmento de borde recto, de apenas un centímetro y medio de altura, del que arranca una pared carenada, cuyo perfil dibuja un recipiente de fondo con tendencia troncocónica. La escasa profundidad que presenta el borde, junto al ancho arco que describe su labio, hace que consideramos al fragmento como parte de algún recipiente destinado a la presentación de alimentos. Sin embargo, no hemos encontrado, por el momento, ningún paralelo.

Fig. 4.8. Recipientes encontrados en intervenciones arqueológicas de Granada fechadas entre finales del siglo XVI y principios del XVII (Rodríguez y Revilla, 1997: lam. 5).

C) 1.2.1. Fuente o servidora de "carena alta" antigua (1486–1500)

Esmalte brillante, fino y transparente (1° grupo)

No hay registros.

C) 1.2.2. Fuente o servidora de "carena alta" temprana (1500–1550)

Esmalte mate (2° grupo)

No hay registros.

C) 1.2.3. Fuente o servidora de "carena alta" intermedia (1550–1600)

Esmalte intermedio (3° grupo)

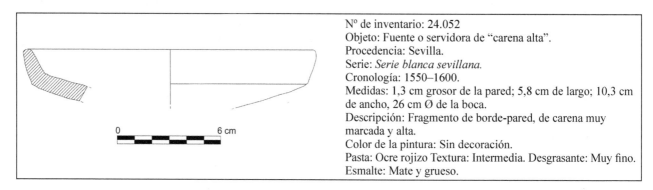

N° de inventario: 24.052
Objeto: Fuente o servidora de "carena alta".
Procedencia: Sevilla.
Serie: *Serie blanca sevillana.*
Cronología: 1550–1600.
Medidas: 1,3 cm grosor de la pared; 5,8 cm de largo; 10,3 cm de ancho, 26 cm Ø de la boca.
Descripción: Fragmento de borde-pared, de carena muy marcada y alta.
Color de la pintura: Sin decoración.
Pasta: Ocre rojizo Textura: Intermedia. Desgrasante: Muy fino.
Esmalte: Mate y grueso.

C) 1.2.4. Fuente o servidora de "carena alta" tardía (1600–1650 ó hasta ¿1713?)

Esmalte grueso y brillante (4° grupo)

No hay registros.

Resultado final

Si aplicamos el método seguido hasta el momento para datar la *serie blanca sevillana*, estaríamos ante una producción intermedia, fechada probablemente en la **segunda mitad del XVI**.

D) Fuente o servidora de "umbo muy marcado"

Este fragmento nos llamó la atención porque presentaba unas características diferentes al resto de los fondos de platos que registramos en la excavación, es decir, con "arista y botón" o bien con la acanaladura que ya describimos en los apartados anteriores. Por un lado, se trataba de una pieza con paredes muy gruesas, lo que nos indicaba que formó parte de un recipiente de mayor tamaño que el plato. Por otro lado, y una vez más, gracias a la reconstrucción a través del dibujo, descubrimos que su solero medía unos 8 cm de diámetro, por lo que consideramos que este fragmento corresponde a una pieza destinada a la presentación de alimentos en el servicio de comedor.

D) 1.2.1. Fuente o servidora de "umbo muy marcado" antigua (1486–1500)

Esmalte brillante, fino y transparente (1° grupo)

No hay registros.

D) 1.2.2. Fuente o servidora de "umbo muy marcado" temprana (1500–1550)

Esmalte mate (2º grupo)

No hay registros.

D) 1.2.3. Fuente o servidora de "umbo muy marcado" intermedia (1550–1600)

Esmalte intermedio (3º grupo)

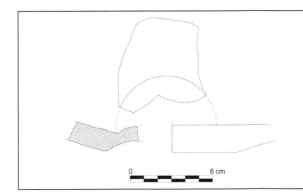

Nº de inventario: 26.493
Objeto: Fuente o servidora de "umbo muy marcado".
Procedencia: Sevilla.
Serie: *Serie blanca sevillana.*
Cronología: 1550–1600.
Medidas: 1,3 cm grosor de la pared; 6 cm de largo; 6,4 cm de ancho, 8 cm Ø del solero.
Descripción: Fragmento de base-pared. La base cóncava con umbo muy marcado al interior y base cóncava.
Color de la pintura: Sin decoración.
Pasta: Ama/ocre. Textura: Intermedia. Desgrasante: Muy fino.
Esmalte: Intermedio.

D) 1.2.4. Fuente o servidora de **"umbo muy marcado" tardía (1600–1650 ó hasta ¿1713?)**

Esmalte grueso y brillante (4º grupo)

No hay registros.

Resultado final

Si aplicamos el método seguido hasta el momento para datar la *serie blanca sevillana*, estaríamos ante una producción *intermedia*, fechada probablemente en la **segunda mitad del XVI**.

1.3. Las escudillas

Las escudillas son pequeños recipientes de paredes carenadas, bordes rectos y labio redondeado, destinados comúnmente a contener líquidos, sopas o caldos.

En ellas se aprecian también atributos morfológicos que pueden asociarse a cronologías *tempranas* o *tardías*. Las formas *tempranas* se identifican por tener bases cóncavas, por las aplicaciones parciales de vidriado verde sobre la superficie blanca, así como por la presencia de apéndices de orejas festoneadas o de falanges verticales, las segundas normalmente vidriadas en verde. Las *tardías*, por el contrario, desarrollan un pie anular[58] y en ellas desaparecen completamente tanto los apéndices como las aplicaciones de vidriado verde (Goggin, 1968: 117–126).

En la década de los ochenta, James L. Boone realizó el estudio de 55 escudillas recuperadas en el yacimiento arqueológico de Alcácer Seguer en Marruecos. El asentamiento presentaba dos momentos claros de ocupación asociados en la estratigrafía a la presencia de monedas. Boone aprovechó estas circunstancias para ver la evolución en los tazones y fechar el material exhumado (Boone, 1984: 76–86).

En su análisis pudo observar algunos cambios morfológicos en los recipientes. De este modo utilizó seis indicadores para analizar los posibles cambios tecnológicos operados por los alfareros en las escudillas. Entre ellos escogió el diámetros de los bordes; el tipo de base, si era cóncava o presentaba un pie anular; el brillo de la cubierta estannífera, si era mate o brillante; el color de la pasta; la presencia o ausencia de apéndices y, por último, la presencia o ausencia de aplicaciones parciales de vidriado verde (Boone, 1984: 76–86).

---

[58] Con respecto a las bases de las escudillas, veremos que existe alguna excepción a la hora de la clasificación morfológica, pues Goggin incluye dentro de la tipología *temprana* una escudilla con pie anular entre las registradas en el Convento de San Francisco de La República Dominicana (Goggin, 1968: Fig. 4 d), por lo que debemos considerar otros indicadores cronológicos a la hora de la clasificación definitiva.

Fig. 4.9. Detalle del cuadro de Velázquez *"Triunfo de Baco" o "Los borrachos"* (1628–1629). El personaje central sostiene una escudilla de la *serie blanca sevillana*. (© Archivo Fotográfico Museo Nacional del Prado).

A partir de este estudio confirmó que las piezas recuperadas en las unidades estratigráficas fechadas entre 1458 y 1495 mostraban asociaciones entre algunos de los atributos. Por ejemplo, las bases cóncavas estaban vinculadas a los esmaltes brillantes, a la presencia de apéndices y a las cubiertas parciales de vidriado verde. Por otro lado, las escudillas registradas en el segundo momento de ocupación, fechado entre 1530–1540, estaban elaboradas con cubiertas mates, desarrollaban un pie anular y en ellas desaparecían tanto las aplicaciones de vidriado verde como los apéndices (Boone, 1984: 76–86).

Para completar las variables morfológicas de las escudillas, Boone identificó dos tipos de fondos. Un tipo cóncavo, en una escudilla de unos 12,7 cm de diámetro; y otro tipo de fondo ligeramente hundido en escudillas de unos 14,3 cm de diámetro.

Por otro lado, gracias a diferentes intervenciones arqueológicas realizadas con posterioridad, como es el caso del Antiguo Hospital Real de Cádiz[59] o de algunos pecios de la Armada Española, hemos comprobado que la *serie blanca sevillana* continuó produciéndose a lo largo de los siglos XVII y XVIII. A partir de la publicación de sus hallazgos, hemos identificado otros perfiles con algunas de las características propias de las escudillas del siglo XVIII, como son la existencia de una depresión central en los fondos (Fig. 4.10) y que mantienen un pie anular recortado con una herramienta empleada al efecto, lo que muestra a simple vista que aquellos tazones se realizaron a molde, boca abajo, sobre una plantilla y en grandes cantidades (Marken, 1994: 164).

Los diferentes tipos de fondo registrados en las escudillas nos están indicando, probablemente, que estamos ante otro identificador morfológico *tardío* que nos ayudará a clasificar las escudillas de la *serie blanca sevillana*.

Proceso de estudio

Para resolver las dudas de cómo clasificar las escudillas de la *serie blanca sevillana* recuperadas entre los restos del antiguo Convento de San Francisco, seleccionamos, en primer lugar, las escudillas con bases cóncavas, y vimos que

---

[59] *Cádiz al fin del milenio. Cinco años de arqueología en la ciudad (1995–2000)*. Catálogo de la exposición, Museo de Cádiz. Enero-Marzo 2002, p. 85.

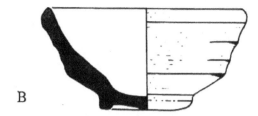

B

FIG. 5.17   Columbia Plain escudillas. (A–B) from the *Tolosá* or *Guadalupe* (1724).

Fig. 4.10. Escudilla de la *serie blanca sevillana* con depresión central ilustrada por Mitchel W. Marken, procedente de un pecio del siglo XVIII (Marken, 1994: 164).

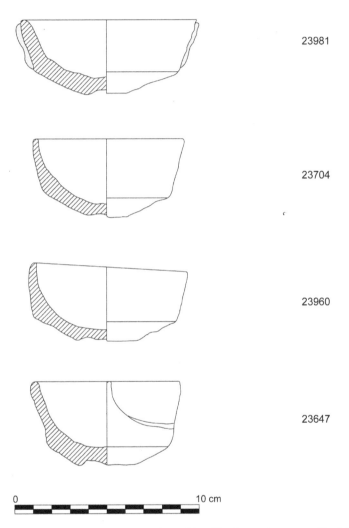

23981

23704

23960

23647

0   10 cm

Fig. 4.11. Variedad de perfiles de escudillas pequeñas o especieros identificados en la excavación del antiguo Convento de San Francisco de Asís de Las Palmas de Gran Canaria.

existían dos tamaños: escudillas pequeñas (Fig. 4.11), denominadas también especieros en algunas publicaciones y las escudillas propiamente dichas, cuyas bocas oscilan entre 11 y 15 cm de diámetro (Fig. 4.12 y 4.13).

Por otro lado, para el caso de las escudillas que desarrollaban un pie anular, partíamos del supuesto de que todas correspondían *a priori* a cronologías *tardías*.

Sin embargo, en el apartado dedicado al proceso de elaboración, vimos cómo las escudillas se trabajaban al revés, boca abajo, sobre una horma fijada al torno. La consecuencia de este procedimiento es que quedó una huella en el fondo de los recipientes. De este modo, siguiendo los estudios de Boone y Marken identificamos **tres tipos de fondo** entre las escudillas con pie anular, por lo que procedimos a analizar la frecuencia de los tipos de fondo con sus correspondientes bases, junto al resto de identificadores tecnológicos propuestos, pues podrían constituir nuevos indicadores cronológicos.

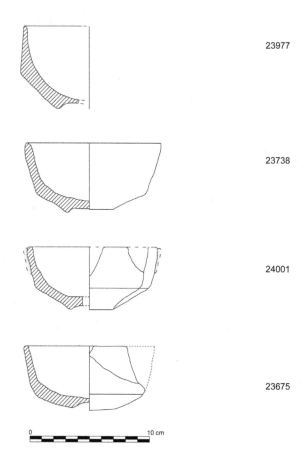

23977

23738

24001

23675

0   10 cm

Fig. 4.12. **Variedad de perfiles de escudillas** *tempranas* **de base cóncava de la** *serie blanca sevillana* **identificadas en la excavación del antiguo Convento de San Francisco de Asís.**

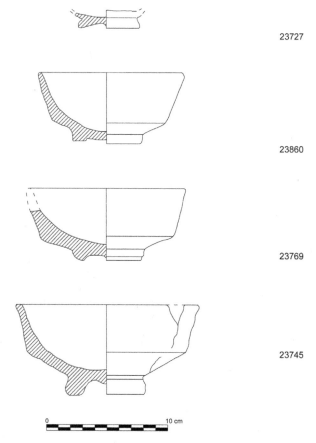

23727

23860

23769

23745

0   10 cm

Fig. 4.13. Escudillas de fondo cóncavo de la *serie blanca sevillana.*

Fondo cóncavo

En este caso, el interior de las escudillas se presenta perfectamente redondeado, sin inflexión (Fig. 4.13).

Con respecto a la frecuencia de este tipo de fondo cóncavo asociado a los diferentes grupos de clasificación, según los identificadores tecnológicos, obtuvimos los siguientes resultados:

Puede apreciarse como los fondos cóncavos predominan en los grupos segundo y tercero, asociados, por tanto, a una cronología del **siglo XVI**.

Fondo ligeramente hundido

En el interior de las escudillas con fondo ligeramente hundido se aprecia una suave inflexión en el fondo fruto de trabajar los recipientes boca abajo sobre una horma fijada al torno (Fig. 4.14).

Con respecto a las escudillas con fondo ligeramente hundido observamos que la frecuencia de fondos ligeramente hundidos desciende notablemente en el segundo grupo, mientras que aumenta en el tercero. A su vez, su presencia es más destacada en el cuarto grupo. Por tanto, corresponderían con morfologías propias de la segunda mitad del siglo XVI, así como a las primeras décadas del siglo XVII.

Fondo hundido

Estas escudillas se caracterizan por presentar una fuerte depresión central en el fondo del recipiente fruto de trabajarlas sobre un molde, en la cabeza del torno y boca abajo. La diferencia con el tipo anterior es que los pies anulares se convierten en pies casi planos (Fig. 4.15).

En este último caso la presencia de fondos hundidos es prácticamente imperceptible en el segundo grupo, mientras que se mantiene en el tercer grupo, aumentando ligeramente en el cuarto; por tanto, podemos asociar también este tipo morfológico a la **segunda mitad del siglo XVI** y **primera mitad del XVII**.

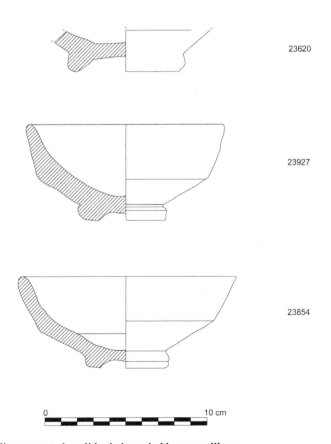

Fig. 4.14. Escudillas de fondo ligeramente hundido de la *serie blanca sevillana*.

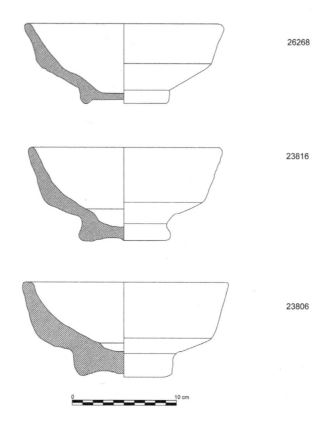

26268

23816

23806

0   10 cm

Fig. 4.15. Escudillas de fondo hundido de la *serie blanca sevillana*.

Por otro lado, durante el inventario observamos diferentes acabados en la manufactura de los anillos de los pies. Al tratarse de morfologías presentes en los diferentes grupos de clasificación propuestos, pensamos que podrían representar señas de identificación de los alfares repartidos a lo largo del Guadalquivir. Hemos identificado cinco **tipos de anillos** diferentes entre las escudillas "franciscanas", lo que podría servir a futuras investigaciones en las que aparezca el mismo tipo de material bien contextualizado. Son los siguientes:

- Pie anular de sección cuadrangular. Ejemplar nº 23.860 (3º grupo cronológico).
- Pie anular muy pequeño, de escudilla con fondo cóncavo. Ejemplar nº 23.769 (2º grupo cronológico).
- Pie anular de sección semicircular de 1 cm de grosor. Ejemplar nº 23.745 (2º grupo cronológico).
- Pie anular moldurado, casi plano, de escudilla de fondo hundido. Ejemplar nº 23.816 (3º grupo cronológico).
- Pie anular se sección oblicua o discoidal. Ejemplar nº 23.727 (2º grupo cronológico).

Aprovechando los indicadores señalados en el estudio de las escudillas realizado por Boone, añadimos algunos campos en nuestra base de datos. En ella especificamos si las escudillas presentaban bases cóncavas o desarrollaban un pie anular, cuál era el tipo de fondo, cóncavo, ligeramente hundido o hundido; o si iban adornadas con apéndices de oreja o de falange.

Por otro lado, para resolver la clasificación del material "franciscano" volvimos a hacer uso de los indicadores planteados para los platos de la *serie blanca lisa*, es decir, si presentaban o no aplicaciones parciales de vidriado verde sobre la cubierta; cuál era el tipo de pasta y del brillo de la cubierta estannífera. Los incluimos finalmente dentro de cada uno de los cuatro grupos propuestos inicialmente en la hipótesis de partida.

Por último, siempre que el perfil o el tamaño del recipiente nos lo permitieran, hicimos una reconstrucción completa de las escudillas para tomar las medidas y obtener los diferentes tamaños, obteniendo la clasificación que exponemos en el catálogo.

Discusión cronológica

La primera propuesta de clasificación corresponde a John Goggin, quien dividió entre producciones *tempranas* (1493–1575) y *tardías* (1575–1650) asociadas a los indicadores morfológicos mencionados (Goggin, 1968: 124).

Boone, por su lado, asigna las fechas entre 1458 y 1530 a las piezas con identificadores *tempranos*, es decir, las bases cóncavas, la presencia de apéndices y las aplicaciones parciales de vidriado verde. Asimismo incluye en esta clasificación a las escudillas cubiertas con esmalte brillantes. Por otro lado, Boone determina un periodo *tardío* a las escudillas fechadas entre 1530 y 1540 aproximadamente; pero para él estas características se corresponden con la ausencia de vidriado verde y la desaparición de los apéndices. Se trata, en este caso, de piezas cubiertas con engobes mates (Boone, 1984: 76–86).

Uno años más tarde, Kathleen Deagan establece una tipología en la que incluye las escudillas de base cóncava en la primera mitad del siglo XVI, mientras que las que desarrollan el pie anular corresponderían a la segunda mitad de esa centuria (Deagan, 1987: 55. Fig. 4.24).

Si utilizamos estas referencias morfológicas para catalogar las escudillas andaluzas que recuperamos en la excavación de "San Francisco", debemos tener en cuenta que en el primer cuarto del siglo XVI ya se elaboraban escudillas en las que está presente el pie anular, algo que ya sucede en las clasificaciones de Goggin (Goggin, 1968: Fig. 4 d) y, por tanto, no es indicativo de producciones *tardías* exclusivamente.

En estudios tipológicos ilustrados en trabajos andaluces se integra también, dentro del siglo XVI, tanto a las escudillas de bases cóncavas como las de pie anular (Pleguezuelo y Lafuente, 1995: Fig. 18.18).

Publicaciones más recientes sobre el mudejarismo sevillano y los antecedentes de la *serie blanca sevillana* confirman la presencia de escudillas de hasta cuatro perfiles y tamaños diferentes, fechados en el siglo XV y en las que no se ha desarrollado el pie anular (Huarte y Somé, 2001: 913–921). Entre las producciones del siglo XV se pueden apreciar asimismo escudillas con asas de orejas y las variantes de apéndices verticales, frecuentemente vidriadas en verde. Se incluyen también las piezas con aplicaciones parciales de vidriado verde. Un repertorio decorativo que pervive, para los autores andaluces, hasta mediados del siglo XVI (Pleguezuelo y Lafuente, 1995: 228).

A partir del estudio de algunos pecios publicados por Marken (1994: 152), sabemos que la producción de escudillas de la *serie blanca sevillana* continúa a lo largo del siglo XVII, y que en ellas ya no aparecen ni asas, ni las cubiertas de vidriado verde. Marken observa, por ejemplo, que en el pecio "Atocha" (1622) ya no hay escudillas de bases cóncavas y que todas tienen pies anulares. Otros hallazgos corresponden a los pecios "Tolosá" (1724)[60] y el "Guadalupe" (1724).

En ellos se registran además 6 platos, 19 escudillas y 2 jarros, con lo que se demuestra asimismo que a principios del XVIII la producción de la *serie blanca sevillana* era todavía popular en las embarcaciones que zarpaban desde la Península Ibérica (Marken, 1994: 163). El "San José" (1733), es el pecio de cronología más *tardía* en el que aparecen restos de la *serie blanca lisa*; mientras que en el "Nuevo Constante" (1766) ya no existe ningún ejemplar (Marken, 1994: 142).

Resultado final

En el conjunto de escudillas recuperadas en la intervención del antiguo Convento de San Francisco de Asís de Las Palmas de Gran Canaria siguen predominando los ejemplares producidos a lo largo del **siglo XVI,** tanto de la primera como de la segunda mitad del siglo.

Desde el punto de vista morfológico confirmamos que, si bien las escudillas de base cóncava son producciones *tempranas* atribuidas a la primera mitad del siglo XVI, de modo paralelo ya se producen también escudillas con pies anulares en las primeras décadas del Quinientos, caracterizados por tener fondos cóncavos y pies pequeños.

Si atendemos a los criterios morfológicos expuestos por los autores americanos, todas las escudillas que tiene un pie anular se incluirían en cronologías *tardías*, pero las fechas varían según los autores estudiados: Entre 1500 y 1540 para Boone; entre 1575 y 1650 para Goggin; entre 1550 y 1650 para Deagan; y, por último, entre 1588 a 1733 si nos basamos en los hallazgos de los pecios de Marken.

---

[60] *Navegantes y náufragos. Galeones en la ruta del mercurio.* Catálogo de la exposición. Fundación "La Caixa". Museo de la Ciencia. Barcelona, 1996, p. 83.

La cerámica "blanca lisa" del convento franciscano de Las Palmas de Gran Canaria

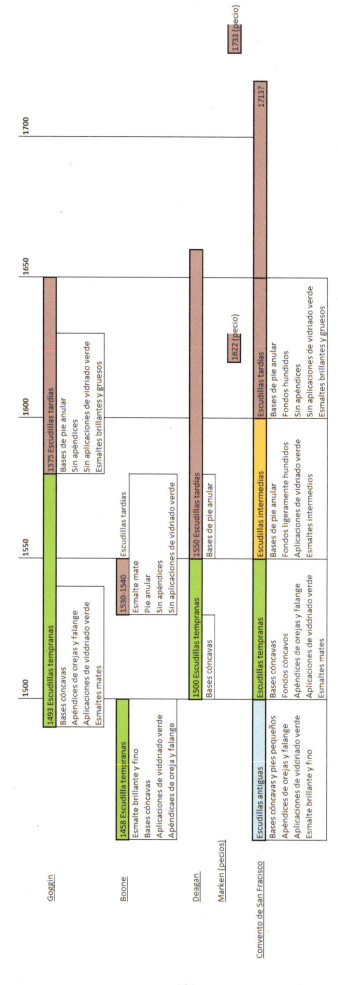

Fig. 4.16. Fechas asignadas como periodos *temprano, intermedio y tardío*, por los autores americanos, junto a nuestra propuesta cronológica de las etapas de producción de las escudillas de la *serie blanca sevillana*.

104

De alguna manera todos estos autores tienen razón, pues el pie anular se desarrolla entre los siglos XVI y XVII, sin embargo al tratarse de un abanico cronológico tan amplio, necesitábamos otros criterios o indicadores para clasificar este tipo cerámico.

Por un lado, consideramos que el tipo de fondo practicado en el interior de las escudillas es también un indicador cronológico, por lo que proponemos que los fondos cóncavos son anteriores en el tiempo.

Por otro lado, con respecto a las aplicaciones con vidriado verde, hemos registrado 23 fragmentos que incluimos en el tercer grupo de clasificación. En este caso lo que confirmamos es que las producciones *intermedias* o de transición caracterizadas por la combinación de atributos *tempranos* (aplicación parcial de vidriado verde) con los *tardíos* (desarrollo de un pie anular), se practicaron a lo largo de la **segunda mitad del siglo XVI**.

Por tanto, la adscripción a la primera o segunda mitad del siglo XVI de las escudillas con o sin aplicaciones de vidriado verde, con base cóncava o pie anular, se define mejor en función del tipo de cubierta estannífera (mate o brillante) que se aplicó sobre la vajilla cerámica. Creemos que de este modo se refuerza nuestra hipótesis de partida, es decir, que el tipo de pasta y el tipo de cubierta estannífera son indicadores cronológicos a tener en cuenta a la hora del análisis de las series andaluzas y que los atributos morfológicos no son suficientes por sí solos para catalogar el material cerámico.

Los cambios tecnológicos se deben probablemente a las nuevas técnicas introducidas por alfareros europeos, sobre todo italianos, como queda reflejada en la documentación existente. La doble producción paralela manifiesta la convivencia de los alfareros de tradición morisca y europeos a lo largo del siglo XVI; a su vez, se observa como las producciones europeas fueron sustituyendo progresivamente a las moriscas a lo largo del siglo XVII, aunque sin desaparecer definitivamente.

Catálogo

Entre los restos de la excavación de "San Francisco" hemos registrado diferentes tamaños de escudillas. De este modo, atendiendo al diámetro de la boca podemos distinguir entre escudillas pequeñas, escudillas estándares y escudillas grandes. Las clasificamos por separado porque entendemos cumplieron funciones diferentes.

A) Escudilla pequeña

Se trata de un recipiente de pequeñas dimensiones de base cóncava y cuerpo carenado, con bordes que oscilan entre 9 y 10 cm de diámetro.

De los 57 fragmentos de escudillas pequeñas registradas en la excavación, 37 corresponden a bases o perfiles incompletos. De éstos hemos seleccionado cuatro perfiles diferentes (Fig. 4.11).

Si atendemos solo a los criterios morfológicos estaríamos ante piezas *tempranas* en todos los casos, a juzgar por el tipo de base cóncava. Pero ¿cuál sería la fecha asignada si utilizamos los indicadores de tipo de pasta y tipo de esmalte a partir de nuestra hipótesis de partida?

A) 1.3.1. Escudillas pequeñas antiguas (1483–1500)

Esmalte brillante, fino y transparente (1° grupo)

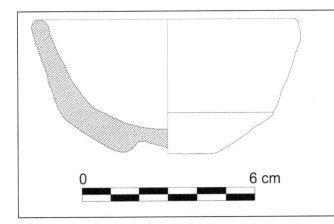

0   6 cm

Nº de inventario: 23.871
Objeto: Escudilla pequeña.
Procedencia: Sevilla.
Serie: *Serie blanca sevillana.*
Cronología: 1483–1500.
Medidas: 0,9 cm grosor de la pared; 6 cm de largo; 6,6 cm de ancho; 4,6 cm de alto.
Descripción: Base-pared-borde de escudilla pequeña incompleta de base cóncava y cuerpo carenado, borde curvo y labio redondeado.
Color de la pintura: Sin decoración.
Pasta: Ocre pálido. Textura: Intermedia. Desgrasante: Fino con intrusiones canelas.
Esmalte: Brillante y fino.
Observaciones: Contaminado de melado.

A) 1.3.2. Escudillas pequeñas tempranas (1500–1550)

Esmalte mate (2° grupo)

De los 28 fragmentos hemos seleccionado los siguientes ejemplares:

a) Escudillas pequeñas de base cóncava

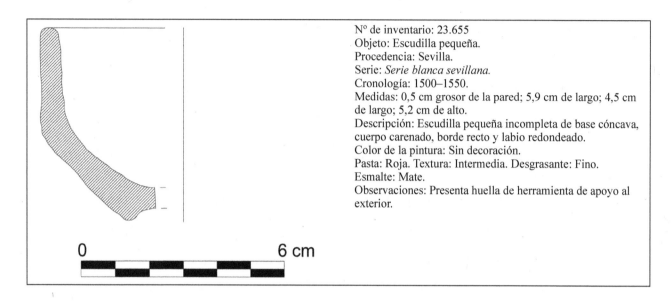

Nº de inventario: 23.655
Objeto: Escudilla pequeña.
Procedencia: Sevilla.
Serie: *Serie blanca sevillana.*
Cronología: 1500–1550.
Medidas: 0,5 cm grosor de la pared; 5,9 cm de largo; 4,5 cm de largo; 5,2 cm de alto.
Descripción: Escudilla pequeña incompleta de base cóncava, cuerpo carenado, borde recto y labio redondeado.
Color de la pintura: Sin decoración.
Pasta: Roja. Textura: Intermedia. Desgrasante: Fino.
Esmalte: Mate.
Observaciones: Presenta huella de herramienta de apoyo al exterior.

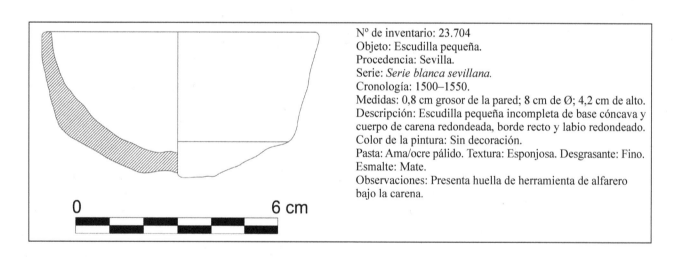

Nº de inventario: 23.704
Objeto: Escudilla pequeña.
Procedencia: Sevilla.
Serie: *Serie blanca sevillana.*
Cronología: 1500–1550.
Medidas: 0,8 cm grosor de la pared; 8 cm de Ø; 4,2 cm de alto.
Descripción: Escudilla pequeña incompleta de base cóncava y cuerpo de carena redondeada, borde recto y labio redondeado.
Color de la pintura: Sin decoración.
Pasta: Ama/ocre pálido. Textura: Esponjosa. Desgrasante: Fino.
Esmalte: Mate.
Observaciones: Presenta huella de herramienta de alfarero bajo la carena.

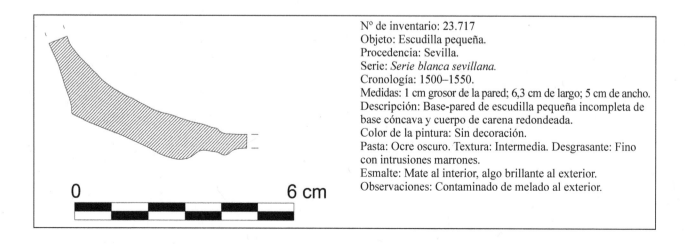

Nº de inventario: 23.717
Objeto: Escudilla pequeña.
Procedencia: Sevilla.
Serie: *Serie blanca sevillana.*
Cronología: 1500–1550.
Medidas: 1 cm grosor de la pared; 6,3 cm de largo; 5 cm de ancho.
Descripción: Base-pared de escudilla pequeña incompleta de base cóncava y cuerpo de carena redondeada.
Color de la pintura: Sin decoración.
Pasta: Ocre oscuro. Textura: Intermedia. Desgrasante: Fino con intrusiones marrones.
Esmalte: Mate al interior, algo brillante al exterior.
Observaciones: Contaminado de melado al exterior.

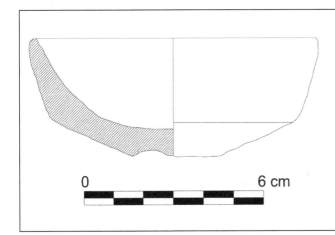

Nº de inventario: 23.741
Objeto: Escudilla pequeña.
Procedencia: Sevilla.
Serie: *Serie blanca sevillana.*
Cronología: 1500–1550.
Medidas: 0,8 cm grosor de la pared; 5,8 cm de largo; 7,6 cm de ancho; 4,1 cm de alto; 3,1 cm Ø de base.
Descripción: Base-pared-borde de escudilla pequeña incompleta de base cóncava y cuerpo de carena redondeada, borde recto y labio redondeado.
Color de la pintura: Sin decoración.
Pasta: Ocre oscuro. Textura: Intermedia. Desgrasante: Fino con intrusiones marrones.
Esmalte: Mate, de tonalidad verdosa al exterior.
Observaciones: Presenta huella de apoyo sobre la carena, al exterior.

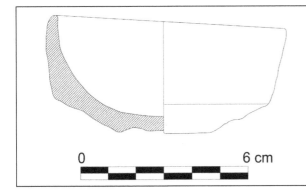

Nº de inventario: 23.960
Objeto: Escudilla pequeña.
Procedencia: Sevilla.
Serie: *Serie blanca sevillana.*
Cronología: 1500–1550.
Medidas: 0,8 cm grosor de la pared; 9 cm de Ø máximo; 4 cm de alto.
Descripción: Escudilla pequeña incompleta de base cóncava, cuerpo de carena angulosa y baja, borde recto y labio redondeado.
Color de la pintura: Sin decoración.
Pasta: Ocre pálido. Textura: Esponjosa. Desgrasante: Fino.
Esmalte: Mate al exterior, nacarado al interior.

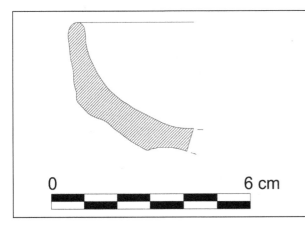

Nº de inventario: 23.962
Objeto: Escudilla pequeña.
Procedencia: Sevilla.
Serie: *Serie blanca sevillana.*
Cronología: 1500–1550.
Medidas: 1 cm grosor de la pared; 3,6 cm de largo; 4,5 cm de ancho; 4,2 cm de alto.
Descripción: Base-pared-borde de escudilla pequeña incompleta de base cóncava, cuerpo de carenado, borde recto y labio redondeado.
Color de la pintura: Sin decoración.
Pasta: Ocre pálido. Textura: Intermedia. Desgrasante: Fino con intrusiones marrones.
Esmalte: Mate.
Observaciones: Presenta huella de trípode al interior.

b) Escudillas pequeñas con asas de falange vidriadas verdes

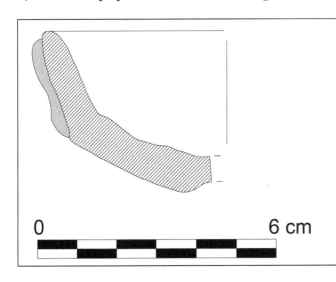

Nº de inventario: 23.981
Objeto: Escudilla pequeña.
Procedencia: Sevilla.
Serie: *Serie blanca sevillana.*
Cronología: 1500–1550.
Medidas: 1 cm grosor de la pared; 6,3 cm de ancho; 3,8 cm de alto.
Descripción: Fragmento de escudilla pequeña de base cóncava y cuerpo carenado, borde recto y labio redondeado. Conserva uno de los dos apéndices de falange vidriados en verde.
Color de la pintura: Vidriado verde sobre el apéndice de falange.
Pasta: Ama/ocre. Esmalte: Mate. Textura: intermedia. Desgrasante: Fino.
Observaciones: El tamaño de las asas de falange no es proporcional al recipiente, sino que mantiene las mismas medidas que en las escudillas estándares.

A) 1.3.3. Escudillas pequeñas intermedias (1550–1600)

Esmalte intermedio (3° grupo)

De los 25 fragmentos hemos seleccionado los siguientes ejemplares:

a) Escudillas pequeñas de base cóncava

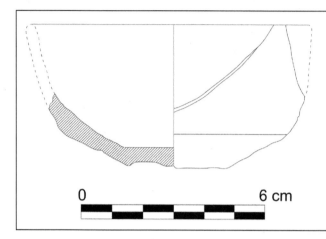

N° de inventario: 23.589
Objeto: Escudilla pequeña.
Procedencia: Sevilla.
Serie: *Serie blanca sevillana.*
Cronología: 1550–1600.
Medidas: 0,6 cm grosor de la pared; 9 cm de Ø máximo; 4 cm de alto.
Descripción: Escudilla pequeña incompleta de base cóncava -casi plana- y cuerpo carenado, borde recto y labio redondeado.
Color de la pintura: Sin decoración.
Pasta: Ama/ocre pálido. Textura: Intermedia. Desgrasante: Fino con intrusiones canelas.
Esmalte: Intermedio.
Observaciones: Presenta huella de apoyo al exterior, sobre la carena.

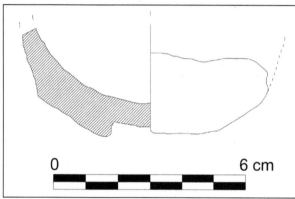

N° de inventario: 23.593
Objeto: Escudilla pequeña.
Procedencia: Sevilla.
Serie: *Serie blanca sevillana.*
Cronología: 1550–1600.
Medidas: 0,5 cm grosor de la pared; 4,3 cm de largo; 7,6 cm de ancho; 3,2 cm de alto.
Descripción: Base-pared de escudilla pequeña de base cóncava -casi plana- y cuerpo de carenado.
Color de la pintura: Sin decoración.
Pasta: Ocre pálido. Textura: Intermedia. Desgrasante: Muy fino.
Esmalte: Intermedio y craquelado.
Observaciones: Presenta una huella de atifle al exterior y al interior. Huella de herramienta al exterior, junto a la base.

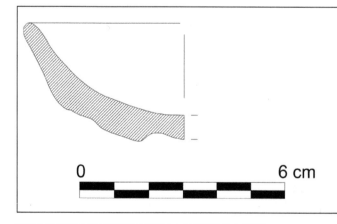

N° de inventario: 23.637
Objeto: Escudilla pequeña.
Procedencia: Sevilla.
Serie: *Serie blanca sevillana.*
Cronología: 1550–1600.
Medidas: 0,8 cm grosor de la pared; 5,6 cm de largo; 6,7 cm de ancho; 3,6 cm de alto.
Descripción: Base-pared-borde de escudilla pequeña incompleta de base cóncava, cuerpo de carenado, borde recto y labio redondeado.
Color de la pintura: Sin decoración.
Pasta: Ama/ocre pálido. Textura: Intermedia. Desgrasante: Muy fino.
Esmalte: Intermedio, de tonalidad rosada al exterior.
Observaciones: Presenta huella de herramienta al exterior.

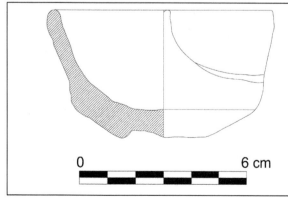

N° de inventario: 23.647
Objeto: Escudilla pequeña.
Procedencia: Sevilla.
Serie: *Serie blanca sevillana.*
Cronología: 1550–1600.
Medidas: 0,8 cm grosor de la pared; 8 cm de Ø máximo; 4,6 cm de alto.
Descripción: Escudilla pequeña incompleta de base cóncava, cuerpo de carena baja y moldurada, borde recto y labio redondeado. La base al exterior se percibe recortada y mejor hecha.
Color de la pintura: Sin decoración.
Pasta: Amarilla. Textura: Intermedia. Desgrasante: Fino.
Esmalte: Intermedio de tonalidad rosada. Grueso y mate.
Observaciones: Presenta huella de atifle al exterior, en la base.

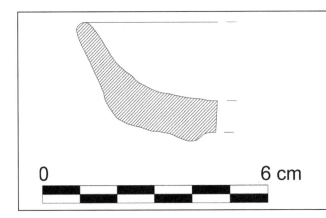

Nº de inventario: 26.618
Objeto: Escudilla pequeña.
Procedencia: Sevilla.
Serie: *Serie blanca sevillana.*
Cronología: 1550–1600.
Medidas: 1,2 cm grosor de la pared; 4,9 cm de largo; 4,7 cm de ancho.
Descripción: Base-pared-borde de escudilla pequeña con base cóncava, cuerpo carenado, borde recto y labio redondeado.
Color de la pintura: Sin decoración.
Pasta: Ama/ocre. Textura: Intermedia. Desgrasante: Fino.
Esmalte: Intermedio.
Observaciones: Presenta una huella de apoyo al exterior, sobre la carena.

A) 1.3.4. Escudillas pequeñas tardías (1600–1650 ó hasta ¿1713?)

Esmalte grueso y brillante (4º grupo)

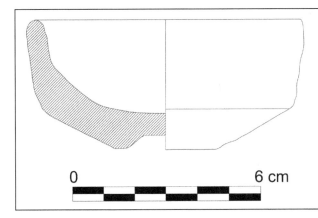

Nº de inventario: 26.441
Objeto: Escudilla pequeña.
Procedencia: Sevilla.
Serie: *Serie blanca sevillana.*
Cronología: 1600–1650 ó hasta ¿1713?
Medidas: 1,2 cm grosor de la pared; 5,5 cm de largo; 6,7 cm de ancho; 4 cm de alto.
Descripción: Base-pared de escudilla pequeña con base cóncava, fondo plano y cuerpo carenado.
Color de la pintura: Sin decoración.
Pasta: Ocre oscuro, casi rojizo Textura: Intermedia.
Desgrasante: Fino.
Esmalte: Brillante y verdoso.

Resultado final

El primer resultado que nos llama la atención es la existencia de tan solo una escudilla pequeña del primer grupo, fechada, por tanto, en la **última década del siglo XV**.

Por otro lado, podemos observar cómo la producción de escudillas pequeñas de base cóncava predominan a lo largo de todo **el siglo XVI,** tanto en la primera como en la segunda mitad de la centuria. Se confirmaría, de este modo, la teoría de los autores americanos estudiados, quienes afirman que las producciones de escudillas con bases cóncavas son propias del siglo XVI, extinguiéndose **en el siglo XVII**.

Del mismo modo hemos registrado tan solo un borde y una escudilla pequeña con las características propias de las producciones *tardías*. Puede suceder que al tratarse de un tipo de pequeñas dimensiones, los alfareros continuaran elaborándolas sin variar su morfología a lo largo del **siglo XVII**.

B) Las escudillas

Los bordes de las escudillas estándares miden entre 11 y 15 cm de diámetro. Las características morfológicas generales que definen a las escudillas *tempranas* son la base cóncava y el cuerpo carenado; así como la aplicación ocasional de asas de falange, vidriadas en verde, o en su caso, asas de oreja festoneada. Se consideran también escudillas *tempranas* aquellas que llevan aplicaciones parciales de vidriado verde sobre la cubierta estannífera (Goggin, 1968: 117–126).

Sin embargo, haciendo uso de la combinación de los criterios morfológicos, junto a los indicadores temporales del tipo de pasta y el tipo de cubierta que les fue aplicado, obtuvimos los siguientes resultados:

B) 1.3.1. Escudillas antiguas (1486–1500)

Esmalte brillante, fino y transparente (1º grupo)

Recuperamos un total de 10 fragmentos, entre los que se encuentra 1 borde, 4 paredes y 5 pared-borde, elaboradas con una pasta de tipo esponjoso o "morisco". De ellos registramos solamente un perfil completo que describimos a continuación:

a) Escudillas de base cóncava

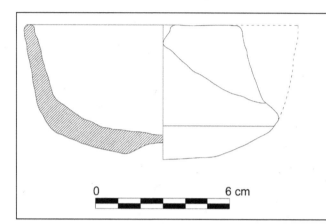

Nº de inventario: 23.675
Objeto: Escudilla.
Procedencia: Sevilla.
Serie: *Serie blanca sevillana.*
Cronología: ¿1486–1500?
Medidas: 0,6 cm grosor de la pared; 12 cm de Ø máximo; 5,7 cm de alto.
Descripción: Una base-pared-borde de escudilla de base cóncava, cuerpo de carena redondeada, borde curvo y labio redondeado. El fondo es cóncavo.
Color de la pintura: Sin decoración.
Pasta: Ama/ocre pálido. Textura: Esponjosa. Desgrasante: Fino.
Esmalte: Brillante y fino. Contaminado de melado.
Observaciones: Presenta huella de atifle al interior.

0   6 cm

B) 1.3.2. Escudillas tempranas (1500–1550)

Esmalte mate (2º grupo)

Registramos 164 fragmentos de escudillas con las características del segundo grupo. De ellos, 19 fragmentos corresponden a bases; 8 a bases-pared; 9 son perfiles de base-pared-borde; 1 perfil con apéndice; 1 pared con arranque de asa; 3 paredes-borde con apéndice y 2 tazones incompletos. De ellos hemos hecho la siguiente selección:

a) Escudillas de base cóncava

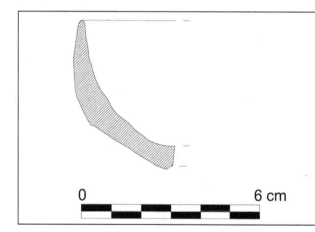

Nº de inventario: 23.625
Objeto: Escudilla.
Procedencia: Sevilla.
Serie: *Serie blanca sevillana.*
Cronología: 1500–1550.
Medidas: 0,6 cm grosor de la pared; 6,8 cm de largo; 6,5 cm de largo; 5,4 cm de alto.
Descripción: Base-pared-borde de escudilla de base cóncava, cuerpo carenado, borde curvo y labio redondeado.
Color de la pintura: Sin decoración.
Pasta: Ocre oscuro. Textura: Intermedia. Desgrasante: Muy fino.
Esmalte: Mate.
Observaciones: Esmalte concrecionado.

0   6 cm

b) Escudillas con asas de falange vidriadas verdes

Registramos 2 escudillas incompletas, así como 5 fragmentos más en los que se aprecia parte del apéndice de falange vidriado en verde.

Los nº 24.001 y 24.065 son los que corresponden a dos escudillas incompletas de 14 y 13,5 cm de diámetro respectivamente, con asas de falange vidriadas en verde. Con cubierta estannífera mate y pasta color ocre rojizo. Ambas escudillas son prácticamente exactas. Lo que las diferencia es el baño estannífero, uno bien efectuado de engobe liso y opaco, mientras que el otro fue aplicado de manera descuidada. Otra diferencia es el color de la cubierta, que adquiere un color verdoso en el recipiente peor elaborado.

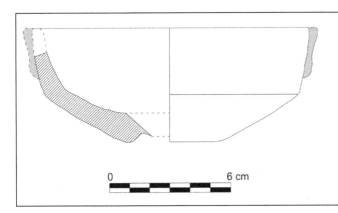

Nº de inventario: 23.984
Objeto: Escudilla.
Procedencia: Sevilla.
Serie: *Serie blanca sevillana.*
Cronología: 1500–1550.
Medidas: 1,3 cm grosor de la pared; 14 cm de Ø máximo; 5,4 cm de alto.
Descripción: Pared-borde-base de escudilla de base cóncava, cuerpo carenado, borde recto y labio redondeado. Tiene apéndice de falange vidriado en verde.
Color de la pintura: Vidriado verde sobre el apéndice de falange.
Pasta: Ocre rojizo. Textura: Intermedia. Desgrasante: Fino.
Esmalte: Mate.

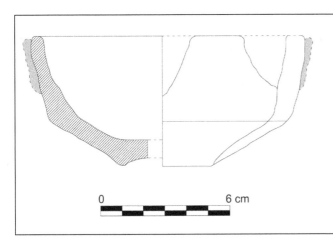

Nº de inventario: 24.001
Objeto: Escudilla.
Procedencia: Sevilla.
Serie: *Serie blanca sevillana.*
Cronología: 1500–1550.
Medidas: 0,9 cm grosor de la pared; 13,5 cm de Ø máximo; cm; 6 cm de alto; 5,5 cm Ø de la base.
Descripción: Escudilla incompleta de base cóncava, cuerpo carenado y borde recto de labio redondeado. Decorada con un par de asas de "falange" verticales vidriadas en verde, aplicadas sobre el borde.
Color de la pintura: Vidriado verde sobre los apéndices de falange.
Pasta: Ocre rojizo. Textura: Intermedia. Desgrasante: Muy fino.
Esmalte: Mate.

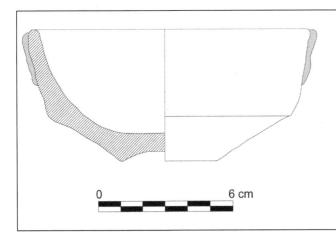

Nº de inventario: 24.065
Objeto: Escudilla.
Procedencia: Sevilla.
Serie: *Serie blanca sevillana.*
Cronología: 1500–1550.
Medidas: 1,1 cm grosor de la pared; 13 cm de Ø máximo; 7,3 cm de altura; 4,5 cm Ø de la base.
Descripción: Escudilla incompleta de base cóncava, cuerpo carenado y borde recto de labio redondeado. Decorada con un par de asas de "falange" vidriadas en verde, aplicadas sobre el borde.
Color de la pintura: Vidriado verde sobre los apéndices de falange.
Pasta: Ocre rojizo. Textura: Intermedia. Desgrasante: Muy fino.
Esmalte: Mate de tonalidad celeste.

c) Escudillas con base de pie anular

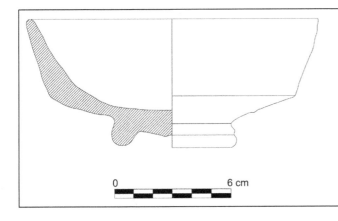

Nº de inventario: 23.626
Objeto: Escudilla.
Procedencia: Sevilla.
Serie: *Serie blanca sevillana.*
Cronología: 1500–1550.
Medidas: 0,8 cm grosor de la pared; 4,1 cm de largo; 6,4 cm de ancho; 2 cm de alto.
Descripción: Base-pared-borde de escudilla incompleta de pie anular, de sección semicircular, cuerpo carenado, borde recto y labio redondeado. Fondo cóncavo. Color de la pintura: Sin decoración.
Pasta: Amarilla. Textura: Intermedia. Desgrasante: Muy fino.
Esmalte: Mate y fino.
Observaciones: El esmalte se levanta.

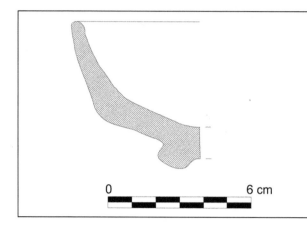

Nº de inventario: 23.640
Objeto: Escudilla.
Procedencia: Sevilla.
Serie: *Serie blanca sevillana.*
Cronología: 1500–1550.
Medidas: 0,7 cm grosor de la pared; 6,8 cm de largo; 9,6 cm de ancho; 6,9 cm de alto.
Descripción: Base-pared-borde de escudilla incompleta de pie anular (mal ejecutado), de sección cuadrangular, cuerpo carenado, borde recto y labio redondeado. El fondo es cóncavo.
Color de la pintura: Sin decoración.
Pasta: Ama/ocre. Textura: Intermedia. Desgrasante: Fino con intrusiones marrones de 4 mm de espesor.
Esmalte: Mate al exterior, brillante y fino al interior.

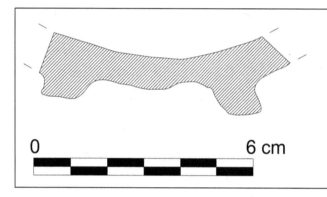

Nº de inventario: 23.676
Objeto: Escudilla.
Procedencia: Sevilla.
Serie: *Serie blanca sevillana.*
Cronología: 1500–1550.
Medidas: 1 cm grosor de la pared; 6,2 cm de largo; 6,7 cm de ancho; 6 cm Ø de la base.
Descripción: Base-pared de escudilla de pie anular de sección cuadrangular, cuerpo carenado. El fondo es cóncavo.
Color de la pintura: Sin decoración.
Pasta: Ocre pálido. Textura: Intermedia. Desgrasante: Fino con intrusiones canelas.
Esmalte: Fino, de tonalidad entre rosada y verdosa.

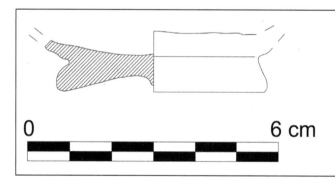

Nº de inventario: 23.727
Objeto: Escudilla.
Procedencia: Sevilla.
Serie: *Serie blanca sevillana.*
Cronología: 1500–1550.
Medidas: 0,7 cm grosor de la pared; 6,5 cm Ø de la base; 1,8 cm de alto.
Descripción: Base de pie anular achatado (discoidal). El fondo es cóncavo.
Color de la pintura: Sin decoración.
Pasta: Ocre. Textura: Esponja. Desgrasante: Fino.
Esmalte: Mate de tonalidad celeste.

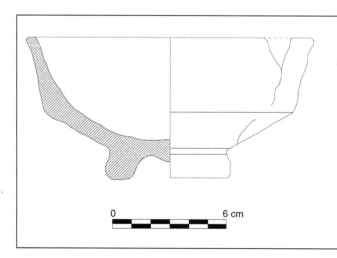

Nº de inventario: 23.745
Objeto: Escudilla.
Procedencia: Sevilla.
Serie: *Serie blanca sevillana.*
Cronología: 1500–1550.
Medidas: 0,9 cm grosor de la pared; 15 cm de Ø máximo; 7 cm de alto.
Descripción: Base-pared-borde de escudilla. Base de pie anular, con anillo perfecto de sección semicircular de 1 cm de alto. Parece hecho a molde. El fondo de la escudilla es cóncavo con inflexión a la altura de la carena.
Color de la pintura: Sin decoración.
Pasta: Ocre. Textura: Intermedia. Desgrasante: Fino.
Esmalte: Mate celeste.
Observaciones: Presenta huella trípode al exterior y al interior. Presenta asimismo huella de herramientas de apoyo al exterior.

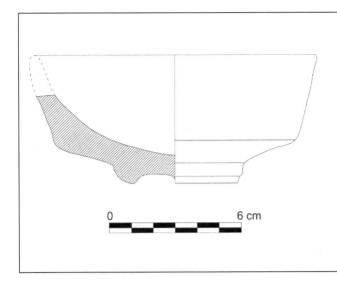

0   6 cm

Nº de inventario: 23.769
Objeto: Escudilla.
Procedencia: Sevilla.
Serie: *Serie blanca sevillana.*
Cronología: 1500–1550.
Medidas: 1 cm grosor de la pared; 13 cm de Ø máximo; 6 cm
Ø de la base; 5,7 cm de alto.
Descripción: Base-pared-borde de escudilla. Base de
pequeño pie indicado de apenas 3 mm de altura, de
sección semicircular. Cuerpo carenado, borde recto y labio
redondeado. El fondo de la escudilla es cóncavo y sigue la
misma curvatura de la pared al interior sin inflexión.
Color de la pintura: Sin decoración.
Pasta: Ama/ocre. Textura: Intermedia. Desgrasante: Muy fino.
Esmalte: Mate al exterior, brillante al interior.
Observaciones: Se observan las huellas de las herramientas
empleadas para la elaboración de la escudilla. Unas cerca
de la carena, y otras incisiones junto a la base, producidas al
cortar el pie.

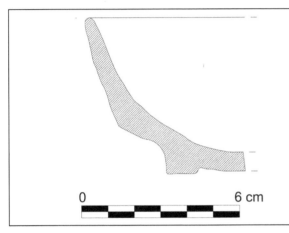

0   6 cm

Nº de inventario: 23.860
Objeto: Escudilla.
Procedencia: Sevilla.
Serie: *Serie blanca sevillana.*
Cronología: 1500–1550.
Medidas: 1 cm grosor de la pared; 0,7 cm de largo; 8,3 cm de
ancho; 5,9 cm de alto.
Descripción: Base-pared-borde de escudilla. Base pie anular
de sección cuadrangular, fondo cóncavo, cuerpo carenado,
borde recto y labio redondeado. Color de la pintura: Sin
decoración.
Pasta: Amarilla. Textura: Esponjosa. Desgrasante: Muy fino.
Esmalte: Mate, fino de tonalidad rosada.
Observaciones: Huella de trípode al interior.

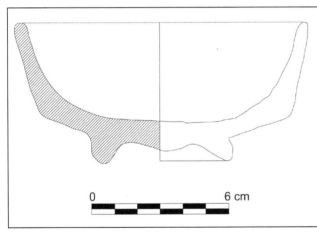

0   6 cm

Nº de inventario: 23.972
Objeto: Escudilla.
Procedencia: Sevilla.
Serie: *Serie blanca sevillana.*
Cronología: 1500–1550.
Medidas: 1 cm grosor de la pared; 13 cm de Ø máximo;
6,2 cm Ø del pie; 6,4 cm de alto.
Descripción: Base-pared-borde de escudilla. Base pie anular
de sección semicircular, fondo cóncavo, cuerpo carenado,
borde recto y labio redondeado.
Color de la pintura: Sin decoración.
Pasta: Ama/ocre pálido. Textura: Esponjosa. Desgrasante:
Muy fino, con intrusiones canelas.
Esmalte: Mate.
Observaciones: Huella de trípode al interior. Huella de
herramienta en el fondo.

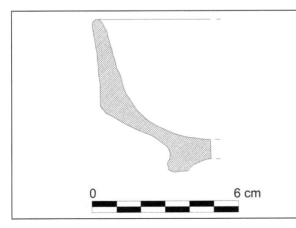

0   6 cm

Nº de inventario: 26.677
Objeto: Escudilla.
Procedencia: Sevilla.
Serie: *Serie blanca sevillana.*
Cronología: 1500–1550.
Medidas: 1,2 cm grosor de la pared; 7,8 cm de largo; 7,8 cm
de ancho; 6 cm de alto.
Descripción: Base-pared-borde de escudilla de pie anular de
sección semicircular, cuerpo carenado, borde recto y labio
redondeado. El fondo es cóncavo.
Color de la pintura: Sin decoración.
Pasta: Ama/ocre. Textura: Intermedia. Desgrasante: Fino con
intrusiones canelas y rojizas.
Esmalte: Mate.

B) 1.3.3. Escudillas intermedias (1550–1600)

Esmalte intermedio (3º grupo)

Recordemos que en este grupo se incluyen aquellas piezas en las que aparecen mezclados atributos propios de las cronologías *tempranas* y *tardías*, como por ejemplo aplicaciones de vidriado verde en escudillas con pie anular.

Registramos un total de 402 fragmentos dentro del tercer grupo de clasificación, de los cuales hemos podido contabilizar 4 escudillas completas y 6 incompletas, así como 20 perfiles de base-pared-borde y 45 fragmentos de bases. De todas ellas hemos hecho la siguiente selección:

a) Escudillas con base cóncava

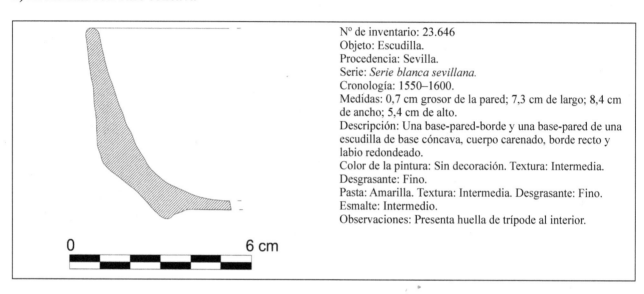

Nº de inventario: 23.646
Objeto: Escudilla.
Procedencia: Sevilla.
Serie: *Serie blanca sevillana.*
Cronología: 1550–1600.
Medidas: 0,7 cm grosor de la pared; 7,3 cm de largo; 8,4 cm de ancho; 5,4 cm de alto.
Descripción: Una base-pared-borde y una base-pared de una escudilla de base cóncava, cuerpo carenado, borde recto y labio redondeado.
Color de la pintura: Sin decoración. Textura: Intermedia. Desgrasante: Fino.
Pasta: Amarilla. Textura: Intermedia. Desgrasante: Fino.
Esmalte: Intermedio.
Observaciones: Presenta huella de trípode al interior.

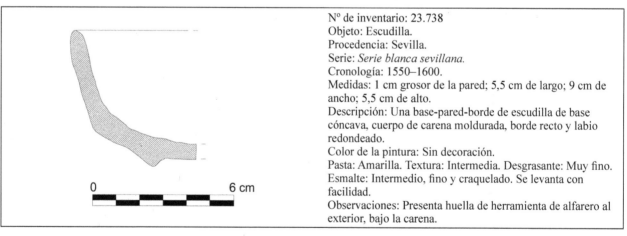

Nº de inventario: 23.738
Objeto: Escudilla.
Procedencia: Sevilla.
Serie: *Serie blanca sevillana.*
Cronología: 1550–1600.
Medidas: 1 cm grosor de la pared; 5,5 cm de largo; 9 cm de ancho; 5,5 cm de alto.
Descripción: Una base-pared-borde de escudilla de base cóncava, cuerpo de carena moldurada, borde recto y labio redondeado.
Color de la pintura: Sin decoración.
Pasta: Amarilla. Textura: Intermedia. Desgrasante: Muy fino.
Esmalte: Intermedio, fino y craquelado. Se levanta con facilidad.
Observaciones: Presenta huella de herramienta de alfarero al exterior, bajo la carena.

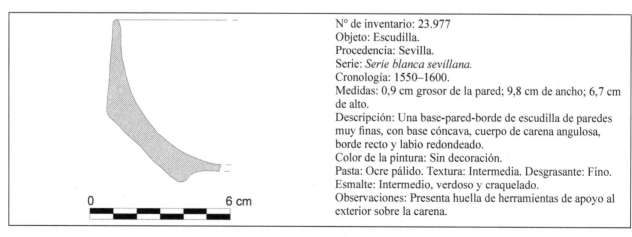

Nº de inventario: 23.977
Objeto: Escudilla.
Procedencia: Sevilla.
Serie: *Serie blanca sevillana.*
Cronología: 1550–1600.
Medidas: 0,9 cm grosor de la pared; 9,8 cm de ancho; 6,7 cm de alto.
Descripción: Una base-pared-borde de escudilla de paredes muy finas, con base cóncava, cuerpo de carena angulosa, borde recto y labio redondeado.
Color de la pintura: Sin decoración.
Pasta: Ocre pálido. Textura: Intermedia. Desgrasante: Fino.
Esmalte: Intermedio, verdoso y craquelado.
Observaciones: Presenta huella de herramientas de apoyo al exterior sobre la carena.

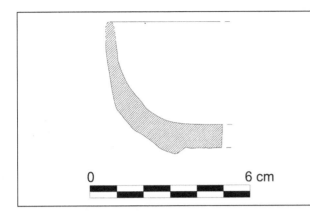

Nº de inventario: 26.349
Objeto: Escudilla.
Procedencia: Sevilla.
Serie: *Serie blanca sevillana.*
Cronología: 1550–1600.
Medidas: 0,7 cm grosor de la pared; 5,9 cm de ancho; 7,4 cm de alto.
Descripción: Una base-pared de escudilla de paredes muy finas, con base cóncava y cuerpo carenado.
Color de la pintura: Sin decoración.
Pasta: Ocre pálido. Textura: Intermedia. Desgrasante: Muy fino.
Esmalte: Intermedio, verdoso y craquelado.

b) Escudillas con asas de oreja festoneadas

Hemos registrado un solo asa de oreja festoneada.

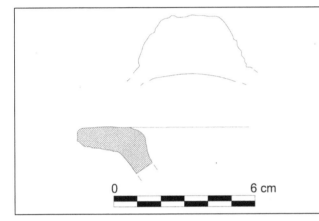

Nº de inventario: 23.653
Objeto: Escudilla.
Procedencia: ¿Sevilla o Manises?
Serie: *Serie blanca lisa.*
Cronología: 1550–1600.
Medidas: 0,9 cm grosor de la pared; 2,9 cm de largo; 4,7 cm de ancho.
Descripción: Un borde-apéndice de escudilla. Asa de oreja festoneada sobre borde curvo.
Decoración: Impresión de motivo sin identificar elaborado a molde.
Pasta: Ama/ocre rojizo. Textura: Intermedia. Desgrasante: Fino.
Esmalte: Intermedio, nacarado.
Observaciones: Estado de conservación muy malo.

c) Escudillas con base de pie anular y/o vidriado verde

Hemos registrado 21 fragmentos de escudillas con aplicaciones de vidriado verde y esmalte del grupo *intermedio*, de los cuales 4 corresponden a bases.

Hemos seleccionado los siguientes ejemplares:

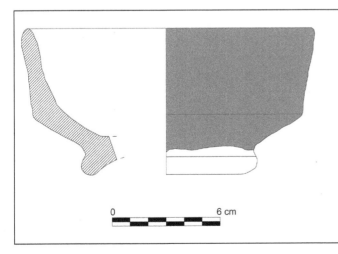

Nº de inventario: 21.932
Objeto: Escudilla.
Procedencia: Sevilla.
Serie: *Serie blanca sevillana.*
Cronología: 1550–1600.
Medidas: 1,1 cm grosor de la pared; 16 cm de Ø máximo; 7,8 cm de alto.
Descripción: Cinco fragmentos de una escudilla carenada de pie anular, entre las que se incluyen una pared-borde, dos bordes, una pared y una base-pared.
Color de la pintura: Vidriado verde en la superficie exterior.
Pasta: Ocre rojizo. Textura: Intermedia. Desgrasante: Fino.
Esmalte: Anacarado de tonalidad amarillenta.
Observaciones: Reserva de vidriado al exterior sobre el pie anular.
Un fragmento de esta escudilla (muestra MJ0258) se envió a analizar y dio como resultado ser de origen sevillano.

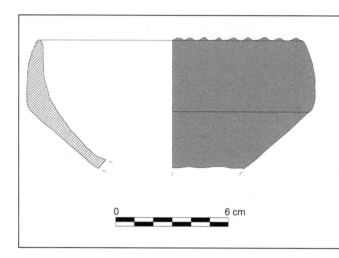

Nº de inventario: 21.939
Objeto: Escudilla.
Procedencia: Sevilla.
Serie: *Serie blanca sevillana.*
Cronología: 1550–1600.
Medidas: 0,9 cm grosor de la pared; 14 cm Ø de la boca; 15 cm Ø de la carena.
Descripción: Pared-borde de escudilla de cuerpo carenado. No conserva la base, aunque se intuye el arranque de lo que fue el pie anular.
Color de la pintura: Vidriado verde en la superficie exterior.
Pasta: Ocre pálido. Textura: Intermedia. Desgrasante: Muy fino.
Esmalte: Intermedio.
Observaciones: Se aprecian las líneas del torno. Presenta huella trípode al interior.
CONS/REST: Ataque de sales, sin tratar.

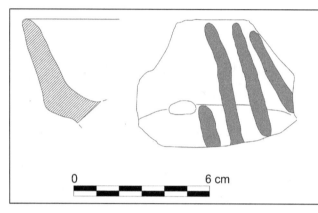

Nº de inventario: 23.996
Objeto: Escudilla.
Procedencia: Sevilla.
Serie: *Serie blanca sevillana.*
Cronología: 1550–1600.
Medidas: 1,1 cm grosor de la pared; 5,6 cm de largo; 7,2 cm de ancho.
Descripción: Pared-borde de escudilla carenada, borde recto y labio redondeado. Tiene chorretones de vidriado verde sobre la superficie exterior de la pared.
Color de la pintura: Vidriado verde.
Pasta: Ocre. Textura: Intermedia. Desgrasante: Muy fino, con intrusiones canelas.
Esmalte: Intermedio.

d) Escudillas con base de *pie anular* sin decoración

Fondo cóncavo

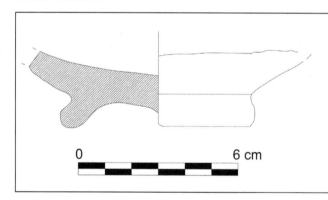

Nº de inventario: 23.629
Objeto: Escudilla.
Procedencia: Sevilla.
Serie: *Serie blanca sevillana.*
Cronología: 1550–1600.
Medidas: 0,9 cm grosor de la pared; 8,4 cm de largo; 7 cm de ancho; 3 cm alto; 6,9 cm Ø de la base.
Descripción: Base-pared de escudilla. Base de pie anular de sección semicircular. El fondo es cóncavo.
Color de la pintura: Sin decoración.
Pasta: Ocre pálido. Textura: Intermedia. Desgrasante: Fino, con intrusiones canelas.
Esmalte: Intermedio y craquelado.

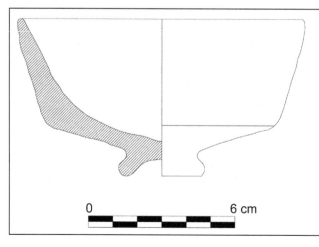

Nº de inventario: 23.650
Objeto: Escudilla.
Procedencia: Sevilla.
Serie: *Serie blanca sevillana.*
Cronología: 1550–1600.
Medidas: 0,9 cm grosor de la pared; 12 cm de Ø máximo; 6,4 cm de alto; 3,5 cm Ø del pie.
Descripción: Base-pared-borde de escudilla. Base de pie anular de sección semicircular. Cuerpo carenado, borde recto y labio redondeado. El fondo es cóncavo.
Color de la pintura: Sin decoración.
Pasta: Ocre pálido. Textura: Intermedia. Desgrasante: Fino, con intrusiones canelas.
Esmalte: Intermedio.

116

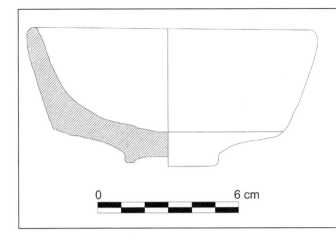

0   6 cm

Nº de inventario: 23.822
Objeto: Escudilla.
Procedencia: Sevilla.
Serie: *Serie blanca sevillana.*
Cronología: 1550–1600.
Medidas: 1 cm grosor de la pared; 12,5 cm de Ø máximo; 4 cm Ø del pie.
Descripción: Base-pared-borde de escudilla. Base de pie anular de sección semicircular. Cuerpo carenado, borde recto y labio redondeado. El fondo es cóncavo.
Color de la pintura: Sin decoración.
Pasta: Ocre pálido. Textura: Intermedia. Desgrasante: Fino, con intrusiones canelas.
Esmalte: Intermedio y craquelado.
Observaciones: Huella de trípode al interior. Huella de herramienta al exterior, en el borde. Contaminado de melado.

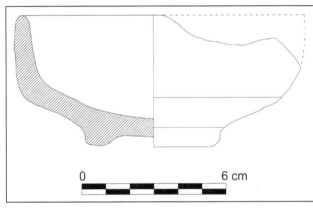

0   6 cm

Nº de inventario: 23.829
Objeto: Escudilla.
Procedencia: Sevilla.
Serie: *Serie blanca sevillana.*
Cronología: 1550–1600.
Medidas: 0,9 cm grosor de la pared; 11,4 cm Ø de la boca; 5,5 cm Ø del pie; 5,2 cm de alto.
Descripción: Base-pared-borde de escudilla. Base de pie anular de sección semicircular. Cuerpo carenado, borde recto y labio redondeado. El fondo es cóncavo.
Color de la pintura: Sin decoración.
Pasta: Ama/ocre pálido. Textura: Intermedia. Desgrasante: Fino, con intrusiones marrones y rojizas.
Esmalte: Intermedio, de tonalidad verdosa.

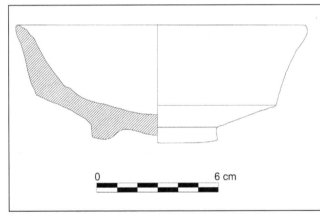

0   6 cm

Nº de inventario: 23.836
Objeto: Escudilla.
Procedencia: Sevilla.
Serie: *Serie blanca sevillana.*
Cronología: 1550–1600.
Medidas: 0,7 cm grosor de la pared; 14,5 cm de Ø máximo; 6,2 cm Ø de la base; 5,7 cm de alto.
Descripción: Escudilla incompleta. Base de pie anular de sección cuadrangular. Cuerpo carenado, borde recto y labio redondeado. El fondo es cóncavo.
Color de la pintura: Sin decoración.
Pasta: Amarilla. Textura: Intermedia. Desgrasante: Muy fino.
Esmalte: Intermedio, de tonalidad entre verdosa y rosada.
Observaciones: El esmalte se levanta. Presenta huella de apoyo en el labio.

Fondo ligeramente hundido

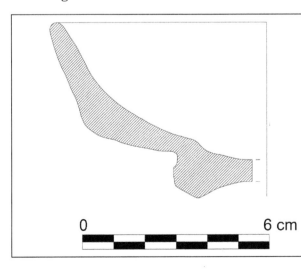

0   6 cm

Nº de inventario: 23.681
Objeto: Escudilla.
Procedencia: Sevilla.
Serie: *Serie blanca sevillana.*
Cronología: 1550–1600.
Medidas: 1,1 cm grosor de la pared; 6,2 cm de largo; 10,7 cm de ancho; 5,3 cm de alto.
Descripción: Base-pared-borde de escudilla. Base de pie anular de sección semicircular, cuerpo carenado, borde recto y labio redondeado. El fondo de la escudilla está ligeramente hundido.
Color de la pintura: Sin decoración.
Pasta: Ocre pálido. Textura: Intermedia. Desgrasante: Fino, con intrusiones canelas.
Esmalte: Intermedio y craquelado.
Observaciones: Huellas de trípode al interior.

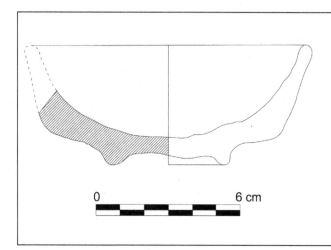

Nº de inventario: 23.701
Objeto: Escudilla.
Procedencia: Sevilla.
Serie: *Serie blanca sevillana.*
Cronología: 1550–1600.
Medidas: 0,8 cm grosor de la pared; 12 cm de Ø máximo; 4,8 cm de alto.
Descripción: Base-pared-borde de escudilla. Base de pequeño pie anular de sección semicircular, cuerpo carenado, borde recto y labio redondeado. El fondo de la escudilla está ligeramente hundido.
Color de la pintura: Sin decoración.
Pasta: Ocre. Textura: Intermedia. Desgrasante: Muy fino, con intrusiones marrones.
Esmalte: Intermedio, algo verdoso.
Observaciones: Huellas de trípode al interior. Contaminado de melado al exterior y al interior.

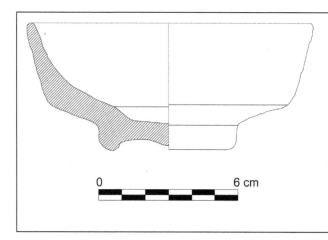

Nº de inventario: 23.747
Objeto: Escudilla.
Procedencia: Sevilla.
Serie: *Serie blanca sevillana.*
Cronología: 1550–1600.
Medidas: 0,7 cm grosor de la pared; 12,5 cm de Ø máximo; 6,1 cm Ø de la base; 5,1 de cm alto.
Descripción: Escudilla incompleta de pie anular de sección cuadrangular, cuerpo carenado, borde recto y labio redondeado. El fondo de la escudilla está ligeramente hundido.
Color de la pintura: Sin decoración.
Pasta: Ocre pálido. Textura: Intermedia. Desgrasante: Fino, con intrusiones marrones.
Esmalte: Intermedio, algo verdoso.
Observaciones: Huellas de trípode al interior.

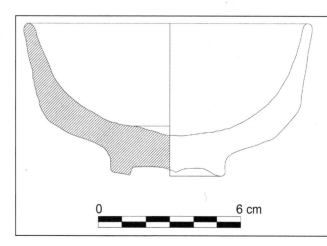

Nº de inventario: 23.787
Objeto: Escudilla.
Procedencia: Sevilla.
Serie: *Serie blanca sevillana.*
Cronología: 1550–1600.
Medidas: 0,6 cm grosor de la pared; 12,5 cm de Ø máximo; 5 cm Ø de la base; 6,3 de cm alto.
Descripción: Escudilla incompleta de pie anular moldurado, casi plano, cuerpo carenado, borde recto y labio redondeado. El fondo de la escudilla está ligeramente hundido.
Color de la pintura: Sin decoración.
Pasta: Amarillo. Textura: Intermedia. Desgrasante: Muy fino, con intrusiones canelas.
Esmalte: Intermedio, algo verdoso al exterior y craquelado.
Observaciones: Huellas de trípode al interior y al exterior en el pie. El esmalte se levanta.

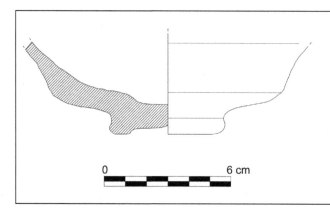

Nº de inventario: 23.790
Objeto: Escudilla.
Procedencia: Sevilla.
Serie: *Serie blanca sevillana.*
Cronología: 1550–1600.
Medidas: 1,1 cm grosor de la pared; 8,8 cm de largo; 5,2 cm de ancho; 5,3 cm Ø de la base.
Descripción: Dos fragmentos de base-pared y pared de diferentes piezas. Pie anular moldurado, casi plano, cuerpo carenado. El fondo de la escudilla está ligeramente hundido.
Color de la pintura: Sin decoración.
Pasta: Amarillo. Textura: Intermedia. Desgrasante: Muy fino.
Esmalte: Intermedio, algo verdoso.
Observaciones: El esmalte se levanta.

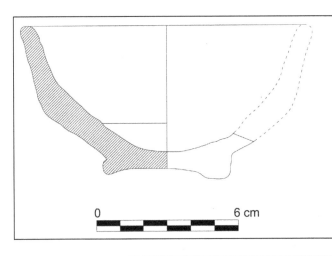

Nº de inventario: 23.792
Objeto: Escudilla.
Procedencia: Sevilla.
Serie: *Serie blanca sevillana.*
Cronología: 1550–1600.
Medidas: 1 cm grosor de la pared; 12,5 cm Ø máximo; 5,5 cm Ø de la base; 6,3 cm de alto.
Descripción: Base-pared-borde de escudilla de pie anular moldurado, casi plano, cuerpo carenado, borde recto y labio redondeado. El fondo de la escudilla está ligeramente hundido.
Color de la pintura: Sin decoración.
Pasta: Ocre oscuro. Textura: Intermedia. Desgrasante: Fino con intrusiones canelas y marrones.
Esmalte: Intermedio, algo verdoso.

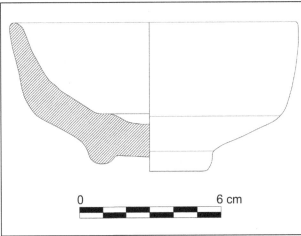

Nº de inventario: 23.818
Objeto: Escudilla.
Procedencia: Sevilla.
Serie: *Serie blanca sevillana.*
Cronología: 1550–1600.
Medidas: 0,9 cm grosor de la pared; 12 cm de Ø máximo; 5,2 cm Ø de la base; 6,2 cm de alto.
Descripción: Escudilla incompleta de pie anular de sección semicircular, cuerpo carenado, borde recto y labio redondeado. El fondo de la escudilla está ligeramente hundido.
Color de la pintura: Sin decoración.
Pasta: Amarillo. Textura: Intermedia. Desgrasante: Fino con intrusiones canelas de 2 mm de espesor.
Esmalte: Intermedio, algo verdoso.
Observaciones: Huella de apoyo al exterior y de atifle al interior.

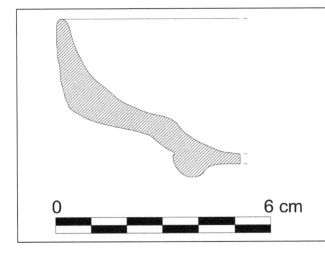

Nº de inventario: 23.848
Objeto: Escudilla.
Procedencia: Sevilla.
Serie: *Serie blanca sevillana.*
Cronología: 1550–1600.
Medidas: 0,9 cm grosor de la pared; 5,9 cm de largo; 10,2 cm de ancho; 4,7 cm de alto.
Descripción: Base-pared-borde de escudilla de pie anular moldurado, mal recortado cuerpo carenado, borde recto y labio redondeado. El fondo de la escudilla está ligeramente hundido.
Color de la pintura: Sin decoración.
Pasta: Ocre pálido. Textura: Intermedia. Desgrasante: Fino con intrusiones rojizas.
Esmalte: Intermedio, algo verdoso y craquelado.
Observaciones: Huella de trípode al interior. Contaminado de melado.

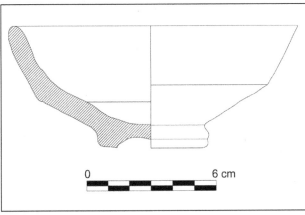

Nº de inventario: 23.854
Objeto: Escudilla.
Procedencia: Sevilla.
Serie: *Serie blanca sevillana.*
Cronología: 1550–1600.
Medidas: 1,1 cm grosor de la pared; 13,5 cm de Ø máximo; 5 cm Ø de la base; 5,5 cm de alto.
Descripción: Base-pared-borde de escudilla con base de pie anular de sección semicircular y fondo ligeramente hundido. Cuerpo carenado, borde recto y labio redondeado.
Color de la pintura: Sin decoración.
Pasta: Ama/ocre. Textura: Compacta. Desgrasante: Fino con intrusiones rojas.
Esmalte: Intermedio y grueso.
Observaciones: Presenta huella de apoyo sobre la carena.

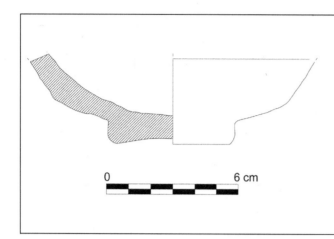

Nº de inventario: 23.868
Objeto: Escudilla.
Procedencia: Sevilla.
Serie: *Serie blanca sevillana.*
Cronología: 1550–1600.
Medidas: 1,2 cm grosor de la pared; 8,8 cm de largo; 6,8 cm de ancho; 3,8 cm de alto; 5,9 cm Ø de la base.
Descripción: Base-pared de escudilla de pie anular de sección semicircular, cuerpo carenado. El fondo de la escudilla está ligeramente hundido.
Color de la pintura: Sin decoración.
Pasta: Ocre pálido. Textura: Intermedia. Desgrasante: Fino con intrusiones marrones.
Esmalte: Intermedio, algo verdoso y craquelado.
Observaciones: Huella de trípode al interior y al exterior en el pie. Contaminado de azul al interior y al exterior.

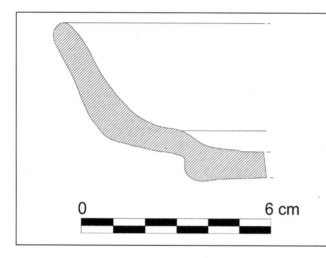

Nº de inventario: 23.885
Objeto: Escudilla.
Procedencia: Sevilla.
Serie: *Serie blanca sevillana.*
Cronología: 1550–1600.
Medidas: 0,9 cm grosor de la pared; 7,7 cm de largo; 9,3 cm de ancho; 4,7 cm de alto.
Descripción: Base-pared-borde de escudilla de pie anular moldurado, casi plano, cuerpo carenado, borde recto y labio redondeado. El fondo de la escudilla está ligeramente hundido.
Color de la pintura: Sin decoración.
Pasta: Ocre pálido. Textura: Intermedia. Desgrasante: Fino con intrusiones canelas.
Esmalte: Intermedio.
Observaciones: Huella de apoyo al exterior. Contaminado de azul y de melado. Ennegrecido por la acción del fuego.

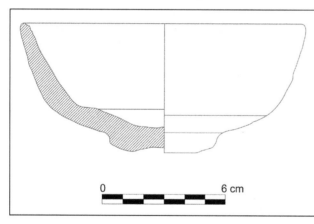

Nº de inventario: 23.888
Objeto: Escudilla.
Procedencia: Sevilla.
Serie: *Serie blanca sevillana.*
Cronología: 1550–1600
Medidas: 0,9 cm grosor de la pared; 14 cm de Ø máximo; 5 cm Ø del pie; 6 cm de alto.
Descripción: Escudilla incompleta. Pie anular moldurado, casi plano, cuerpo carenado, borde recto y labio redondeado. El fondo de la escudilla está ligeramente hundido.
Color de la pintura: Sin decoración.
Pasta: Ocre pálido. Textura: Intermedia. Desgrasante: Fino con intrusiones marrones.
Esmalte: Intermedio, algo verdoso y craquelado.
Observaciones: Contaminado de melado y de vidriado verde.

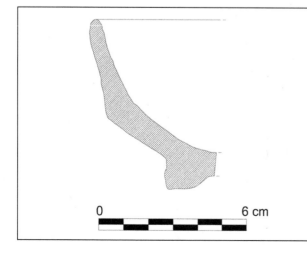

Nº de inventario: 23.924
Objeto: Escudilla.
Procedencia: ¿Sevilla?
Serie: *Serie blanca lisa.*
Cronología: 1550–1600.
Medidas: 0,9 cm grosor de la pared; 8 cm de largo; 10,2 cm de ancho; 5,9 cm de alto.
Descripción: Base-pared-borde de escudilla de pie anular mal hecho de sección semicircular, cuerpo carenado, borde recto y labio redondeado. El fondo de la escudilla está ligeramente hundido.
Color de la pintura: Sin decoración.
Pasta: Ocre pálido. Textura: Intermedia. Desgrasante: Fino con intrusiones canelas.
Esmalte: Intermedio, algo rosado y craquelado.
Observaciones: Huella de atifle al exterior en la base. Ennegrecido por la acción del fuego.

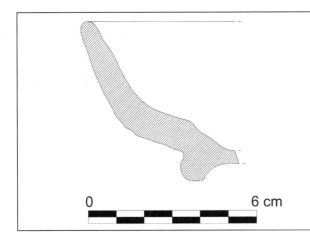

Nº de inventario: 26.332
Objeto: Escudilla.
Procedencia: Sevilla.
Serie: *Serie blanca sevillana.*
Cronología: 1550–1600.
Medidas: 1,1 cm grosor de la pared; 7,9 cm de largo; 8 cm de ancho; 5,5 cm de alto.
Descripción: Base-pared-borde de escudilla de pie anular de sección semicircular, cuerpo carenado, borde recto y labio redondeado. El fondo de la escudilla está ligeramente hundido.
Color de la pintura: Sin decoración.
Pasta: Ocre pálido. Textura: Intermedia. Desgrasante: Fino con intrusiones canelas.
Esmalte: Intermedio.

Fondo hundido

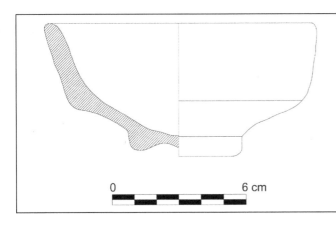

Nº de inventario: 23.731
Objeto: Escudilla.
Procedencia: Sevilla.
Serie: *Serie blanca sevillana.*
Cronología: 1550–1600.
Medidas: 1 cm grosor de la pared; 12 cm de Ø máximo; 5 cm Ø de la base; 5,9 cm de alto.
Descripción: Base-pared-borde de escudilla incompleta de pie anular moldurado, casi plano, cuerpo carenado, borde recto y labio redondeado. El fondo está hundido.
Color de la pintura: Sin decoración.
Pasta: Ocre oscuro. Textura: Intermedia. Desgrasante: Fino, con intrusiones marrones.
Esmalte: Intermedio.

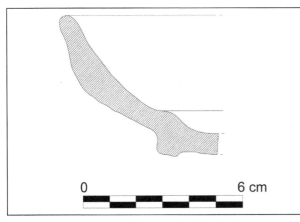

Nº de inventario: 23.782
Objeto: Escudilla.
Procedencia: Sevilla.
Serie: *Serie blanca sevillana.*
Cronología: 1550–1600.
Medidas: 0,9 cm grosor de la pared; 7,1 cm de largo; 12,6 cm de ancho; 5,7 cm de alto.
Descripción: Base-pared-borde de escudilla incompleta de pie anular moldurado, casi plano, cuerpo carenado, borde recto y labio redondeado. El fondo está hundido.
Color de la pintura: Sin decoración.
Pasta: Ocre pálido. Textura: Intermedia. Desgrasante: Muy fino, con intrusiones canelas.
Esmalte: Intermedio, craquelado y verdoso.
Observaciones: Huella de trípode al interior.

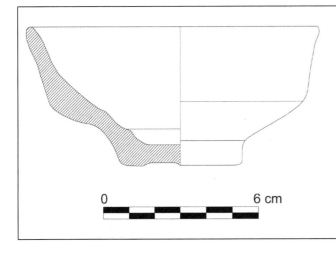

Nº de inventario: 23.785
Objeto: Escudilla.
Procedencia: Sevilla.
Serie: *Serie blanca sevillana.*
Cronología: 1550–1600.
Medidas: 0,7 cm grosor de la pared; 11,4 cm de Ø máximo; 5 cm Ø de la base; 5,3 cm de alto.
Descripción: Escudilla incompleta de pie anular moldurado, casi plano, cuerpo carenado, borde recto y labio redondeado. El fondo está hundido.
Color de la pintura: Sin decoración.
Pasta: Ocre pálido. Textura: Intermedia. Desgrasante: Muy fino, con intrusiones canelas y rojas.
Esmalte: Intermedio, craquelado, de tonalidad entre verdosa y rosada.
Observaciones: Huella de trípode al interior y a exterior. Huella de apoyo al exterior en la carena. Contaminado de melado.

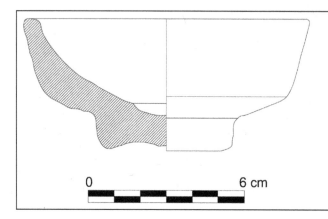

Nº de inventario: 23.806
Objeto: Escudilla.
Procedencia: Sevilla.
Serie: *Serie blanca sevillana.*
Cronología: 1550–1600.
Medidas: 0,8 cm grosor de la pared; 11,6 cm de Ø máximo; 5,4 cm Ø de la base; 5 cm de alto.
Descripción: Escudilla de pie plano, fondo hundido, paredes carenadas, borde recto y labio redondeado.
Color de la pintura: Sin decoración.
Pasta: Ocre. Textura: Intermedia. Desgrasante: Fino, con intrusiones marrones.
Esmalte: Intermedio y craquelado.
Observaciones: Contaminado de melado al exterior.

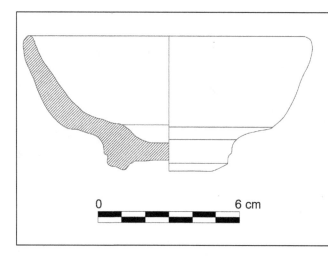

Nº de inventario: 23.809
Objeto: Escudilla.
Procedencia: Sevilla.
Serie: *Serie blanca sevillana.*
Cronología: 1550–1600.
Medidas: 0,9 cm grosor de la pared; 12,4 cm de Ø máximo; 5,3 cm de Ø de la base; 5,5 cm de alto.
Descripción: Escudilla completa de pie anular de sección semicircular, cuerpo carenado, borde recto y labio redondeado. El fondo está hundido.
Color de la pintura: Sin decoración.
Pasta: Ocre pálido. Textura: Intermedia. Desgrasante: Fino, con intrusiones negras y rojas de 4 mm de espesor.
Esmalte: Intermedio, craquelado y de tonalidad verdosa.
Observaciones: Huella de trípode al interior y a exterior, en el pie. Contaminado de melado al exterior y al interior.
CONS/REST: 94/016.

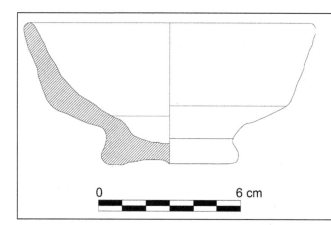

Nº de inventario: 23.816
Objeto: Escudilla.
Procedencia: Sevilla.
Serie: *Serie blanca sevillana.*
Cronología: 1550–1600.
Medidas: 0,9 cm grosor de la pared; 12 cm de Ø máximo; 5,9 cm Ø de la base; 5,8 cm de alto.
Descripción: Escudilla carenada completa. El acabado es casi perfecto. El fondo está completamente hundido y la base se convierte en un "pie plano".
Color de la pintura: Sin decoración.
Pasta: Ocre rojizo. Textura: Intermedia. Desgrasante: Fino, con intrusiones marrones y rojas de 3 mm de espesor.
Esmalte: Intermedio, algo brillante y verdoso.
Observaciones: Huella de apoyo al exterior sobre la carena.

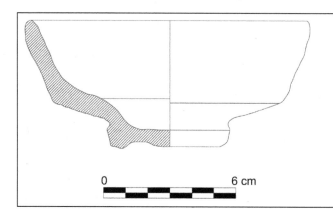

Nº de inventario: 23.929
Objeto: Escudilla.
Procedencia: Sevilla.
Serie: *Serie blanca sevillana.*
Cronología: 1550–1600
Medidas: 1,1 cm grosor de la pared; 12,7 cm de Ø máximo; 5,4 cm de Ø de la base; 5,9 cm de alto.
Descripción: Escudilla incompleta de pie anular moldurado, casi plano, cuerpo carenado, borde recto y labio redondeado. El fondo está hundido.
Color de la pintura: Sin decoración.
Pasta: Ocre. Textura: Intermedia. Desgrasante: Fino, con intrusiones marrones.
Esmalte: Intermedio y verdoso.

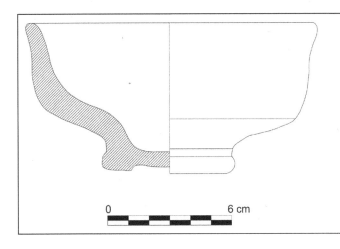

Nº de inventario: 23.934
Objeto: Escudilla.
Procedencia: Sevilla.
Serie: *Serie blanca sevillana.*
Cronología: 1550–1600.
Medidas: 0,9 cm grosor de la pared; 11,8 cm de Ø máximo; 5,3 cm Ø de la base; 6 cm de alto.
Descripción: Base-pared-borde de escudilla incompleta de pie anular moldurado, casi plano, cuerpo carenado, borde recto y labio redondeado. El fondo está hundido.
Color de la pintura: Sin decoración.
Pasta: Naranja. Textura: Intermedia. Desgrasante: Fino, con intrusiones canelas y blancas.
Esmalte: Intermedio, de tonalidad amarillenta.
Observaciones: Huella de herramienta en el pie al exterior. Huella de atifle al interior.

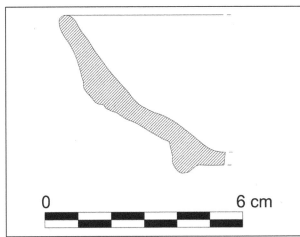

Nº de inventario: 26.268
Objeto: Escudilla.
Procedencia: ¿Sevilla o fayenza portuguesa?
Serie: *Serie blanca lisa.*
Cronología: 1550–1600.
Medidas: 0,7 cm grosor de la pared; 6,8 cm de largo, 6,5 cm de ancho y 4,8 cm de alto.
Descripción: Escudilla de paredes carenadas muy abiertas que hacen del interior una forma casi troncocónica. Las paredes más finas que el resto de las piezas catalogadas nos hace dudar de su procedencia sevillana.
Color de la pintura: Sin decoración.
Pasta: Amarilla. Textura: Intermedia. Desgrasante: Muy fino.
Esmalte: Intermedio, de tonalidad rosácea. Se levanta con facilidad.
Observaciones: Contaminado de melado al exterior.

B) 1.3.4. Escudillas tardías (1600–1650 ó hasta ¿1713?)

Esmalte grueso y brillante (4º grupo)

Los rasgos generales que definen las escudillas *tardías* son tres: la eliminación de las asas, la ausencia de vidriado verde en parte de la pieza como motivo decorativo y el desarrollo del pie anular con la consiguiente desaparición de las bases cóncavas (Goggin, 1968: 117–126).

a) Escudillas con base de pie anular

Fondo cóncavo

No hay registros.

Fondo ligeramente hundido

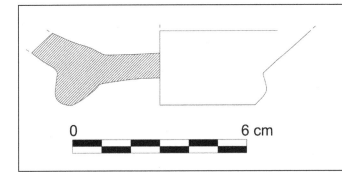

Nº de inventario: 23.620
Objeto: Escudilla.
Procedencia: Sevilla.
Serie: *Serie blanca sevillana.*
Cronología: 1600–1650 ó hasta ¿1713?
Medidas: 1,2 cm grosor de la pared; 7,3 cm de Ø de la base; 3,2 cm de alto.
Descripción: Una base-pared. Base de pie anular de sección semicircular. El fondo es plano.
Color de la pintura: Sin decoración.
Pasta: Ocre naranja. Textura: Intermedia. Desgrasante: Fino.
Esmalte: Brillante, verdoso y craquelado.

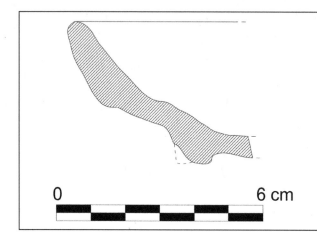

Nº de inventario: 23.834
Objeto: Escudilla.
Procedencia: Sevilla.
Serie: *Serie blanca sevillana.*
Cronología: 1600–1650 ó hasta ¿1713?
Medidas: 0,9 cm grosor de la pared; 7,9 cm de largo; 8,6 cm de ancho; 6,1 cm de alto.
Descripción: Base-pared-borde de escudilla de pie anular de sección cuadrangular, cuerpo carenado, borde recto y labio redondeado. El fondo de la escudilla está ligeramente hundido.
Color de la pintura: Sin decoración.
Pasta: Ocre pálido. Textura: Intermedia. Desgrasante: Fino con intrusiones canelas y rojizas.
Esmalte: Brillante, de tonalidad verdosa.

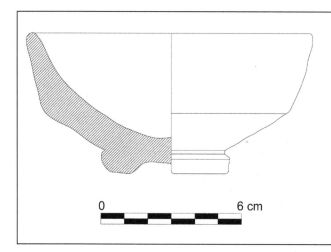

Nº de inventario: 23.927
Objeto: Escudilla.
Procedencia: Sevilla.
Serie: *Serie blanca sevillana.*
Cronología: 1600–1650 ó hasta ¿1713?
Medidas: 1,3 cm grosor de la pared; 12 cm de Ø máximo; 5,4 cm de Ø de la base; 5,4 cm de alto.
Descripción: Base-pared-borde de escudilla con base de pie anular desarrollado de sección semicircular, cuerpo carenado, borde recto y labio redondeado. El fondo está ligeramente hundido.
Color de la pintura: Sin decoración.
Pasta: Ocre anaranjado. Textura: intermedia. Desgrasante: Muy fino.
Esmalte: Brillante, verdoso y craquelado.
Observaciones: Presenta huella de atifle al interior. Es una pieza muy pesada.

Fondo hundido

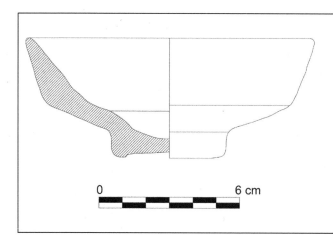

Nº de inventario: 23.813
Objeto: Escudilla.
Procedencia: Sevilla.
Serie: *Serie blanca sevillana.*
Cronología: 1600–1650 ó hasta ¿1713?
Medidas: 0,8 cm grosor de la pared; 13 cm de Ø máximo; 5 cm de Ø de la base; 5 cm de alto.
Descripción: Base-pared-borde de escudilla incompleta de pie anular moldurado, casi plano, cuerpo carenado, borde recto y labio redondeado. El fondo está hundido.
Color de la pintura: Sin decoración.
Pasta: Ocre. Textura: Intermedia. Desgrasante: Fino, con intrusiones marrones. Esmalte: Brillante, verdoso y craquelado.
Observaciones: Huella de apoyo al exterior. Contaminado de melado al interior.

Resultado final

El primer resultado es el escaso número de fragmentos del primer grupo, tan solo una escudilla de base cóncava. Por lo que lo consideramos poco representativo para confirmar la presencia de escudillas producidas en la **última década del siglo XV**.

Con respecto a las piezas que incluimos en el segundo grupo, es decir, a la **primera mitad del XVI**, atendiendo sobre todo a los indicadores de pasta esponjosa y al tipo de esmalte mate o engobe, -independientemente de los atributos morfológicos considerados *tempranos*-, registramos: 6 bases cóncavas, dos de ellas pertenecientes a escudillas incompletas. En todos los casos los fondos son cóncavos. Por otro lado sumamos 38 escudillas con pie anular, de los cuales, 31 presentan fondos cóncavos, 4 fondos ligeramente hundidos.

En cuanto a las aplicaciones de vidriado verde, considerado un indicador cronológico *temprano*, aparecen en 11 fragmentos, 2 de los cuales son los tazones incompletos con las asas de falange vidriadas en verde.

Con respecto a las piezas que atribuimos a la **segunda mitad del XVI**, es decir, las incluidas en el tercer grupo de clasificación, atendiendo, sobre todo, a los indicadores de pasta de textura intermedia y el tipo de esmalte intermedio, -independientemente de los atributos morfológicos-, registramos: 13 escudillas de base cóncava. En todos los casos los fondos son cóncavos. Por otro lado, sumamos 149 escudillas con pie anular, de las cuales, 55 presentan fondos cóncavos, 33 fondos ligeramente hundidos y 42 fondos hundidos. Vemos, por tanto, cómo va aumentando progresivamente la presencia de escudillas que desarrollan el pie anular, así como la presencia de escudillas con fondos ligeramente hundidos o hundidos.

Por lo que respecta a las escudillas que clasificamos dentro del cuarto grupo, es decir aquellas elaboradas con pasta compactas, esmaltes brillantes y gruesos, y que fechamos **en el siglo XVII**, registramos 33 fragmentos. Entre ellas no hay ejemplares con aplicaciones de vidriado verde, como tampoco hay escudillas con base cóncava, ni con pie anular de fondo cóncavo.

En resumen, una vez más, la proporción más abundante corresponde a los ejemplares clasificados como *tempranos* e *intermedios*. Por tanto, a grandes rasgos, la producción predominante de la *serie blanca sevillana*, sigue fechándose **a lo largo del siglo XVI**.

C) Las escudillas grandes

La mayoría de las escudillas estándares registradas miden entre 11 y 15 cm de diámetro de borde; sin embargo, encontramos dos ejemplares que miden 18 y 19 cm de diámetro respectivamente. Se trata de piezas de mayores dimensiones y, por tanto, con funcionalidad diferente.

C) 1.3.1. Escudillas grandes antiguas (1486–1500)

Esmalte brillante, fino y transparente (1° grupo)

No hay registros.

C) 1.3.2. Escudillas grandes tempranas (1500–1550)

Esmalte mate (2° grupo)

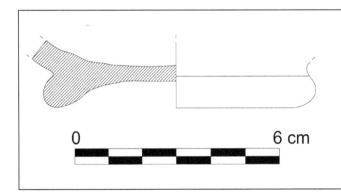

N° de inventario: 26.263
Objeto: Escudilla grande.
Procedencia: Sevilla.
Serie: *Serie blanca sevillana.*
Cronología: 1500–1550.
Medidas: 1 cm grosor de la pared; 8,1 cm de Ø de la base; 3,3 cm de largo; 8,5 cm de ancho.
Descripción: Base de pie anular de sección semicircular y fondo cóncavo.
Color de la pintura: Sin decoración.
Pasta: Ama/ocre. Textura: Intermedia. Desgrasante: Muy fino, con intrusiones canelas y rojizas.
Esmalte: Mate.

C) 1.3.3. Escudillas grandes intermedias (1550–1600)

Esmalte intermedio (3° grupo)

Registramos 4 fragmentos de base-pared, 3 bases, 3 paredes y un conjunto de 10 fragmentos que forman parte de una escudilla grande incompleta. Todas las bases identificadas desarrollan un pie anular y su fondo es cóncavo.

a) Escudillas grandes con base de pie anular y vidriado verde

Hemos seleccionado un único ejemplar de pared-borde de escudilla grande carenada, con aplicaciones de vidriado verde al exterior.

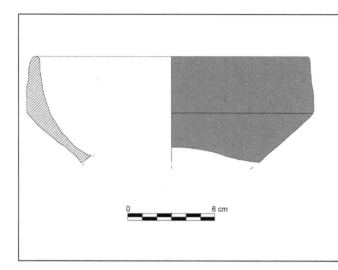

Nº de inventario: 26.986
Objeto: Escudilla grande.
Procedencia: Sevilla.
Serie: *Serie blanca sevillana.*
Cronología: 1550–1600.
Medidas: 0,6 cm grosor de la pared; 19 cm de Ø de la boca; 15 cm de Ø de la carena.
Descripción: Pared-borde de escudilla carenada, borde recto y labio redondeado. No conserva la base, aunque se intuye el arranque de lo que fue el pie anular.
Color de la pintura: Vidriada verde en la superficie exterior.
Pasta: Ocre pálido. Textura: Intermedia. Desgrasante: Muy fino.
Esmalte: Intermedio y fino.
Observaciones: Presenta gotas de vidriado verde en labio. Se aprecia la huella de una herramienta de alfarero en la parte baja de la carena. Conserva las huellas del atifle al interior.

b) Escudillas grandes con base de pie anular

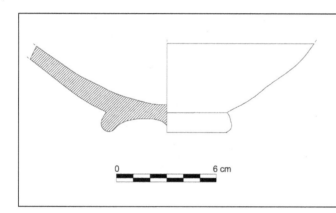

Nº de inventario: 23.615
Objeto: Escudilla grande.
Procedencia: Sevilla.
Serie: *Serie blanca sevillana.*
Cronología: 1550–1600.
Medidas: 0,9 cm grosor de la pared; 9,7 cm de largo; 9,5 cm de ancho; 7,5 cm de Ø de la base.
Descripción: Base-pared de escudilla de cuerpo cóncavo y fondo cóncavo, con base de pie anular de sección semicircular.
Color de la pintura: Sin decoración.
Pasta: Ocre pálido. Textura: Intermedia. Desgrasante: Fino.
Esmalte: Intermedio.
Observaciones: Presenta huella de atifle al interior.

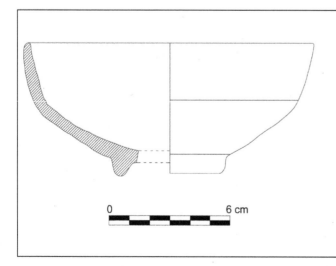

Nº de inventario: 23.768
Objeto: Escudilla grande.
Procedencia: Sevilla.
Serie: *Serie blanca sevillana.*
Cronología: 1550–1600.
Medidas: Base-pared: 0,7 cm grosor de la pared; 8,5 cm de largo; 12,9 cm de ancho; 8 cm de Ø de la base.
Descripción: Diez fragmentos de una escudilla carenada con fondo cóncavo, borde recto y labio redondeado. La base de pie anular es de sección semicircular.
Color de la pintura: Sin decoración.
Pasta: Ocre anaranjado. Textura: Intermedia. Desgrasante: Fino.
Esmalte: Intermedio.
Observaciones: Las medidas se han tomado del fragmento más completo y, por tanto, de mayores dimensiones. Presenta huella de atifle sobre el pie, tanto al interior y al exterior.

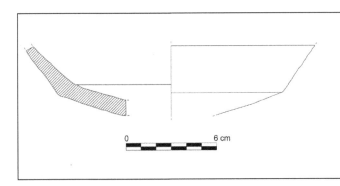

N° de inventario: 23.906
Objeto: Escudilla grande.
Procedencia: Sevilla.
Serie: *Serie blanca sevillana.*
Cronología: 1550–1600.
Medidas: 1,1 cm grosor de la pared; 8,4 cm de largo; 10,9 cm de ancho; 15 cm de Ø de la carena.
Descripción: Pared de escudilla carenada de fondo cóncavo.
Color de la pintura: Sin decoración.
Pasta: Ocre pálido. Textura: Intermedia. Desgrasante: Fino.
Esmalte: Intermedio y craquelado.
Observaciones: Presenta huella de atifle al interior.

C) 1.3.4. Escudillas grandes tardías (1600–1650 ó hasta ¿1713?)

Esmalte grueso y brillante (4° grupo)

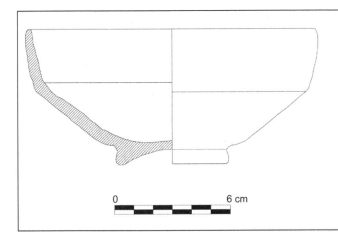

N° de inventario: 23.767
Objeto: Escudilla grande.
Procedencia: Sevilla.
Serie: *Serie blanca sevillana.*
Cronología: 1600–1650 ó hasta ¿1713?
Medidas: 0,8 cm grosor de la pared; 21 cm de Ø de la boca; 9,5 cm altura, 8 cm de Ø de la base.
Descripción: Escudilla grande incompleta. Base de pie anular, fondo cóncavo y cuerpo carenado. El perfil carenado, se marca también el punto de inflexión de la escudilla al interior. El borde es recto y el labio redondeado.
Color de la pintura: Sin decoración.
Pasta: Ocre anaranjado. Textura: Compacta. Desgrasante: Fino, con intrusiones rojas, blancas (de 1 cm) y marrones.
Esmalte: Brillante, muy craquelado y de tonalidad verdosa.
Observaciones: Huella de apoyo al exterior y en el labio.

Resultado final

El color de la pasta, ocre rojizo, junto al tipo de esmalte hacen que incluyamos a la mayoría de los fragmentos dentro del grupo *intermedio*, a excepción de una sola base de cubierta estannífera mate y pasta "ama/ocre". Por el contrario, la escudilla grande registrada con el n° 23.767 está elaborada con una pasta de color anaranjado, de textura compacta y cubierta con un esmalte grueso, brillante y craquelado, aspectos que hacen que la clasificamos como una producción *tardía* del **siglo XVII**.

No hemos encontrado paralelos en el caso de la escudilla grande, por lo que no podemos hacer ninguna aproximación cronológica por comparación morfológica. Recurrimos, por tanto, al tipo de pasta y al brillo del esmalte para proponer una fecha aproximada. En este sentido, observamos cómo los dos ejemplares mejor conservados presentan características diferentes, una elaborada con esmalte mate y pasta rojiza, indicadores que consideramos *tempranos*, de la primera mitad del siglo XVI; y la segunda, una pieza elaborada con pasta anaranjada y esmalte brillante que vinculamos a las producciones más *tardías*. Si a ello unimos el esmalte brillante y grueso, que asociamos también a la cronología *tardía*, ¿estaríamos ante un ejemplar de finales del XVII o principios del XVIII? Para confirmarlo necesitamos estudiar el resto de las series sevillanas recuperadas en la excavación de "San Francisco" y hacer una reconstrucción artificial de los depósitos.

1.4. El cuenco

Se trata de un recipiente cerámico con parecida función a la de las escudillas, es decir, contener líquidos, sopas o caldos. La diferencia fundamental es el perfil curvo continuado, frente al perfil carenado de las escudillas (Rodríguez Aguilera *et al*, 1997: 147–168). Suelen ser además de mayores dimensiones respecto de las segundas, aunque hay excepciones que ilustraremos en el próximo trabajo dedicado a la serie blanca sevillana decorada en azul.

Estas vasijas suelen tener múltiples funciones, y cuando ésta es muy concreta recibe un nombre determinado en relación con aquélla, por ejemplo ensaladera, bol o ponchera, etc. (Marken, 1994: 163).

Entre la bibliografía consultada solo hemos localizado paralelos ilustrados por Maken. Se trata de cuatro *"serving bolws"* o cuencos rescatados en los pecios "San Antonio" (1621) y "Atocha" (1622). En todos los casos son recipientes de paredes curvas divergentes, en los que cambia el tipo de base. En unos se presenta con pie anular (Marken, 1994: fig. 5.11 y 5.12), mientras que en otro de los casos la base es completamente plana y el borde está engrosado (Marken, 1994: fig. 5.13).

Consideramos, sin embargo, que el cuarto ejemplar definido por Marken como *"serving bowl"* (Marken, 1994: fig. 5.10) corresponde con una fuente o servidora.

En definitiva, pueden existir diferentes tipos y tamaños de cuencos. Por el momento, utilizaremos el término "cuenco" para aquellos recipientes de perfil semiesférico de mayor tamaño que las escudillas, sin asas, ni pies específicos en su base. Las bases pueden ser además de tendencia plana o ligeramente cóncavas.

Proceso de estudio

Entre los restos recuperados en la excavación del antiguo convento de "San Francisco" encontramos algunos ejemplares en muy buen estado de conservación, pero decorados con motivos en azul cobalto. Estos tipos pertenecen también a las producciones sevillanas, pero serán estudiados detenidamente en próximos trabajos.

Más difícil fue Identificar estas mismas formas, pero sin decoración, de hecho solo registramos dos paredes y una base que describimos a continuación en el catálogo.

Cuando se trata de fragmentos y no de piezas completas, las paredes se distinguen por su curvatura; mientras que en el caso de las bases, se combinan con fondos completamente planos, en los que se aprecia la inflexión interna que da paso a la pared curva.

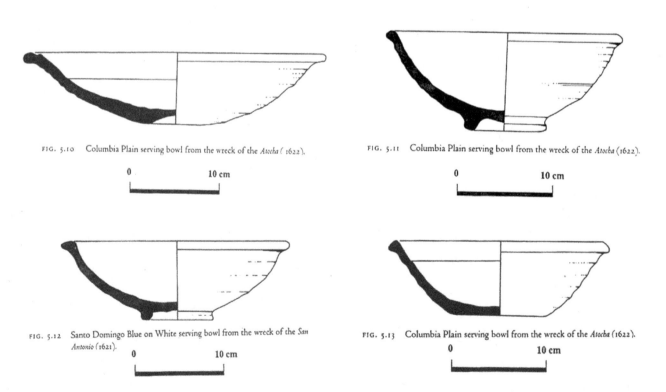

FIG. 5.10   Columbia Plain serving bowl from the wreck of the *Atocha* (1622).
0   10 cm

FIG. 5.11   Columbia Plain serving bowl from the wreck of the *Atocha* (1622).
0   10 cm

FIG. 5.12   Santo Domingo Blue on White serving bowl from the wreck of the *San Antonio* (1621).
0   10 cm

FIG. 5.13   Columbia Plain serving bowl from the wreck of the *Atocha* (1622).
0   10 cm

Fig. 4.17. Cuencos ilustrados por Marken procedentes de los pecios "San Antonio" (1621) y "Atocha" (1622). (Marken, 1994: 157–158).

Discusión cronológica

Entre la bibliografía consultada solo hemos localizado hallazgos similares en los pecios "San Antonio" (1621) y "Atocha" (1622) ilustrados por Marken (1994: 157–158).

Catálogo

1.4.1. Cuencos antiguos (1486–1500)

Esmalte brillante, fino y transparente (1° grupo)

No hay registros.

1.4.2. Cuencos tempranos (1500–1550)

Esmalte mate (2° grupo)

No hay registros.

1.4.3. Cuencos intermedios (1550–1600)

Esmalte intermedio (3° grupo)

Además de dos paredes cóncavas elaboradas con pastas ocres, registramos una sola base que describimos a continuación.

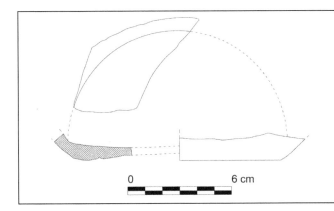

N° de inventario: 23.690
Objeto: Cuenco.
Procedencia: Sevilla.
Serie: *Serie blanca sevillana.*
Cronología: 1550–1600.
Medidas: 0,8 cm grosor de la pared; 4,2 cm de largo; 8,8 cm de ancho.
Descripción: Base cóncava y fondo plano. El arranque de pared curva.
Color de la pintura: Sin decoración.
Pasta: Ocre. Textura: Intermedia. Desgrasante: Fino, con intrusiones canelas.
Esmalte: Intermedio y grueso.
Observaciones: Huella de atifle al exterior y al interior.

1.4.4. Cuencos tardíos (1600–1650 ó hasta ¿1713?)

Esmalte grueso y brillante (4° grupo)

No hay registros.

Resultado final

Si atendemos a los paralelos recuperados en los pecios mencionados, se trata de una morfología que se incluye dentro de las producciones sevillanas de la primera mitad del siglo XVII. Sin embargo, haciendo uso de los indicadores de pasta y tipo de esmalte que hemos venido desarrollando a lo largo de este trabajo, los clasificamos en la **segunda mitad del siglo XVI**.

En cualquier caso, una sola base no es representativa de esta producción. Como en el caso de otras piezas de vajilla del ajuar sevillano, se trata de un tipo que está ampliamente representado entre la vajilla sevillana decorada en azul.

1.5. El jarro y la jarra

Los jarros formaron también parte de las vajillas bajomedievales y modernas, y presentan una gran variedad tipológica, tanto desde el punto de vista de las formas como de los tamaños. Entre ellos se puede diferenciar los que sirven para beber directamente de ellas (Rodríguez Aguilera, Á. *et al*, 1997: 147–168), parecidas a las jarras de cerveza actuales; de las que se emplearon como objetos de uso colectivo para servir a la mesa, nombrándose en la documentación archivística como *"jarroperas"* (Sánchez, 1998: 121–133) y *"jarros de pico"* (Pleguezuelo y Lafuente, 1995: fig. 18.14).

Proceso de estudio

Desde el punto de vista morfológico, entre las formas cerradas esmaltadas en blanco recuperadas en el convento, distinguimos dos tipos:

El jarro o *"jarro de pico"*

Se trata de una de las formas más comunes en el ajuar sevillano, de los siglos XVI y XVII, cuya morfología consiste en un cuerpo ovoide que se apoya sobre un pie anular. Una boca trilobulada con pico para verter y un apéndice de cinta vertical que parte de la boca y se apoya en la panza. Estas piezas se bañan de esmalte al interior, mientras que al exterior van solo cubiertas en la parte superior, dejando la mitad inferior en reserva. Una representación del mismo tipo aparece en el cuadro de Murillo ilustrado en la figura 4.18.

Fig. 4.18. *"Cristo curando al paralítico en la piscina de Betsaida"*. **Óleo sobre lienzo de Murillo, (entre 1667–1670). (© *The National Gallery*, London).**

130

Fig. 4.19. A la izquierda *"San Hugo en el refectorio de los Cartujos"*. **Óleo sobre lienzo pintado por Francisco de Zurbarán en el año 1655. A la derecha, detalle de la jarra talaverana de dos asas. (© Museo de Bellas Artes de Sevilla).**

La jarra *o "jarropera"*

La jarra, por su parte, es una forma también cerrada de pie anular, cuerpo globular y alto cuello troncocónico, casi cilíndrico; pero del que parten dos asas de cinta que se apoyan en la parte superior de la panza. Esta morfología está representada en las jarras talaveranas que aparecen en el óleo sobre lienzo pintado por Zurbarán hacia 1655, conocido como *"San Hugo en el refectorio de los Cartujos"* (Fig. 4.19).

Discusión cronológica

Entre los estudios americanos consultados no hemos encontrado referencias o indicadores que nos permitan distinguir entre jarros/jarras de estilo *temprano* o *tardío*. La única pista es la aplicación o no de vidriado verde, considerada por ellos, y también por nosotros, como posible indicador *temprano* e *intermedio*, como hemos visto en otras piezas del ajuar del servicio de mesa.

Si comparamos con el resto de las piezas del ajuar de la *serie blanca sevillana*, podemos suponer que las jarras con las aplicaciones verdes se habrán elaborado igualmente a lo largo del **siglo XVI**, desapareciendo para el siglo XVII.

Por otro lado, con esmalte blanco y sin decoración conocemos solamente el jarro representado por Murillo en el cuadro mencionado anteriormente y cuya fecha de producción se sitúa en el **siglo XVII**. La morfología de jarro con boca trilobulada es propia de las producciones del siglo XVII. Este tipo lo hemos registrado abundantemente entre los restos de la excavación de "San Francisco" de la capital grancanaria, pero decorados con azul de cobalto, en una serie de ejemplares que analizaremos en próximos trabajos.

Para catalogar los restos identificados de jarros y jarras de la *serie blanca con vidriado verde*, hemos recurrido, una vez más, al método que hemos venido aplicando para las cerámicas del ajuar blanco andaluz, detectando las mismas diferencias de esmaltes y pastas que hemos considerado para el resto de las piezas de vajilla de comedor descritas hasta el momento. El resultado es el siguiente:

Catálogo

1.5.1. Jarras y jarros antiguos (1486–1500)

Esmalte brillante, fino y transparente (1º grupo)

No hay registros.

1.5.2. Jarras y jarros tempranos (1500–1550)

Esmalte mate (2º grupo)

a) Jarros y jarras con aplicaciones de vidriado verde

Registramos un total de 12 fragmentos de la *serie blanca sevillana* cubiertos con vidriado verde en la superficie externa, entre los que se encuentran fragmentos de fondos, paredes, cuellos y arranques de asas, fácilmente identificables por las estrías que produce el torno en la cara interna de los fragmentos, indicando que pertenecieron a una forma cerrada.

De ellos hemos seleccionado el siguiente registro:

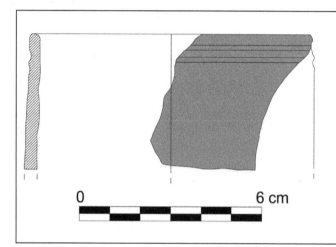

Nº de inventario: 21.924
Objeto: Jarra.
Procedencia: Sevilla.
Serie: *Serie blanca sevillana con verde.*
Cronología: 1500–1550.
Medidas: 9 cm de Ø de la boca. Pared-borde: 0,5 cm grosor de la pared; 4,3 cm de largo; 4,9 cm de ancho. Pared: 0,5 cm grosor de la pared; 2,3 cm de largo; 3 cm de ancho.
Descripción: Pared y pared-borde de jarra de boca cilíndrica y probablemente cuerpo globular. El borde recto y semiplano. Dos pequeñas incisiones horizontales y paralelas recorren la boca junto al labio.
Color de la pintura: Vidriado verde al exterior.
Pasta: Ocre. Textura: Intermedia. Desgrasante: Fino, con intrusiones canelas.
Esmalte: Mate.
Observaciones: Líneas del torno al interior.

1.5.3. Jarras y jarros intermedios (1550–1600)

Esmalte intermedio (3º grupo)

a) Jarros y jarras con aplicaciones de vidriado verde

Hemos registrado dos paredes, un hombro, un apéndice y un fragmento de cuello. Todos ellos llevan aplicación parcial de vidriado verde al exterior (Fig. 3.9).

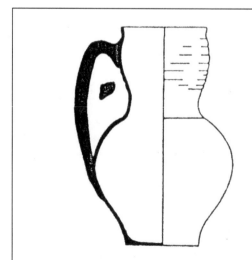

Nº de inventario: 21.938
Objeto: Jarro.
Procedencia: Sevilla.
Serie: *Serie blanca sevillana con verde.*
Cronología: 1550–1600.
Medidas: Apéndice: 1,4 cm de grosor; 4,2 cm de largo; 2,8 cm de ancho. Cuello: 0,6 cm de grosor; 3 cm de largo; 4,4 cm de ancho.
Descripción: Incluye dos fragmentos. Uno es un cuello recto y el segundo es una pared de la que parte de un asa de cinta de sección semicircular. Vidriados ambos fragmentos en verde al exterior y esmaltados en blanco al interior
Color de la pintura: Vidriado verde al exterior.
Pasta: Ocre pálido. Textura: Intermedia. Desgrasante: Fino, con intrusiones marrones.
Esmalte: Intermedio.
Observaciones: Ambos fragmentos muestran una serie de estrías en relieve en el cuello y en el apéndice, fruto de una intención decorativa y no por efecto del torno.

1.5.4. Jarras y jarros tardíos (1600–1650 ó hasta ¿1713?)

Esmalte grueso y brillante (4° grupo)

Hemos registramos un fragmento con el n° 26.990. Se trata de un borde recto de labio redondeado, elaborado con las características del cuarto grupo de clasificación; esto es, con una pasta amarilla de textura compacta y cubierto con un esmalte brillante y grueso. Pero se trata de un fragmento tan pequeño que abordaremos su estudio junto al resto de los jarros de esta serie andaluza en próximos trabajos.

Por su morfología corresponde a los jarros de boca trilobulada similares al ilustrado en el cuadro de Murillo *"Cristo curando al paralítico en la piscina de Betsaida"* (Fig.4.18), lo fechamos, provisionalmente, en el **siglo XVII**.

Resultado final

El estado de conservación de los fragmentos de las jarras y jarros "franciscanos" es pésimo, por lo que no hemos podido recomponer ninguna pieza completa o un perfil lo suficientemente significativo, entre los restos de la excavación.

Sin embargo, desde el punto de vista morfológico, hemos podido reconstruir por comparación tres tipos de jarros y/o jarras. En primer lugar, el fragmento n° 21.924, pertenece a un tipo de cuello alto cilíndrico asociado probablemente a las jarras con dos asas y cuerpo globular o "jjarroperas". Por otro lado, el fragmento n° 26.990 corresponde al tipo jarro que tienen un pico vertedor y boca trilobulada, con un solo apéndice de cinta. Un jarro similar está representado en el cuadro de Murillo *"Cristo curando al paralítico en la piscina de Betsaida"* (Fig. 4.18), fechado en el **siglo XVII**. Por último, y a pesar de la fragmentación del recipiente hemos localizado un tercer tipo de jarro que correspondería con los fragmentos n° 21.938 consistente en un cuerpo globular, cuello curvo fuertemente estriado que termina en un borde ligeramente exvasado. Esta morfología aparece documentada entre la vajilla bajomedieval y moderna sevillana de los siglos XV al XVIII, ilustradas por Amores y Chisvert (1993: 321, fig. 160 AL), y procedente de la loza quebrada empleada en los rellenos de las bóvedas para aligerar las techumbre de los edificios sevillanos. Localizamos asimismo un paralelo del fragmento n° 21.938 entre los ejemplares del yacimiento de La Isabela, en La República Dominicana, cuyos niveles de ocupación están asociados a cronologías *tempranas*, entre 1493 y ca. 1500.

La fragmentación de los restos de jarros y jarras presentes en la excavación de "San Francisco" hace difícil su adscripción cronológica precisa. A pesar de la dificultad, si tenemos en cuenta los indicadores aplicados a lo largo del estudio, es decir, la aplicación vítrea verde, el tipo de pastas con que fueron elaboradas y el brillo de las cubiertas estanníferas, estarían incluidos en los grupos *tempranos* e *intermedios;* fechados, por tanto, a lo largo del **siglo XVI**.

Entre los fragmentos registrados en la excavación de "San Francisco" hemos localizado un alto número de fragmentos de jarros sin decoración asociada, pero al no tener las piezas completas reconstruidas no podemos afirmar que formaran parte de jarros totalmente blancos sin ningún tipo de decoración, por lo que estos fragmentos inventariados los contabilizaremos con el resto de los correspondientes a jarros decorados en azul.

1.6. La copa

La copa es un recipiente de cuerpo semiesférico apoyado sobre un pie en forma de campana invertida, empleado para contener líquidos, probablemente de uso individual.

Proceso de estudio

Otra de las formas esmaltadas en blanco identificadas entre los restos de la excavación del antiguo Convento de San Francisco es un pie desarrollado en forma de campana invertida. Lo único que se ha conservado de la pieza es el soporte, en el que se adivina la forma ligeramente curva del fondo del recipiente. Todo parece indicar que se trata de una copa o al menos de una forma abierta.

Fig. 4.20. Copa esmaltada en blanco de filiación sevillana, recuperada en las excavaciones realizadas frente al Convento de los Padres Dominicos de San Juan de Puerto Rico (1521–1790). (Barnes y Medina, 1995: 39).

En un trabajo de Barnes y Medina (1995: 39) aparece ilustrada una copa esmaltada en blanco, cuyo pie nos recuerda al fragmento registrado con el nº 24.063. La pieza paralela fue hallada en San Juan de Puerto Rico, en un yacimiento arqueológico ubicado frente al Convento de Los Padres Dominicos, en el área conocida como barrio de Ballajá. Las distintas campañas de excavación realizadas entre los años 1983 y 1992 aportaron una gran cantidad de material datado entre los siglos XVI y XVII, aunque la mayor parte es del siglo XVIII y principios del XIX.

Los autores que estudiaron los materiales de aquella excavación, identificaron esta pieza con los tipos *"columbia simple"* sevillanos y creen que este tipo de piezas se embarcó en los comienzos del establecimiento de los dominicos en San Juan, aunque explican que el comercio entre Puerto Rico y España se produjo a partir del siglo XVI y hasta el XVIII (Barnes & Medina, 1995: 9).

En estudios posteriores de cerámica moderna en el ámbito andaluz, ha sido localizada una copa de cuerpo semiesférico, con pie macizo y base moldurada, en el Convento del Carmen en Sevilla. Sus autoras incluyen su producción dentro del grupo morisco de vajillas de uso doméstico que fechan en la primera mitad del siglo XVI (Somé y Huarte, 1999: 160–171).

Discusión cronológica

Por comparación con los yacimientos arqueológicos de Puerto Rico y de Sevilla, comprobamos que la copa es una tipo cerámico que ya se produce en el siglo XVI.

Por nuestra parte, al hacer uso de los indicadores cronológicos que hemos venido empleando para la *serie blanca sevillana* recuperada en el antiguo convento gran canario, confirmamos que nuestro fragmento puede catalogarse en la **segunda mitad del siglo XVI**.

Catálogo

1.6.1. Copas antiguas (1486–1500)

Esmalte brillante, fino y transparente (1º grupo)

No hay registros.

1.6.2. Copas tempranas (1500–1550)

Esmalte mate (2º grupo)

No hay registros.

1.6.3. Copas intermedias (1550–1600)

Esmalte intermedio (3° grupo)

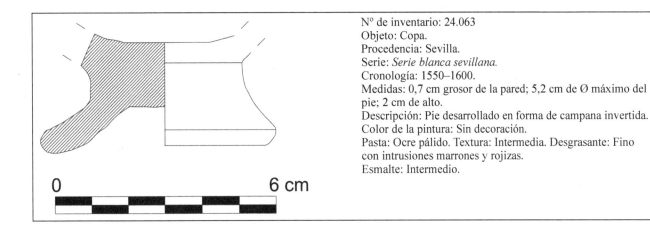

Nº de inventario: 24.063
Objeto: Copa.
Procedencia: Sevilla.
Serie: *Serie blanca sevillana.*
Cronología: 1550–1600.
Medidas: 0,7 cm grosor de la pared; 5,2 cm de Ø máximo del pie; 2 cm de alto.
Descripción: Pie desarrollado en forma de campana invertida.
Color de la pintura: Sin decoración.
Pasta: Ocre pálido. Textura: Intermedia. Desgrasante: Fino con intrusiones marrones y rojizas.
Esmalte: Intermedio.

1.6.4. Copas tardías (1600–1650 ó hasta ¿1713?)

Esmalte grueso y brillante (4° grupo)

No hay registros.

Resultado final

Hemos registrado un solo fragmento de pie de copa que, atendiendo a los indicadores tecnológicos, hemos clasificado dentro del tercer grupo, y estaría fechada, por tanto, en la **segunda mitad del siglo XVI.** Su producción coincide en el tiempo con la presencia de otras copas descubiertas en yacimientos americanos y andaluces.

2. Vasijas de usos múltiples

2.1. La tapadera

Es difícil definir la morfología de una tapadera, pues la tipología es variada a juzgar por los hallazgos de las diferentes excavaciones en las que se han recuperado cerámicas medievales y modernas.

Entre el repertorio documentado en la bibliografía consultada existen desde algunas de forma circular, aladas con pedúnculo central interior, hasta un pequeño cuenco ejerciendo esta función, como se documentó en la excavación de la Cuesta de la Victoria, en Granada (Rodríguez Aguilera *et al*, 1997: 147–168).

Pero dependiendo del objeto al que se destinaban su cierre o protección podemos encontrar también pequeñas jarritas haciendo la doble función de tapadera y recipiente para beber, e incluso tapones de corcho como podemos ver en el cuadro de Velázquez *"El aguador de Sevilla"* (Fig. 4.21).

En el citado trabajo de Rodríguez Aguilera y Revilla Negro localizamos un recipiente de pequeñas dimensiones con asiento plano o con anillo de solero, paredes biseladas exteriormente, sin borde y con un acabado que se caracteriza por el vidriado en la superficie interior, muy frecuente en los siglos XVI y XVII. Esta forma es interpretada por otros autores como posible tapadera, sin embargo, para Rodríguez y Revilla se trata de un especiero (Fig. 4.22), es decir, un recipiente para contener sal u otras especies para presentarlo en el servicio de mesa (Rodríguez y Revilla, 1997: 147–168. Lam. 12).

Proceso de estudio

Entre los fragmentos de la *serie blanca sevillana* del antiguo cenobio franciscano de Las Palmas de Gran Canaria encontramos unos bordes de labio chato, ligeramente engrosados al interior y al exterior, que presentaban, en

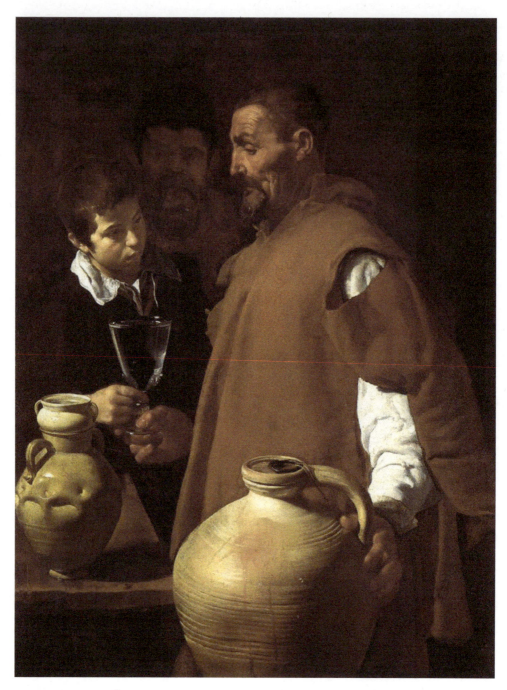

Fig. 4.21. *"El aguador de Sevilla".* Óleo sobre lienzo elaborado por Diego Velázquez alrededor de 1620. (*Wellington Collection, Apsley House*, English Heritage).

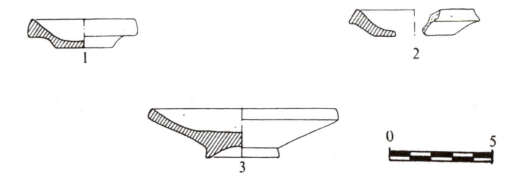

Fig. 4.22. Posibles tapaderas o especieros del siglo XVI encontrados en la ciudad de Granada (Rodríguez y Revilla, 1997: 166).

algunos casos, una incisión sobre el labio. En principio parecían pertenecer a algún tipo de forma abierta diferente a los platos. La reconstrucción de formas parecidas entre los restos de la serie blanca con decoración azul de la misma excavación "franciscana" nos puso sobre la pista de que este tipo de fragmentos podía haber formado parte de tapaderas o recipientes con una función similar.

Realmente la fragmentación de las piezas cerámicas hace muy difícil concretar su funcionalidad. En cualquier caso, ilustramos los fragmentos con la intención de que esta duda pueda ser aclarada en futuros estudios cuando aparezcan piezas completas con el mismo tipo de borde y nos permitan reconocer su identidad.

Siguiendo los criterios de clasificación aplicados hasta el momento, obtuvimos los siguientes resultados:

Catálogo

2.1.1. Tapaderas antiguas (1486–1500)

Esmalte brillante, fino y transparente (1º grupo)

No hay registros.

2.1.2. Tapaderas tempranas (1500–1550)

Esmalte mate (2º grupo)

No hay registros.

2.1.3. Tapaderas intermedias (1550–1600)

Esmalte intermedio (3º grupo)

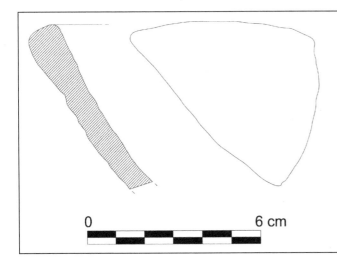

Nº de inventario: 23.621
Objeto: ¿Tapadera?
Procedencia: Sevilla.
Serie: *Serie blanca sevillana.*
Cronología: 1550–1600.
Medidas: 0,8 cm grosor de la pared; 6,4 cm de largo; 4,8 cm de ancho.
Descripción: Borde curvo divergente, ligeramente engrosado, y labio plano.
Color de la pintura: Sin decoración.
Pasta: Ocre oscuro. Textura: Intermedia. Desgrasante: Fino con intrusiones marrones y blancas.
Esmalte: Intermedio, algo verdoso.

0   6 cm

Nº de inventario: 26.249
Objeto: ¿Tapadera?
Procedencia: Sevilla.
Serie: *Serie blanca sevillana.*
Cronología: 1550–1600.
Medidas: 0,9 cm grosor de la pared; 5,1 cm de largo; 4,1 cm de ancho.
Descripción: Borde recto, ligeramente engrosado, y labio plano.
Color de la pintura: Sin decoración.
Pasta: Ocre. Textura: Intermedia. Desgrasante: Fino con intrusiones canelas.
Esmalte: Intermedio, algo verdoso.

0   6 cm

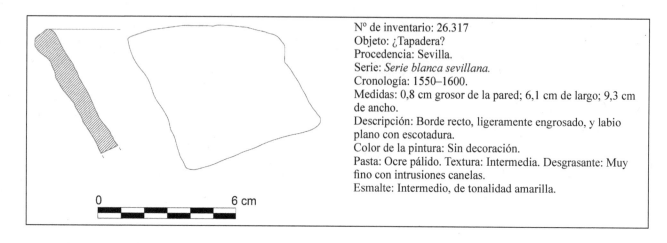

Nº de inventario: 26.317
Objeto: ¿Tapadera?
Procedencia: Sevilla.
Serie: *Serie blanca sevillana.*
Cronología: 1550–1600.
Medidas: 0,8 cm grosor de la pared; 6,1 cm de largo; 9,3 cm de ancho.
Descripción: Borde recto, ligeramente engrosado, y labio plano con escotadura.
Color de la pintura: Sin decoración.
Pasta: Ocre pálido. Textura: Intermedia. Desgrasante: Muy fino con intrusiones canelas.
Esmalte: Intermedio, de tonalidad amarilla.

2.1.4. Tapaderas tardías (1600–1650 ó hasta ¿1713?)

Esmalte grueso y brillante (4º grupo)

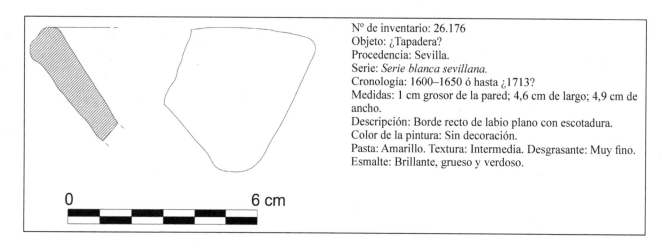

Nº de inventario: 26.176
Objeto: ¿Tapadera?
Procedencia: Sevilla.
Serie: *Serie blanca sevillana.*
Cronología: 1600–1650 ó hasta ¿1713?
Medidas: 1 cm grosor de la pared; 4,6 cm de largo; 4,9 cm de ancho.
Descripción: Borde recto de labio plano con escotadura.
Color de la pintura: Sin decoración.
Pasta: Amarillo. Textura: Intermedia. Desgrasante: Muy fino.
Esmalte: Brillante, grueso y verdoso.

Resultado final

No podemos afirmar que se trate de fragmentos de tapaderas, lo que sí es cierto es que son bordes de recipientes diferentes a los platos que hemos analizado al inicio del capítulo, por tanto tienen una funcionalidad diferente.

En cualquier caso, aunque los paralelos son escasos, si aplicamos el método seguido hasta el momento para datar la *serie blanca sevillana*, estaríamos ante una producción *intermedia* y *tardía*, fechada probablemente entre la **segunda mitad del XVI y primera mitad del siglo XVII**.

2.2. El jarro grande

Proceso de estudio

Cuando realizamos el inventario registramos un fragmento de apéndice de cinta muy grueso que, a juzgar por su tamaño, debió pertenecer a una pieza de considerables dimensiones. No hemos encontrado, por el momento, paralelos en los que aparezcan jarros de grandes dimensiones bañados con una cubierta estannífera blanca, por lo que dejamos constancia de ellos para futuras investigaciones.

Catálogo

2.2.1. Jarros grandes antiguos (1486–1500)

Esmalte brillante, fino y transparente (1º grupo)

No hay registros.

2.2.2. Jarros grandes tempranos (1500–1550)

Esmalte mate (2º grupo)

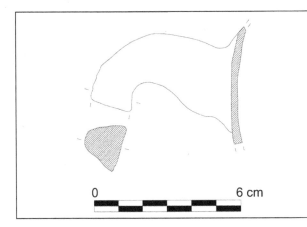

Nº de inventario: 23.088
Objeto: ¿Jarro grande?
Procedencia: Sevilla.
Serie: *Serie blanca sevillana.*
Cronología: 1500–1550.
Medidas: 1,9 cm grosor del apéndice; 6,5 cm de largo; 3,4 cm de ancho.
Descripción: Fragmento de asa de cinta de sección triangular.
Color de la pintura: Sin decoración.
Pasta: Amarillo. Textura: Intermedia. Desgrasante: Muy fino.
Esmalte: Mate.

2.2.3. Jarros grandes intermedios (1550–1600)

Esmalte intermedio (3º grupo)

No hay registros.

2.2.4. Jarros grandes tardíos (1600–1650 ó hasta ¿1713?)

Esmalte grueso y brillante (4º grupo)

No hay registros.

Resultado final

Si aplicamos el método seguido hasta el momento para datar la *serie blanca sevillana*, estaríamos ante una producción *temprana*, de la **primera mitad del siglo XVI.**

3. Otras funcionalidades: portadores de tinta, de fuego o de agua[61]

3.1. El tintero

Utilizados como contenedores de tinta para escribir, adquieren múltiples formas. Su funcionalidad estaría reservada a aquellos espacios de las casas en las que se encontraban los despachos o escritorios y, por qué no, a las bibliotecas o archivos de los monasterios y conventos, como el franciscano que estudiamos.

Desde el punto de vista morfológico suelen ser recipientes con varias cavidades e incluso pueden tener orificios en la zona superior destinados a portar las plumas para escribir.

---

[61] Aunque no forma parte de este trabajo, consideramos que en este apartado podríamos incluir las pilas de agua bendita y las pilas bautismales de cerámica tan conocidas en la alfarería andaluza.

Proceso de estudio

Los únicos tinteros que hemos localizado fueron recuperados por Goggin para en el yacimiento arqueológico de La Vega Vieja, en la República Dominicana (Goggin, 1968: *plate* 3 e). Se trata de un recipiente de forma cuadrada (Fig. 4.7).

La concavidad que muestran los objetos exhumados en el solar "franciscano" de Las Palmas de Gran Canaria nos llevan a considerar que se trata de piezas con esta funcionalidad.

Catálogo

3.1.1. Tinteros antiguos (1486–1500)

Esmalte brillante, fino y transparente (1º grupo)

No hay registros.

3.1.2. Tinteros tempranos (1500–1550)

Esmalte mate (2º grupo)

No hay registros.

3.1.3. Tinteros intermedios (1550–1600)

Esmalte intermedio (3º grupo)

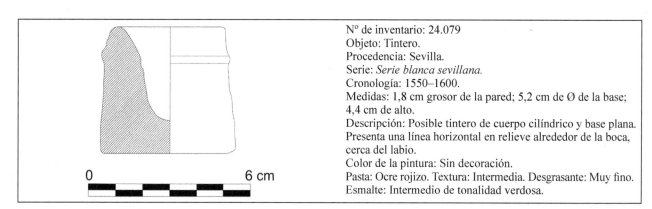

Nº de inventario: 24.079
Objeto: Tintero.
Procedencia: Sevilla.
Serie: *Serie blanca sevillana.*
Cronología: 1550–1600.
Medidas: 1,8 cm grosor de la pared; 5,2 cm de Ø de la base; 4,4 cm de alto.
Descripción: Posible tintero de cuerpo cilíndrico y base plana. Presenta una línea horizontal en relieve alrededor de la boca, cerca del labio.
Color de la pintura: Sin decoración.
Pasta: Ocre rojizo. Textura: Intermedia. Desgrasante: Muy fino.
Esmalte: Intermedio de tonalidad verdosa.

3.1.4. Tinteros tardíos (1600–1650 ó hasta ¿1713?)

Esmalte grueso y brillante (4º grupo)

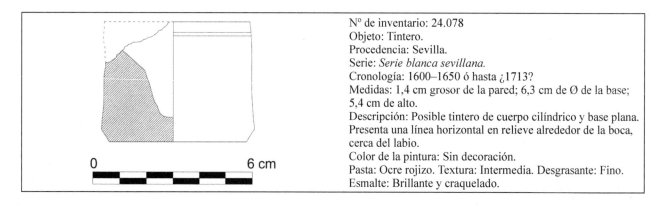

Nº de inventario: 24.078
Objeto: Tintero.
Procedencia: Sevilla.
Serie: *Serie blanca sevillana.*
Cronología: 1600–1650 ó hasta ¿1713?
Medidas: 1,4 cm grosor de la pared; 6,3 cm de Ø de la base; 5,4 cm de alto.
Descripción: Posible tintero de cuerpo cilíndrico y base plana. Presenta una línea horizontal en relieve alrededor de la boca, cerca del labio.
Color de la pintura: Sin decoración.
Pasta: Ocre rojizo. Textura: Intermedia. Desgrasante: Fino.
Esmalte: Brillante y craquelado.

Resultado final

Si aplicamos el método seguido hasta el momento para datar la *serie blanca sevillana*, estaríamos ante una producción *intermedia* y *tardía*, fechada entre la **segunda mitad del XVI y primera mitad del siglo XVII**.

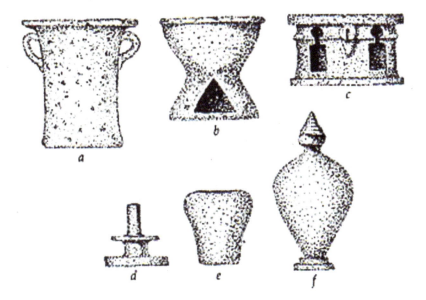

Fig. 4.23. La figura "d" ilustra la posible reconstrucción de un candil entre las vasijas cristianas identificadas por Lister & Lister (1987: 101).

3.2. El candelero

La función del candelero es la de soportar una vela o candela, por tanto el cuerpo central de estos recipientes es cilíndrico, mientras que la morfología exterior puede ser variada.

Proceso de estudio

Hemos localizado piezas con la misma función en contextos americanos (Lister & Lister, 1987:101, fig. 56 d) que reproducimos en la figura 4.23.

En contextos andaluces se distingue entre los candeleros para hachones y para velas finas que sustituyen, en general, a los candiles de aceite anteriores al siglo XV (Pleguezuelo, 1997: 356).

Catálogo

3.2.1. Candeleros antiguos (1486–1500)

Esmalte brillante, fino y transparente (1° grupo)

No hay registros.

3.2.2. Candeleros tempranos (1500–1550)

Esmalte mate (2° grupo)

No hay registros.

3.2.3. Candeleros intermedios (1550–1600)

Esmalte intermedio (3° grupo)

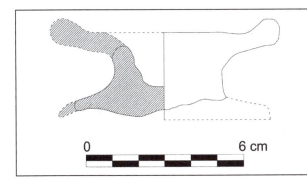

0   6 cm

N° de inventario: 23.323
Objeto: ¿Candelero?
Procedencia: Sevilla.
Serie: *Serie blanca sevillana.*
Cronología: 1550–1600.
Medidas: 0,7 cm grosor de la pared; 4,4 cm de Ø del pie aproximado; 3,5 cm de alto.
Descripción: Posible candelero de pie plano y cuerpo de sección hiperbólica.
Color de la pintura: Sin decoración.
Pasta: Amarillo. Textura: Intermedia. Desgrasante: Muy fino.
Esmalte: Intermedio.

3.2.4. Candeleros tardíos (1600–1650 ó hasta ¿1713?)

Esmalte grueso y brillante (4º grupo)

No hay registros.

Resultado final

Aplicando el método seguido hasta el momento para datar la *serie blanca sevillana*, estaríamos ante una producción *intermedia*, fechada en la **segunda mitad del XVI**.

4. Vasijas de dormitorio

La denominación "vasijas de dormitorio" no es probablemente la más apropiado para definir el grupo que a continuación describimos. Incluimos aquellas piezas que van destinadas al aseo personal, es decir las **bacías**, con sus correspondientes **jarros**; así como los **bacines**. Incluimos también los **lebrillos**, pues aunque son piezas de usos múltiples; al tratarse de piezas esmaltadas en blanco, pensamos que pudieron emplearse para cuestiones de higiene individual.

Por otro lado, las paredes de los lebrillos y de los bacines suelen confundirse cuando aparecen fragmentadas.

4.1. El bacín

Se trata de un recipiente troncocónico de tendencia cilíndrica, de paredes rectas o ligeramente cóncavas, coronado por un ancho borde alado superior que sirve de asiento y base plana. Generalmente lleva dos asas laterales, para facilitar el vaciado. En algunos bacines aparece el apéndice de falange o de pellizco, a veces vidriado de verde, aplicados sobre las paredes exteriores (Pleguezuelo, 1997: 356).

Los bacines son recipientes utilizados como orinales y depósito de los excrementos. Su tamaño es mayor que el del orinal. Solía encontrarse en los dormitorios, colocados generalmente bajo las camas y cubiertos con un paño de lino (Sánchez, 1998: 121–133).

La tipología más variada de bacines la encontramos ilustrada en el trabajo publicado por Amores y Chivert (1993: 269–325). Sus autores nos explican que los bacines suelen estar generalmente cubiertos de vidriado melado al interior y parcialmente al exterior. Además, nos dicen que los elementos que nos permiten identificar estos fragmentos son las líneas incisas horizontales o las aplicaciones de cordones o costillas verticales. Estos elementos están asociados, según los hallazgos andaluces, a cronologías más *tempranas*. Por otro lado, existe un segundo grupo de bacines en los que las asas desaparecen y las bases no son tan anchas como en el primer grupo. Estos bacines más cercanos en el tiempo, van cubiertos de estannífero blanco y comienzan a decorarse con temas geométricos, vegetales o animales, en color azul cobalto o en verde (Amores y Chivert, 1993: 269–325).

Proceso de estudio

Entre los restos de la excavación de "San Francisco" encontramos un grupo de fragmentos de paredes gruesas, de entre 0,8 y 1 cm de grosor que, esmaltadas en blanco solamente en la superficie interna, muestran en su superficie las ondulaciones provocadas por el torno, características de las piezas de mayor tamaño.

La fragmentación de los recipientes de un tamaño considerable hace que, en ocasiones, resulte difícil de identificar su función original, pues sus paredes pueden haber formado parte de bacines, de lebrillos o incluso de jarros grandes.

Cuando encontramos estas piezas completas suelen ir decoradas con sencillos motivos en azul cobalto, por lo que creemos que sería conveniente estudiar los resultados de este tipo cerámico en su conjunto con el resto de los bacines que se recuperaron en la intervención arqueológica, tanto los fragmentos esmaltados en blanco, como los que tienen algún tipo de decoración.

Para este trabajo incluimos solo un ejemplar, el más completo que hemos encontrado, en el que se conserva parte del ala, una buena parte de la pared y un pequeño apéndice de pellizco, del que hemos localizado un paralelo (Fig. 4.24) entre los restos de las bóvedas de los edificios de Sevilla (Amores y Chisvert, 1993, 315. fig. 116 p).

Discusión cronológica

Los bacines aparecen en fechas *tempranas* en contextos de los siglos XV y XVI, en yacimientos como el de Alcácer Seguer, en Marruecos (Redman & Boone, 1979: 5–77, fig. 18 s).

En las colonias españolas del continente americano son frecuentes los bacines vidriados en verde, sobre todo en contextos del siglo XVI. Una producción que se considera paralela a la de los lebrillos melados registrados en Sevilla (Deagan, 1987: 49, fig. 4.19).

Se trata, además, de un tipo cerámico que aparece desde época nazarí entre el ajuar de lujo de la Alhambra, posiblemente por influencia cristiana; pero será a partir del siglo XVI cuando comience a aparecer en los contextos arqueológicos de la ciudad andaluza (Rodríguez y Revilla: 1997: 147–168).

Otros hallazgos arqueológicos los encontramos contextos subacuáticos estudiados por Marken, en concreto en el pecio "Atocha" (1622), constatando que su uso y producción continúan, por tanto, en la primera mitad del siglo XVII (Marken, 1994: fig. 5.15 A).

El uso y comercialización del bacín se perpetuará hasta bien entrado los siglos XVIII y XIX, como queda registrado entre los ejemplares procedentes de las colecciones de Santo Domingo y Puerto Rico respectivamente (Deagan, 1987: 94, fig. 4.54, 4.55). Estas piezas más cercanas en el tiempo suelen ir decoradas en azul o verde sobre el esmalte blanco, una decoración que ya fue clasificada por John Goggin (1968: *plate* 18 f) como *"Triana Simple"* (Amores y Chisvert, 1993: 269–325).

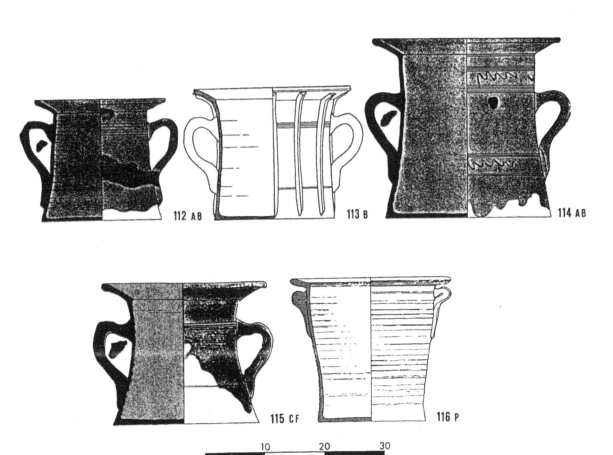

Fig. 4.24. Repertorio de bacines recuperados en las bóvedas de los edificios sevillanos (Amores y Chisvert, 1993: 315).

143

Catálogo

4.1.1. Bacines antiguos (1486–1500)

Esmalte brillante, fino y transparente (1º grupo)

No hay registros.

4.1.2. Bacines tempranos (1500–1550)

Esmalte mate (2º grupo)

No hay registros.

4.1.3. Bacines intermedios (1550–1600)

Esmalte intermedio (3º grupo)

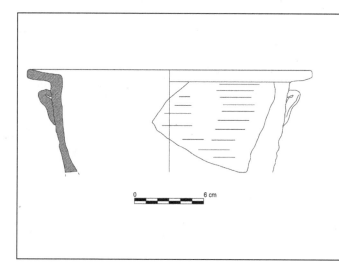

Nº de inventario: 23.554
Objeto: Bacín.
Procedencia: Sevilla.
Serie: *Serie blanca sevillana.*
Cronología: 1550–1600.
Medidas: 0,7 cm grosor de la pared; 19 cm de Ø de la boca; 24,5 cm de Ø con el ala.
Descripción: Fragmento de pared-borde-apéndice de bacín de cuerpo cóncavo, ala ligeramente oblicua de labio recto. Conserva uno de los apéndices de pellizco sobre la pared a 1 cm del ala.
Color de la pintura: Sin decoración. Quizás llevó motivos en azul cobalto sobre el ala, pero por la fractura de la pieza, no se conservan.
Pasta: Ocre. Textura: Intermedia. Desgrasante: Muy fino.
Esmalte: Intermedio.
Observaciones: Presenta estrías del torno al exterior y al interior, pero muy finas.

4.1.4. Bacines tardíos (1600–1650 ó hasta ¿1713?)

Esmalte grueso y brillante (4º grupo)

Los registros de este grupo se estudiaran conjuntamente con el resto de los bacines decorados.

Resultado final

El ejemplar que hemos escogido como representante de las vasijas de dormitorio de la *serie blanca sevillana* entre los restos de la excavación de "San Francisco" puede fecharse en la **segunda mitad del siglo XVI**, siguiendo los indicadores de pasta y brillo del esmalte empleados a lo largo de este trabajo.

4.2. ¿La bacía pequeña?

La bacía es un recipiente con forma de plato hondo con escotadura muy marcada, de dimensiones algo mayores que aquél. Utilizada en el oficio de barbero y para sangrar, fue inmortalizada por "Don Quijote" como yelmo.

Proceso de estudio

Entre las cerámicas esmaltadas en blanco, identificamos dos fragmentos cuyo perfil se presentaba con una marcada inflexión entre el fondo de fuerte concavidad y un ala incompleta oblicua al exterior, de trayectoria casi horizontal. Inicialmente pensamos que se trataba de un plato, similar a nuestros platos hondos actuales; sin embargo, el hecho de haber registrado tan solo dos fragmentos entre el gran volumen de piezas que forman parte de la *serie blanca sevillana*, nos permite reinterpretar estas piezas, apuntando la posibilidad de que se trate de fragmentos de bacías o, al menos, de cerámicas con una funcionalidad diferente al plato común que vimos para el servicio de mesa.

Catálogo

4.2.1. ¿Bacías pequeñas antiguas (1486–1500)

Esmalte brillante, fino y transparente (1º grupo)

No hay registros.

4.2.2. ¿Bacías pequeñas tempranas (1500–1550)

Esmalte mate (2º grupo)

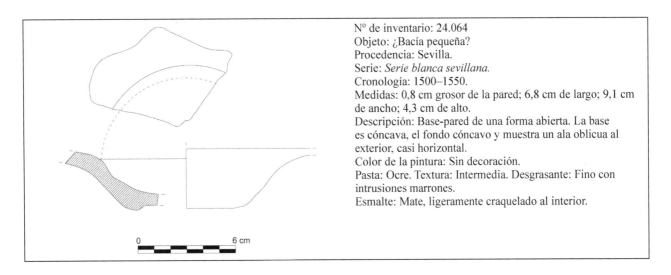

Nº de inventario: 24.064
Objeto: ¿Bacía pequeña?
Procedencia: Sevilla.
Serie: *Serie blanca sevillana.*
Cronología: 1500–1550.
Medidas: 0,8 cm grosor de la pared; 6,8 cm de largo; 9,1 cm de ancho; 4,3 cm de alto.
Descripción: Base-pared de una forma abierta. La base es cóncava, el fondo cóncavo y muestra un ala oblicua al exterior, casi horizontal.
Color de la pintura: Sin decoración.
Pasta: Ocre. Textura: Intermedia. Desgrasante: Fino con intrusiones marrones.
Esmalte: Mate, ligeramente craquelado al interior.

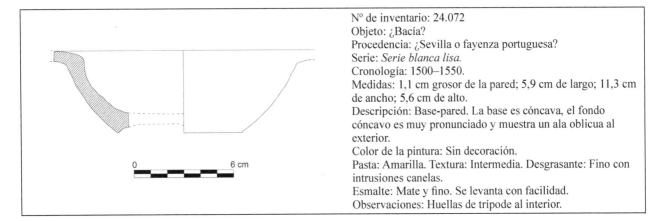

Nº de inventario: 24.072
Objeto: ¿Bacía?
Procedencia: ¿Sevilla o fayenza portuguesa?
Serie: *Serie blanca lisa.*
Cronología: 1500–1550.
Medidas: 1,1 cm grosor de la pared; 5,9 cm de largo; 11,3 cm de ancho; 5,6 cm de alto.
Descripción: Base-pared. La base es cóncava, el fondo cóncavo es muy pronunciado y muestra un ala oblicua al exterior.
Color de la pintura: Sin decoración.
Pasta: Amarilla. Textura: Intermedia. Desgrasante: Fino con intrusiones canelas.
Esmalte: Mate y fino. Se levanta con facilidad.
Observaciones: Huellas de trípode al interior.

4.2.3. ¿Bacías pequeñas intermedias (1550–1600)

Esmalte intermedio (3º grupo)

No hay registros.

4.2.4. ¿Bacías pequeñas tardías (1600–1650 ó hasta 1713?)

Esmalte grueso y brillante (4º grupo)

No hay registros.

Resultado final

Si aplicamos el método seguido hasta el momento para datar la *serie blanca sevillana*, podríamos hablar de una producción *temprana*, fechada en la **primera mitad del XVI**.

Por otro lado, por el tipo de pasta y esmalte que muestra el fragmento n° 24.072, no descartamos la posibilidad de que se trate de una producción de fayanza portuguesa.

4.3. El lebrillo

Se trata de una pieza de perfil troncocónico invertido, base plana y labio engrosado. Una forma que apenas ha variado desde época medieval.

Sobre su tamaño, la documentación del Archivo General de Indias nombra *lebrillos grandes* y *pequeños*; por tanto, sus medidas suelen oscilar entre los 85 cm de diámetro para los primeros y 50 cm para los segundos, combinándose a menudo ambos tamaños para su transporte, para poder aprovechar mejor el espacio (Sánchez, 1998: 121–133).

Desde el punto de vista de la funcionalidad se puede incluir en el grupo de *vasijas de usos múltiples*, pues se utiliza en el ámbito doméstico con diversidad de funciones, desde contener agua para el aseo personal, como también en la cocina para la preparación de alimentos, o como elemento auxiliar para ciertas labores textiles como el lavado de la ropa (Rodríguez y Revilla: 1997: 147–168).

Proceso de estudio

Cuando hicimos el inventario de las cerámicas de "San Francisco" nos encontramos con un nutrido número de bordes gruesos que pertenecían a lebrillos, la mayoría cubiertos con vidriado verde al interior. Con la misma morfología registramos algunos fragmentos de lebrillos esmaltados en blanco con motivos decorativos en azul aplicados sobre los bordes o en los fondos.

El problema lo encontramos a la hora de clasificar los fragmentos de paredes que habían pertenecido a los lebrillos, y que aparecían solo esmaltadas en blanco, pero que podían haber formado parte de una pieza decorada, pues la fractura de la pieza nos impedía analizarla de manera completa.

Como en el caso de los cuencos, de los jarros o de los bacines, la mayoría de los lebrillos van decorados con motivos en azul cobalto, a excepción del borde n° 23.474. Para dejar constancia de su presencia en la tipología del ajuar sevillano de "San Francisco", lo incluimos dentro de este catálogo.

Decidimos incluirlo en este apartado de *vasijas de dormitorio*, dentro de la funcionalidad de *aseo personal*, porque sus paredes son más finas que las registradas entre los lebrillos vidriados en verde, melados e incluso los de la serie blanca decorada en azul. Pensamos, por tanto, que quizás se destinó al aseo personal individual; mientras que los ejemplares más rústicos se emplearon en la cocina o en la lavandería.

Sin embargo, consideramos, una vez más, que para elaborar el catálogo completo de las mayólicas sevillanas, lo más conveniente es realizar el estudio de las paredes esmaltadas blancas de manera conjunta con el resto de los lebrillos de la serie blanca decorada.

Discusión cronológica

El lebrillo es un objeto tradicional desde época almohade y ha sobrevivido con pocas modificaciones hasta la actualidad.

Alfonso Pleguezuelo nos indica que las variaciones las ha sufrido en el borde y en el baño vítreo que se les ha aplicado. Para este autor, es a partir del siglo XV cuando comienzan a aplicarse las cubiertas vítreas verdes sobre ellos (Pleguezuelo, 1993: 39–50).

Durante el siglo XVI se comercializaron también los lebrillos, como mencionamos en el documento de 1554, referente a la carga llevada a bordo del barco "Nuestra Señora de la Concepción" (Marken, 1994: 141).

Desde el punto de vista de la documentación, en la lista de precios de 1627 aparecen hasta 13 tamaños diferentes, pero si consideramos los ejemplares vidriados, se constatan tres tipos comunes: los *"lebrillos grandes verdes"*, del que existe un numeroso grupo entre los restos de la excavación de "San Francisco"; en segundo lugar, *"el lebrillejo blanco"*, más pequeño, que suele ir decorado con trazos simples en azul cobalto; y, por último, un tercer tipo no decorado que suele usarse para lavar la ropa (Pleguezuelo, 1993: 39–50).

Al siglo XIX corresponde un tipo de lebrillo policromado de la serie "Montería" conservado en la colección Carranza, y aunque no se trata de lebrillos de la *serie blanca sevillana* exclusivamente, sirve para documentar la producción ininterrumpida de lebrillos sevillanos a lo largo de los siglos (Pleguezuelo, 1996: fig. 208).

Catálogo

4.3.1. Lebrillos antiguos (1486–1500)

Esmalte brillante, fino y transparente (1° grupo)

No hay registros.

4.3.2. Lebrillos tempranos (1500–1550)

Esmalte mate (2° grupo)

No hay registros.

4.3.3. Lebrillos intermedios (1550–1600)

Esmalte intermedio (3° grupo)

No hay registros.

4.3.4. Lebrillos tardíos (1600–1650 ó hasta ¿1713?)

Esmalte grueso y brillante (4° grupo)

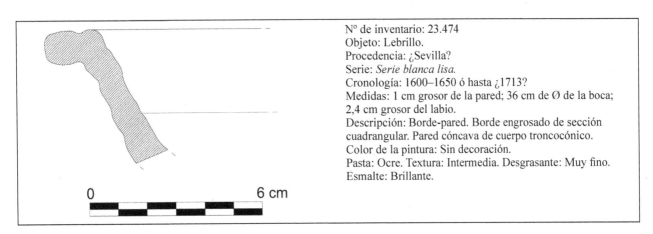

N° de inventario: 23.474
Objeto: Lebrillo.
Procedencia: ¿Sevilla?
Serie: *Serie blanca lisa.*
Cronología: 1600–1650 ó hasta ¿1713?
Medidas: 1 cm grosor de la pared; 36 cm de Ø de la boca; 2,4 cm grosor del labio.
Descripción: Borde-pared. Borde engrosado de sección cuadrangular. Pared cóncava de cuerpo troncocónico.
Color de la pintura: Sin decoración.
Pasta: Ocre. Textura: Intermedia. Desgrasante: Muy fino.
Esmalte: Brillante.

0   6 cm

Resultado final

Para este tipo de piezas no hemos encontrado paralelos morfológicos con los que compararlas en otros yacimientos.

Si recurrimos a los indicadores propuestos a lo largo de este estudio, con el fin de catalogar los restos de cerámicos de la *serie blanca sevillana*, hemos de decir que las características del esmalte difieren de las observadas hasta el momento. El esmalte se presenta brillante, pero no tan grueso como el característico del 4°

grupo. El baño está bien ejecutado y la pieza está aún mejor acabada que el resto de los lebrillos analizados, propios de los alfares sevillanos.

En este sentido, consideramos que, o bien estamos ante un ejemplar producido en el siglo XVIII en los alfares sevillanos, con lo que sería un testigo para poder ampliar la caracterización de la *serie blanca sevillana* en un 5° grupo de clasificación; o bien se trata de un ejemplar elaborado en otros alfares diferentes a los andaluces.

5. Otras formas indeterminadas

Entre los restos de la excavación de "San Francisco" hemos registrado un fragmento de la *serie blanca*, pero cuya forma original no hemos podido identificar por el momento, al no encontrar nada parecido en otras excavaciones arqueológicas practicadas con cerámicas parecidas a las andaluzas documentadas.

Dejamos constancia por si pudiera identificarse en futuros estudios.

Catálogo

5.1.1. Otras formas indeterminadas antiguas (1486–1500)

Esmalte brillante, fino y transparente (1° grupo)

No hay registros.

5.1.2. Otras formas indeterminadas tempranas (1500–1550)

Esmalte mate (2° grupo)

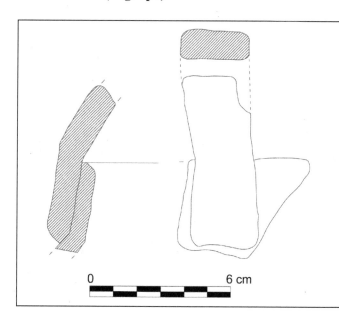

N° de inventario: 23.093
Objeto: Indeterminado.
Procedencia: Sevilla.
Serie: *Serie blanca sevillana.*
Cronología: 1500–1550.
Medidas: Pared: 0,7 cm grosor de la pared; 4,1 cm de largo; 5,6 cm de ancho. Apéndice: 1,2 cm grosor del apéndice; 6,9 cm de largo; 3,4 cm de ancho.
Descripción: Pared-borde-apéndice de una forma cerrada. Delgado cuello cilíndrico de borde recto y labio semiplano y parte de lo que fuera el hombro cóncavo del recipiente. Sobre el hombro, y completamente adosado al cuello, arranca un gran apéndice con forma de lengüeta de sección rectangular que se incurva a la altura del labio, sobresaliendo por encima del mismo unos dos centímetros.
Color de la pintura: Sin decoración.
Pasta: Ama/ocre. Textura: Intermedia. Desgrasante: Muy fino.
Esmalte: Mate.
Observaciones: La tierra en la que estaba depositado el fragmento se ha quedado muy adherida a la cubierta estannífera, concrecionando su superficie.

5.1.3. Otras formas indeterminadas intermedias (1550–1600)

Esmalte intermedio (3° grupo)

No hay registros.

5.1.4. Otras formas intermedias indeterminadas tardías (1600–1650 ó hasta ¿1713?)

Esmalte grueso y brillante (4° grupo)

No hay registros.

Resultado final

Sea lo que fuere el tipo de recipiente original, así como la función que pudo ejercer, el tipo de pasta y la cubierta estannífera mate, con la tierra fuertemente adherida sobre ella, nos indican que estamos ante una cerámica sevillana de la **primera mitad del siglo XVI**.

Además, confirmamos en este caso su cronología *temprana* por la adherencia de la tierra al engobe blanco que la cubre, pues es algo que hemos observado que sucede en otras piezas *antiguas* de la *serie blanca sevillana* como las documentadas en el yacimiento de la calle San Marcial de Vegueta en Las Palmas de Gran Canaria (Tibicena. Arqueología y Patrimonio, S. L., 2011, memoria inédita).

5

La reconstrucción artificial de los depósitos del yacimiento arqueológico

Una vez identificado y catalogado el material cerámico que aportó la excavación, nuestro tercer objetivo se centró en utilizar la cerámica como fósil director con el fin de reconstruir de manera artificial los depósitos arqueológicos e interpretar la evolución del edificio conventual.

Gracias a la memoria de la excavación conocimos que, una vez realizada la prospección de los 3.900 metros cuadrados de terreno, se detectaron los vestigios arquitectónicos en superficie que permitieron reconocer parte de la disposición original de los dos claustros y de otras dependencias de la última fase de la ocupación del edificio. Sin embargo, algunas zonas quedaban poco definidas, sobre todo en el Noroeste, que fue el tramo que se acondicionó como entrada al aparcamiento municipal; así como la zona de la calle General Bravo que también aparecía alterada con aterrazamiento y colmatación de desnivel.

Una vez prospectado el terreno se trazaron dos ejes, dispuestos en dirección Norte-Sur y Este-Oeste, que correspondían con el Claustro Principal de la época franciscana, con el fin de empezar a excavar.

Con los primeros sondeos pudo confirmarse que las estructuras del inmueble que se fueron encontrando guardaban una correspondencia formal con los planos de 1846, realizado por el servicio de ingenieros del regimiento que pasó a habitar el antiguo convento por aquellas fechas, antes de realizar las reformas de reestructuración y acondicionamiento para habilitarlo en su nueva funcionalidad.

Se comenzó a encontrar también restos de las obras anteriores a las reformas militares, con repavimentados, adosamientos de muros, replanteos del sistema de canalizaciones de aguas, etc., incluso se detectó las primeras estancias abandonadas en la etapa franciscana, puestas de manifiesto por los hallazgos entre los niveles de colmatación y el nivel que sellaba el conjunto sedimentario en los cortes 36/24 y 44/24 y sus anexos; así como el primer piso de clara filiación franciscana en el corte 44/20. Se detectó asimismo unas unidades sedimentarias bien diferenciadas construidas por bolsadas con abundantes restos de comida, de cerámicas y cenizas, entre otros restos desechables generados en comunidades cerradas como las que proporcionaron los cortes: 16/80, 40/76, 48/32, 64/28, 32/24 y 36/24.

Poco a poco se fue manifestando la complejidad de la zona del Claustro Principal, por lo que se pasó a excavar en extensión sobre las zonas correspondientes a los aledaños de la iglesia; se trabajó en los límites marginales Este y Noreste del yacimiento en los que interactuaban lo que fuera el final de la estructura conventual, con la superposición y ampliación de las nuevas estructuras del momento militar; y, sobre todo, se excavó en extensión dos zonas diferencias de enterramientos: la primera en el ala Sur de Claustro Principal, en el corte 20/28 donde aparece el primer enterramiento con conexión anatómica, junto a la iglesia; y, la segunda, en los cortes 28/32 y 32/32, en donde aparecieron un individuo adulto y un perro, respectivamente.

Este trabajo hizo que se pospusiera la apertura del espacio que ocupaba el Claustro Secundario. En este sector se identificó en el lado Sur, alrededor de un patio central, un corredor con piso de adoquines de filiación militar, superpuesto a otro, también de adoquines, a unos 60 cm de profundidad. En el ángulo Oeste se exhumó una estructura de ladrillos de arcilla roja compuesta por cuatro canales paralelos entre sí. Asociado a estos canales, se desenterró un conjunto de cubetas, de función poco clara, aunque se sabe, por los planos de 1929, que en este espacio figuraban las cocinas. Además destaca una amplia red de canalización de aguas y un pozo de construcción militar.

En la última fase de la excavación, se abren cortes en los ángulos Noroeste y Sur de la antigua crujía franciscana. Se vuelve a concentrar los trabajos en el ala Este del edificio, en las estancias IV y V, por las concentración de enterramientos y la aparición de un osario en niveles muy bajos; así como en las estancias I y II, para corroborar hipótesis de superposiciones de niveles de pavimentación. Otros sondes practicados en esta última fase, para aclarar la evolución de las estructuras fueron los cortes 16/28, 48/36, 48/40, 52/32, 52/36, 52/40, 60/32, 68/32.

La campaña culminó con un periodo en el que se levantaron más de una veintena de sepulturas consolidadas con paquetes de escayola que la premura de los plazos establecidos por la Administración no permitió acometer *in situ* con método arqueológico.

Fue con las últimas labores donde se pretendió esclarecer el espacio ocupado y descubrir los restos de cimentación de la crujía principal franciscana; haciendo que se encontraran ésta con el pasillo que dividía ambos claustros, en dirección Norte-Sur. Para esto se excavaron, en el patio Norte del antiguo Claustro Principal, los cortes: 48/28, 48/32, 48/36, 48/40, 52/28, 52/32, 52/36, 52/40, 56/32, detectándose la superposición de dos pisos con colmatación por escombros y aportación de tierra de relleno, así como remodelaciones espaciales, llegando a detectar hasta cuatro tipos distintos de paramentos.

Este zona, junto con el espacio del ala Este del Claustro, son las que más nos interesan para interpretar los depósitos de donde se extrajeron las cerámicas, pues en este sector se desenterraron los sótanos identificados como estancias IV y V, así como el arranque de la crujía arrasada por los militares en los cortes 32/20, 32/24, 36/20, 36/24, 40/20, 40/24, 40/28, 44/28, zona de concentración de enterramiento de niños y osario, fundamentalmente (Cuenca *et al*, 1997: 54–82).

Sin embargo, a pesar de estos datos recogidos en la Memoria de la excavación, no hemos podido determinar con precisión, ni asociar en qué unidades sedimentarias se encontró la cerámica estudiada, pues los datos que nos ofrecen sus fichas figuran tan solo el corte en el que se exhumó y la talla artificial en la que apareció el material cerámico.

A pesar de todo, con estos datos, intentamos reconstruir el hallazgo de manera artificial, es decir, elaboramos unas tablas en las que ordenamos los cortes de la excavación, desplegando las tallas numeradas de la I a la XX en cada uno de ellos. A continuación reubicamos las piezas cerámicas de la *serie blanca sevillana* en las tallas señaladas por la fichas de campo, identificando el periodo cronológico en el que la habíamos catalogado al finalizar el estudio.

El resultado fue que la deposición de las piezas de la *serie blanca sevillana* no corresponde a orden cronológico secuenciado, sino que son fruto de un relleno procesado a lo largo del siglo XVII.

Sin embargo, por lo que respecta a la *serie blanca sevillana*, a grandes rasgos observamos que, así como en los cortes 36/20, 36/24, 40/20, 40/24, 44/20, 48/20, 48/32 son más abundantes las piezas vinculadas al tercer grupo de clasificación, es decir a la segunda mitad del siglo XVI; las cerámicas catalogadas en la primera mitad del siglo XVI se concentran en los cortes 52/20, 56/20, 56/32 y 68/28.

Por otro lado, hicimos una superposición de la planimetría de Nicolás Clavijo con la propuesta de las reformas militares de 1846 y el plano final de la excavación (Fig. 5.1) para comprender la evolución de la estructura en el lado Este del yacimiento; pues nos preguntábamos ¿en qué momento se rellena este sector y por qué?

En este sentido, los investigadores hablan de dos momentos en la construcción del Convento: Una primera fase desde su fundación hasta finales del siglo XVII, en el que el claustro principal era un recinto cuadrangular formado por dos plantas aéreas y un piso subterráneo o sótano, que se construyó aprovechando el desnivel del terreno, por el lado Este; y, un segundo momento, a partir del desbordamiento del Guiniguada (1713), cuya catástrofe provocó la inundación y destrucción de parte del convento; por lo que quizás, a partir de ese momento, se inutilizaron los sótanos, con su consiguiente relleno como osario, basurero y zona de enterramiento infantil.

Lo cierto es que el material cerámico desenterrado en el sector Este del yacimiento corresponde a producciones del siglo XVI y primera mitad del XVII. Sin embargo, nos entristece no comprender en profundidad el comportamiento de los depósitos de las estancias IV y V, pues consideramos que fue algo mucho más complejo.

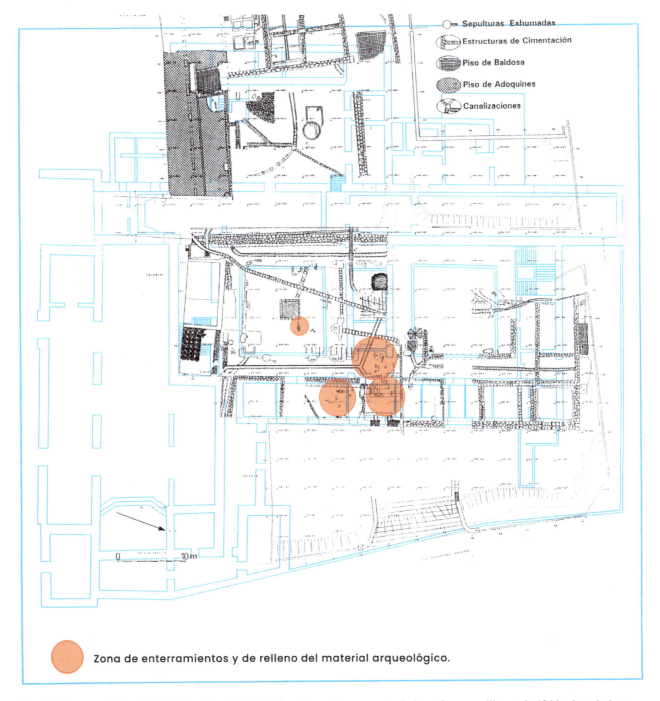

Fig. 5.1. Superposición de la planimetría de Nicolás Clavijo con la propuesta de las reformas militares de 1846 sobre el plano final de la excavación (Servicio de Arqueología del Museo Canario). (Tratamiento de la imagen: Carlos Lorenzo Santana).

Hoy, con el paso de los años y el testimonio de algunas fotografías, recordamos que el nivel más bajo estuvo ocupado por un osario, que sobre éste había una capa de gravilla que retiraba con mis manos, justo en el momento en el que el coordinador José Torres Palenzuela me invitó a excavar en el sector del osario. Quizás fue este un sustrato empleado para acondicionar el terreno con el fin de practicar los enterramientos infantiles que sobre este nivel se exhumaron. Sin embargo, seguirá siendo una incógnita para mí comprender cuándo y por qué se rellenó todo el paquete de tierra con mezcla de basuras, cerámicas y restos de comida, tapando un osario en el que el recuerdo de una fotografía nos inmortalizó acompañados de un plato de mayólica ligur del siglo XVII.

Conclusiones

Desde que me licencié y, a lo largo de todos estos años de investigación, siempre estuvo latente en mi cabeza conocer y profundizar en todo lo concerniente a las relaciones de Canarias con el exterior.

Será la intervención arqueológica del desaparecido convento de San Francisco de Asís de Las Palmas de Gran Canaria, la que me brindaría la oportunidad de profundizar en este conocimiento, desde finales del siglo XV y a lo largo de toda la Edad Moderna, gracias a todo una amplio muestrario de cerámicas que fueron exhumadas en aquella excavación por el Servicio de Arqueología del Museo Canario, y que hoy que hallan custodiadas en sus almacenes.

Inicialmente quisimos abordar un catálogo en el que quedara constancia del origen y clasificación de cada una de las series cerámicas desenterradas del solar franciscano, que habían llegado a nuestras costas desde Andalucía, Italia, Holanda, Portugal e Inglaterra, a lo largo de los siglos en los que se mantuvo en pie el cenobio, aunque a la postre hemos dedicado este trabajo al desarrollo del método que hemos empleado para catalogar cada una de estas series cerámicas, con el fin de aportar un pequeño grano de arena dentro del conocimiento de la Arqueología Histórica en las islas Canarias, a través de las cerámicas de importación. Unos testigos que comenzaron a aparecer en yacimientos arqueológicos asociados a la conquista normanda de las islas, localizados por los hermanos Serra Rafols, en los años 60; estudios continuados, unos años más tarde por los profesores Antonio Tejera y Eduardo Aznar; así como con los realizados por el desaparecido Celso Martín de Guzmán, en la Cueva Pintada de Gáldar. Trabajos pioneros en el estudio de la Arqueología de Contacto entre los aborígenes canarios y las sociedad europea bajomedieval.

Hemos mencionado que uno de los principales problemas a la hora de abordar el trabajo en los años posteriores a la intervención arqueológica en el año 1992, fue la recopilación bibliográfica, no sólo por lo novedoso del tema en las islas, sino también por los pocos avances tecnológicos disponibles en aquella época para la recopilación de la bibliografía, amén de las escasas publicaciones que existían al respecto sobre cerámica de Edad Moderna hasta que se celebró el Quinto Centenario del Descubrimiento de América.

Aquel esfuerzo se vio multiplicado porque los estudios españoles y europeos que se fueron desarrollando a lo largo de la segunda mitad del siglo XX se concentraron, por un lado, en la cerámica andalusí; y, por otro, porque aquellos estudios incidían en la distribución de las series cerámicas a lo largo de la cuenca mediterránea, desatendiendo su alcance en el comercio atlántico.

A medida que fueron pasando los años, las publicaciones aumentaban, con lo que el abanico de consultas que nos permitiera comprobar las posibles procedencias de las cerámicas rescatadas en la excavación grancanaria se fue complicando progresivamente. Un trabajo que se multiplicó exponencialmente al comprobar que en los sótanos del convento franciscano aparecían, además de cerámicas de producción española, otras de procedencia italiana, holandesa y portuguesa. Por tanto, aunque toda esta consulta bibliográfica no está recogida al final de nuestro trabajo, consideramos que el esfuerzo de recopilar toda esta información ha servido para traer hasta nuestras islas una nutrida bibliografía que abre y allana el camino a todos aquellos que quieran continuar en este campo de la investigación cerámica de época Moderna en nuestro Archipiélago.

Por dicho motivo, no queremos concluir este trabajo sin rendir nuestro pequeño homenaje a los que consideramos los dos grandes pioneros de los estudios de las mayólicas andaluzas. Por un lado, a don José Gestoso y Pérez, quien dio a conocer en el año 1904, entre otras cosas, la existencia de pilas bautismales sevillanas en nuestras islas; y, por otro, al profesor John Goggin, pues mientras en la segunda mitad del siglo XX los especialistas europeos se dedicaron al estudio de la cerámica andalusí, este arqueólogo americano centraba su investigación en la cerámica sevillana en los yacimientos del Nuevo Mundo, enfocando sus estudios desde la arqueología, y no desde la historia del Arte.

En esa búsqueda incesante por localizar yacimientos en los que apareciera el mismo tipo de material bien contextualizado con que comparar nuestras cerámicas franciscanas, localizamos una producción idéntica en la vecina Portugal. La confirmación de la producción de la misma *serie blanca* en tierras lusas, a mediados del siglo XVI, nos llevó a considerar, una vez más, que el estudio de las producciones cerámicas debe abarcar una visión más amplia y analizada en conjunto, recordándonos que debemos concebir a la península ibérica del Quinientos de manera diferente, sin separar los dos territorios, bien distinta de la concepción geopolítica actual.

Gracias igualmente a aquella búsqueda incesante de encontrar información que nos fuera útil, establecimos, sin pretenderlo, un vínculo de trabajo entre los especialistas en el campo de las cerámicas modernas a ambos lados del Atlántico, consiguiendo llamar la atención de algunos especialistas que llevaban años profundizando en el comercio mediterráneo, descubriéndoles la existencia de cerámicas europeas en lugares tan lejanos para ellos como el Archipiélago Canario.

El hecho de abordar el estudio desde las islas, localizadas entre tres continentes, ha permitido enfocar el estudio con otra perspectiva, es decir, evitando asignar una serie cerámica a una producción local, por defecto, por ser la más conocida o la más estudiada, como sucedió en su momento con la "loza dorada", a la que siempre se identificó con producciones valencianas, y de la que era impensable que existieran producciones sevillanas de la misma serie, algo que el tiempo demostró no ser así. Por eso, si esto había sucedido al analizar la serie de "reflejo metálico", pensamos que también esto podía suceder con el resto de las series cerámicas analizadas, así que el hecho de estar en un lugar geográfico alejado de los focos de producción de la cerámica, es lo que nos ha permitido desarrollar un proceso de análisis que nos ha abierto el camino para caracterizar el resto de las cerámicas de importación rescatada en los sótanos del Convento de San Francisco.

En definitiva, la escasez de información bibliográfica en los inicios de la investigación, junto a la falta de una visión de conjunto de las producciones cerámicas de época Moderna desarrolladas a lo largo de Europa, es lo que nos ha permitido utilizar un método de clasificación cerámica analizando los vínculos comerciales entre ambos lados del Atlántico.

La **metodología** la hemos desarrollado a partir de la observación de las huellas que la producción tecnológica dejó marcada sobre la *serie blanca sevillana*. Hemos encontrado los indicadores que nos permiten deducir la existencia de diferentes focos de producción a través de sus pastas; así como la evolución de su producción a través de las cubiertas estanníferas, de la morfología de los recipientes y de los motivos decorativos aplicados. Este método se aplicó por primera vez sobre los restos cerámicos de la serie conocida como "loza dorada", que fueron rescatados en el cenobio franciscano, y cuya producción se extendió no sólo por Andalucía, sino por otros focos peninsulares españoles; y fue aplicado también sobre la serie portuguesa de "semicírculos concéntricos" exhumada igualmente de los sótanos de "San Francisco", demostrando, en ambos casos, que podemos identificar los lugares de producción y sus fechas de producción aproximadas. El método utilizado, empleando los indicadores macroscópicos, fue confirmado posteriormente por los análisis arqueométricos a los que se sometieron algunos fragmentos seleccionados.

Consideramos, por tanto, que el desarrollo del método aplicado para la caracterización de la cerámica es válido para el resto de los materiales de importación, con lo que añadimos un eslabón más a la investigación arqueológica de época histórica para el Archipiélago Canario.

Los indicadores han sido los que nos aportaban los diferentes tipos de pasta y el de cubierta estannífera, combinados con los atributos morfológicos definidos como *tempranos* y *tardíos* por los autores americanos, reiteradamente mencionados, para la *serie blanca lisa*. La aplicación del método macroscópico fue posteriormente confirmada con otros dos de los indicadores cronológicos propuestos por Goggin, esto es, las aplicaciones parciales de vidriado verde sobre la cubierta estannífera, y la existencia de una marcas incisas practicadas sobre la cubierta de algunas piezas, después de cocidas. Ambas signos son propios de las producciones del siglo XVI, desapareciendo en el siglo XVII, algo que se confirmó entre las cerámicas de la *serie blanca sevillana* del convento franciscano de Las Palmas de Gran Canaria tras aplicar el método indicado.

Aunque alguna vez se nos ha criticado por enfatizar demasiado sobre estos datos, cuando en realidad estos aspectos pasaban desapercibido a los propios alfareros, tenemos que decir, que han sido las cerámicas las que nos han hablado a través de sus huellas y cicatrices, por lo que estamos cada vez más convencidas de que "el diálogo mantenido con ellas" ha servido para conocerlas cada vez con más profundidad como sucede con el trato en lo que se refiere a las relaciones personales.

En este sentido, la aplicación de la visión de conjunto en los estudios cerámicos precedentes nos ha permitido llegar a definir de una manera más precisa la adscripción cronológica, entre 1550 y 1600, de las cerámicas identificadas como de producción *intermedia*, confirmando incluso la producción simultánea de dos perfiles de platos -asociados a nuestro platos hondos y llanos actuales- que son probablemente el signo de la convivencia cultural musulmana y la cristiana de la España moderna.

Estos cambios tecnológicos reflejan la incorporación de nuevas técnicas introducidas por alfareros europeos, sobre todo italianos, como queda reflejado en la documentación existente. La doble producción paralela da cuenta de la convivencia entre los alfareros de tradición morisca y europeos a lo largo del siglo XVI; una producción, la europea, que fue sustituyendo progresivamente a las moriscas a lo largo del siglo XVII, aunque sin desaparecer definitivamente.

Si este trabajo aporta un método a aplicar sobre las cerámicas europeas de importación en las islas, para que sean identificadas en otros yacimientos; hemos querido aportar, al mismo tiempo, una propuesta general que facilite la clasificación de todo el conjunto de series, tipos y procedencias cerámicas que podrían aparecen en las excavaciones de época Moderna.

Se trata pues, de una propuesta que hemos organizado desde el punto de vista de la funcionalidad, dependiendo del espacio doméstico o laboral al que se destinaba el uso de la cerámica. A continuación hemos descrito cada uno de los tipos cerámicos, cuyos nombres suelen coincidir con los conocidos desde antiguo, lo que indica la perdurabilidad de su uso en el tiempo.

A partir de aquí solo nos queda imaginar, con la ayuda del testimonio inigualable de la pintura de la época, cómo era la mesa del refectorio franciscano: unos platos hondos o llanos de uso individual, como el que se representa en la *"Cocina de los ángeles de Murillo"*, unos trincheros de uso común para servir los asados; unas escudillas de tres tamaños diferentes que, dependiendo del menú o de la hora del día, ofrecerían a los frailes sopas calientes o gazpachos; cuencos que portarían guisos, frutas o ensaladas; jarros con agua, vino o leche.

Sirva esta presunta relación culinaria para proponer un estudio conjunto entre el ajuar que se empleaba en las mesas de época Moderna y su gastronomía; y, en concreto, sobre lo que se consumió en el refectorio de "San Francisco", pues nos consta que existe un nutrido repertorio de carne y pescado entre los restos óseos que se exhumaron en la intervención arqueológica.

La gran cantidad de piezas de la *serie blanca sevillana* que apareció en la excavación de "San Francisco" son el testimonio de la enorme demanda que alcanzó esta producción en serie, dentro y fuera de nuestras fronteras, en los siglo XVI y XVII; no es menos cierto que a medida que se fue entrando en el siglo XVII se fue poniendo de moda en las mesas europeas las cerámicas decoradas en azul, debido a la influencia de las porcelanas orientales. A partir del cambio de siglo presenciaremos una explosión en la producción cerámica europea que quedará reflejada en las fayenzas portuguesas, en las mayólicas italianas y holandesas, en las cerámicas españolas de Talavera, que tanto furor causaron en las mesas de la sociedad estamental, y que adquirirán tanto los frailes franciscanos como nuestros paisanos canarios del Antiguo Régimen, para agasajar a sus familias o, simplemente, para lucirlas en momentos determinados cuando tenía lugar una visita de postín.

Cada una de estas series de procedencia europea está presente entre los restos de la excavación de "San Francisco". Esperamos continuar su estudio individualizado en los próximos años. Un trabajo que nos gustaría realizar en equipo, no solo a través de la consulta de la documentación de los archivos, sino también de la mano de todos aquellos especialistas que, a lo largo de todos estos años, han profundizado en la cerámica bajomedieval y moderna a ambos lados del Atlántico, y aportar con ellos la necesaria visión de conjunto con la que unificar criterios y definir nuevos campos dentro de esta investigación de la arqueología moderna canaria, europea y, por qué no, mundial.

Bibliografía

Abellán, J. *et al* (1986): "Cerámica hispanomusulmana de la provincia de Cádiz. Primeras piezas halladas en el yacimientos de Caños de Meca". *II C. I. C. M. M. O.* (Toledo, 1981). Madrid, pp. 141–148.

Abreu Galindo, Fr. José de (1977): *Historia de la Conquista de las Siete Islas de Canaria.* Edición crítica: Alejandro Cioranescu. Ediciones Goya. Santa Cruz de Tenerife.

Aguado Villalba, José (1979): *Los azulejos toledanos a través de los siglos.* Editorial (s. n.). Toledo.

Ainaud de Lasarte, Joan (1952): "Cerámica y vidrio". *Ars Hispaniae X.* Editorial Plus Ultra. Madrid.

Almagro-Basch, Martín y **Llubiá Munné, Luis Mª** (1952): *"Aragón-Muel"*. Ediciones C. E. R. A. M. I. C. A. Barcelona.

Álvarez Delgado, Yasmina; Mª Teresa Marcos Bermejo y Santiago Palomero Plaza (1985): "Excavaciones en la Cueva de Dª Catalina de Cardona, Convento de Nª Sª del Socorro. 1572–1603. (El Carmen. Casas de Benítez. Cuenca. Campañas de 1977–1981)". *Noticiario Arqueológico Hispánico, 22.* Madrid, pp. 300–366.

Álvaro Zamora, Mª Isabel (1978): *Cerámica aragonesa decorada. Desde la expulsión de los moriscos a la extinción de los alfares (siglo XVII-fines XIX/com. XX).* Editorial Libros Pórtico. Zaragoza.

Álvaro Zamora, Mª Isabel (1983): "Sobre la influencia de la cerámica italiana en la loza decorada aragonesa del siglo XVIII". *En: Homenaje a Federico Torralba Soriano.* Editado por el Departamento de Historia del Arte. Facultad de Filosofía y Letras. Universidad de Zaragoza. Zaragoza, pp. 63–81.

Alzola González, José Miguel (1986): *La iglesia de San Francisco de Asís de Las Palmas.* Editado por la Real Sociedad Económica de Amigos del País de Las Palmas de Gran Canaria.

Amaro, Clementino; Filipe, Vanessa; Henriques, José Pedro; Rodrigues Manso, Cláudia (2013): "Prisao do Aljube no sé. XVI- vidros, majólica italiana e cerâmica esmaltada espanhola". *Arqueologia em Portugal. 150 anos. Associaçao dos arqueólogos portugueses 1863–2013.* Lisboa, pp. 1019–1024.

Amigues, François (1994): «La céramique dorée de Manises des XVIIº et XVIIIº siècles conservée au musée de Narbonne». *Bulletin de la commission archéologique et littéraire de Narbonne nº 45.* Narbonne, pp. 41–50.

Amigues, François (2002): "Las importaciones de cerámicas doradas valencianas de los talleres de Paterna en el Languedoc-Rosellón" *La cerámica de Paterna. Reflejos del Mediterráneo.* Museo de Bellas Artes de Valencia. Valencia, pp. 58–82.

Amores Carredano, Fernando; Chisvert Jiménez, Nieves *et al.* (1991): "Una primera tipología de la cerámica común bajomedieval y moderna sevillana (ss. XV-XVII)". *V C.I.C.M. M.O.* Rabat. pp. 305–315.

Amores Carredano, Fernando (1992): "El programa de intervención arqueológica. La Cartuja recuperada". *Investigación Arqueológica.* Sevilla, pp. 41–60.

Amores Carredano, Fernando y Chisvert Jiménez, Nieves (1992): "Sevilla y América: Interpretación del hallazgo de un grupo de formas de azúcar del siglo XVI en la Cartuja de Santa María de Las Cuevas (Sevilla)". *Actas del Segundo Seminario Internacional de la caña de azúcar en el Mediterráneo.* Granada, pp. 163–176.

Amores Carredano, Fernando y Chisvert Jiménez, Nieves (1993): "Tipología de la cerámica común bajomedieval y moderna sevillana (ss. XV-XVIII): I. La loza quebrada de relleno de bóvedas". *SPAL 2.* Sevilla, pp. 269–325.

Aréchaga, Carmen de (1986): "Antecedentes de la loza de cuerda seca en Toledo en el siglo XV". *II C. M. M. O.* (Toledo 1981). Madrid, pp. 409–413.

Barnes, Mark y **Medina, Norma** (1995): *Ballajá: arqueología de un barrio sanjuanero.* Editado por la Oficina Estatal de Preservación Histórica. Oficina del Gobernador. San Juan de Puerto Rico.

Berti, Graziella y **Tongiorgi, Liana** (1980): "Cerámica decorata a "occhio di penna di pavone" nella produzione di una fabrica pisana". *Estrato Revista Faenza. Bolletino del Museo Internazionale delle ceramiche di Faenza. Annata LXV.* Faenza.

Berti, Graziella y Tongiorgi, Liana (1986): "Considerazioni su alcuni tipi di ceramica presenti a Pisa". *II C. M. M. O. (Toledo, 1981)*. Madrid, pp. 421–427.

Berti, Graziella *et al* (1993): *Naves andalusíes en cerámicas mallorquinas*. Trabajos del Museo de Mallorca 51. Editado por *Direcció General de Cultura*. Palma de Mallorca.

Boone, James L. (1984): "Majolica Escudillas of the 15th and 16th Centuries: A Typological Analysis of 55 Examples from Qsar es-Seghir". *Historical Archaeology, 18 (1)*, pp. 76–86.

Bosch Millares, Juan (1967): *Historia de la medicina en Gran Canaria*. Las Palmas de Gran Canaria. Ediciones del Excmo. Cabildo Insular de Gran Canaria.

Braña de Diego, María y Ceballos Escalera, Mª Isabel de (1977): "Excavaciones arqueológicas en los testares cerámicos de Talavera de la Reina. Junio 1972". *Noticiario Arqueológico Hispánico. Arqueología nº 5*. Madrid, pp. 411–427.

Cardoso, Guilherme e Rodrigues, Severiano (1987): "Alguns tipos de cerámica dos séculos XI a XVI encontrados em Cascais". *IV C. M. M. O.* Lisboa, pp. 575–585.

Casamar, Manuel y Valdés, Fernando (1984): "Origen y desarrollo de la técnica de cuerda seca en la Península Ibérica y en el Norte de África durante el siglo XI". *Al-Qantara vol V.* Madrid, pp. 283–404.

Ceballos Escalera, Isabel (1966): *"Cerámica española. De la Prehistoria a nuestros días". Catálogo de la exposición del Buen Retiro.* Ministerio de Educación. Dirección General de Bellas Artes. Madrid.

Cerdà i Mellado, Josep Antoni (2001): *La cerámica catalana del segle XVII trobada a la Plaça Gran (Mataró)*. Editado por la Associació Catalana de Cerámica Decorada i Terrissa. Barcelona.

Cirici i Pellicer, Alexandre (1977): *Cerámica catalana*. Barcelona. Ediciones Destino.

Coll i Conesa, Jaume (1990): "La loza dorada de Manises en el Museo de Bellas Artes de Bilbao". *Anuario del Museo de Bellas Artes de Bilbao.* Bilbao, pp. 29–55.

Coll i Conesa, Jaume (1991): "La ruta de la cerámica. 5000 años de cerámica de aplicación arquitectónica". *Rev. Arqueología, año XII, nº 237.* Madrid, pp. 56–60.

Coll i Conesa, Jaume (1992): "La cerámica y las relaciones históricas y estéticas entre España y Portugal (siglos XIV al XIX)". *Política Científica, nº 24*, pp. 17–21.

Córdoba De La Llave, Ricardo (2011): "Recetas medievales para el vidriado de la cerámica". *Meridies IX*, pp. 135–150.

Cuenca Sanabria, Julio *et al* (1993): "La investigación histórico-arqueológica del desaparecido convento de San Francisco de Las Palmas de Gran Canaria". *Investigaciones arqueológicas 4.* Las Palmas de Gran Canaria, pp. 9–198.

Cuenca Sanabria, Julio *et al* (1993): *Arqueología urbana '91. Memoria de la excavación del antiguo Convento de San Francisco de Asís de las Palmas de Gran Canaria.* (Inédita)

Cuenca Sanabria, Julio *et al* (1997): "La investigación arqueológica de las ruinas del Convento de San Francisco de Asís de Las Palmas de Gran Canaria". En: *Parroquia de San Francisco de Asís, 1821–1996. Una visión plural.* Editado por la Parroquia de San Francisco de Asís de Las Palmas de Gran Canaria, pp. 54–82.

Deagan, Kathleen (1987): *Artifacts of the Spanish Colonies of Florida and the Caribbean 1500–1800.* Vol.1, Washington D. C., 1987.

Delgado Darias, Teresa; Cruz De Mercadal, M.ª Carmen y Sosa Suárez, Elena (2014): *La Edad Moderna y Contemporánea en Las Palmas de Gran Canaria a través de los objetos. Materiales arqueológicos de la exposición "El pasado bajo nuestros pies"* [en línea]. Las Palmas de Gran Canaria: El Museo Canario. Disponible en: http://www.elmuseocanario.com/images/documentospdf/elpasadobajonuestrospies.pdf

Fernández Gabaldón, Susana (1986): "Aproximación al estudio de un lote de cerámicas de vedrío blanco en Jerez de la Frontera. (Calle de la Encarnación)". *I C. A. M. E.* Tomo IV. Zaragoza, pp. 343–362.

García Iñañez, Javier (2007): *Caracterització arqueomètrica de la cerámica vidrada decorada de la Baixa Edat Mitjana al Renaixement dels principals centres productors de la Península Ibèrica.* Tesis Doctorals. Universitat de Barcelona. Barcelona.

García Iñañez, Javier; Buxeda I Garrigós, Jaume; Speakman, Robert, J.; Glascock, Michael D.; Sosa Suárez, Elena (2008): "Las cerámicas vidriadas decoradas del convento de San Francisco de Las Palmas de Gran Canaria:

una aproximación a su estudio arqueométrico". *Rev. El Museo Canario LXIII.* Las Palmas de Gran Canaria, pp. 9–46.

García Santo, fray José (1997): "La proyección de San Francisco de Asís en la devoción popular". En: *La Parroquia de San Francisco de Asís, 1821–1996. Una visión plural.* Parroquia de San Francisco de Asís. Editado por la Parroquia de San Francisco de Asís de Las Palmas de Gran Canaria, pp. 27–44.

Gestoso Pérez, José (1904): *Historia de los barros vidriados sevillanos desde sus orígenes hasta nuestros días.* Editorial (s. n.). Sevilla.

Goggin, John M. (1968): *Spanish Majolica in the New World. Types of the Sixteenth to Eighteenth Centuries.* Published by the Department of Anthropology. Yale University. New Haven.

Gomes, Mario Varela y Gomes, Rosa Varela (1987): "Cerámicas vidriadas e esmaltadas, dos séculos XIV, XV e XVI, do Poço-cisterna de Silves". Actas do *IV Congresso A Cerámica Medieval no Metditerrâneo Occidental.* Lisboa, pp. 457 y 490.

Gómez Escudero, Pedro (1936): *Historia de la Conquista de la Gran Canaria.* Tipografía "El Norte". Gáldar.

Gómez-Moreno, Manuel (1924): *Cerámica medieval española.* Barcelona. Editado por la Universidad de Barcelona. Facultad de Filosofía y Letras. Barcelona.

González Marrero, Mª del Cristo (1993): *La vida cotidiana en Tenerife a raíz de la conquista. Vestido, menaje y ajuar.* Memoria de Licenciatura. Universidad de La Laguna, Tenerife.

González Martí, Manuel (1933): *Cerámica española.* Ediciones Labor. Barcelona.

González Martí, Manuel (1952): *Cerámica del Levante español. Siglos medievales. T. I.* Ediciones Labor. Barcelona.

González Martí, Manuel (1964): *Museo Nacional de Cerámica "González Martí".* Ministerio de Educación Nacional. Dirección General de Bellas Artes. Madrid.

Jiménez Sánchez, Sebastián (1939): *Fray José de Sosa.* Tip. Diario. Las Palmas de Gran Canaria.

Lister, Florence C. y Lister, Robert H. (1974): "Majolica in colonial Spanish America". *Historical Archaeology nº 8.* Columbia S. C., pp. 17–52.

Lister, Florence C. y Lister, Robert H. (1976): "Italian presence in tin glazed ceramics of Spanish America". *Historical Archaeology nº 10.* Columbia S. C., pp. 28–41.

Lister, Florence C. y Lister, Robert H. (1987): *Andalusian Ceramics in Spain and New Spain.* The University of Arizona Press. Tucson. Arizona.

Lorenzo Morilla, José; Vera Reina, Manuel; Escudero Cuesta, José (1990): "Intervención arqueológica en C/ Pureza, 44 de Sevilla". *Anuario Arqueológico de Andalucía III. Actividades de Urgencia (1987).* Sevilla, pp. 574–580.

Llubiá Munné, Luis Mª y López Guzmán, Miguel (1951): *La cerámica de Murcia decorada.* Editorial PI. XVI. Murcia.

Malo Cerro, Mónica (2001): *Azulejerías de Castilla y León. De la Edad Media al Modernismo. Tesis Doctoral.* Universidad de Valladolid.

Marín y Cubas, Tomás (1986): *Historia de las siete islas de Canaria.* Las Palmas de Gran Canaria. Real Sociedad Económica de Amigos del País.

Marken, Mitchell W. (1994): *Pottery from Spanish Shipwrecks 1500–1800.* Gainesville.

Martínez Caviró, Balbina (1971): "Azulejos talaveranos del siglo XVI". Homenaje a don Manuel Gómez Moreno. *Archivo de Arte Español nº 175.* Madrid, pp. 283–293.

Martínez Caviró, Balbina (1980): "Temas figurados en las lozas doradas levantinas". *I C. I. C. M. M. O.* (París, 1978). Valbonne, pp. 375–383.

Martínez Caviró, Balbina (1982): *La loza dorada.* Artes del Tiempo y del Espacio. Edición Nacional. Madrid.

Martínez Caviró, Balbina (1991): *Cerámica hispanomusulmana. Andalusí y mudéjar.* Edición El Viso. Madrid.

Martínez Caviró, Balbina y Pleguezuelo Hernández, Alfonso (1985): *Cerámica de Triana (siglos XVI al XIX).* Colección de artistas plásticos nº 8. Granada.

Mesquida García, Mercedes (1996): *Paterna en el Renacimiento. Resultado de las excavaciones de un barrio burgués.* Ayuntamiento de Paterna. Concejalía de Cultura. Servicio Municipal de Arqueología. Paterna.

Millares Torres, Agustín (1860): *Historia de la Gran Canaria. T. II,* Las Palmas de Gran Canaria.

Millares Torres, Agustín (1888): *Anales de las Islas Canarias. T. V* (1700–1749). Manuscrito. Archivo de El Museo Canario.

Morales Padrón, Francisco (1978): *Canarias: crónicas de su conquista.* Excmo. Ayuntamiento de Las Palmas de Gran Canaria.

Navarro, Domingo José (1977): *Recuerdos de un noventón: memoria de lo que fue la ciudad de Las Palmas de Gran Canaria a principios de siglo y de sus usos y costumbres de sus habitantes.* Las Palmas de Gran Canaria. Ediciones del Cabildo Insular de Gran Canaria.

Navarro Palazón, Julio (1980): "Cerámica musulmana de Murcia (España) con representaciones humanas". *I C. I. C. M. M. O. (París)*, pp. 317–320.

Navarro Palazón, Julio (1986): "Murcia como centro productor de loza dorada". *III C. I. C. M. M. O. (Florencia, 1984)*, pp. 129–143.

Navarro Palazón, Julio (1986 b): *La cerámica islámica de Murcia. Volumen I*: Catálogo. Murcia.

Navarro Palazón, Julio (1986 c): "El cementerio islámico de San Nicolás de Murcia. Memoria preliminar". *I C. A. M. E.* Zaragoza, pp. 7–37.

Navarro Palazón, Julio (1987): "Nuevas aportaciones al estudio de la loza dorada andalusí: el ataifor de Zavellá". *V Jornades d'estudis històrics locals. Les illes orientals d'al-Andalus.* Palma de Mallorca, pp. 225–238.

Onrubia Pintado, Jorge *et al* (1998): "Los materiales arqueológicos *históricos* de la Cueva Pintada de Gáldar (Gran Canaria). Una primera aproximación al contexto de las series coloniales bajomedievales y modernas (s. XV y XVI)". *XII Coloquio de Historia Canario-Americana (1996).* Las Palmas de Gran Canaria, pp. 643–674.

Pérez Herrero, Enrique (1978): "Notas para el convento de San Bernardino de Sena, orden de Santa Clara". *III Coloquio de Historia Canario-Americano. T. I.* Las Palmas de Gran Canaria, pp. 411–453.

Pleguezuelo Hernández, Alfonso (1985): *Cerámica de Triana: siglos XVI-XIX.* Editado por la Caja General de Ahorros de Granada. Sevilla.

Pleguezuelo Hernández, Alfonso (1989): *Azulejos sevillanos: Catálogo del Museo de Artes y Costumbres Populares.* Edición Padilla Libros. Sevilla.

Pleguezuelo Hernández, Alfonso (1992): "Sevilla y Talavera entre la colaboración y la competencia". *Laboratorio de Arte n° 5, T. I.* Sevilla, pp. 275–293.

Pleguezuelo Hernández, Alfonso (1992 b): "Sevilla y la técnica de cuerda seca (siglos XV-XVI): vajilla y azulejos". *Atrio n° 4*, pp. 17–30.

Pleguezuelo Hernández, Alfonso (1992 c): "Francisco Niculoso Pisano. Datos arqueológicos". *Bolletino del Museo Internazionale delle Ceramica di Faenza: Annata LXXVIII, n° 3–4.* Faenza, pp. 171–191.

Pleguezuelo Hernández, Alfonso (1993): "Sevilla Coarsewares, 1300–1650: a Preliminary Typological Survey". *Medieval Ceramics n° 17*, pp. 39–50.

Pleguezuelo Hernández, Alfonso (1996): *Cerámicas de Triana. Colección Carranza.* Editado por Fundación El Monte. Sevilla.

Pleguezuelo Hernández, Alfonso (1997): "Cerámica de Sevilla (1248–1841)" En: *Cerámica española. Summa Artis, vol. XLII.* Madrid, pp. 344–386.

Pleguezuelo Hernández, Alfonso (1998): "Los azulejos del pavimento de la Capilla de Los Benavente en Medina de Ríoseco. Una posible obra de Juan Flores". *Boletín del Seminario de Estudios de Arte y Arqueología. Tomo 64*, pp. 289–307.

Pleguezuelo Hernández, Alfonso (1999): "Lozas y vida monástica: las Vajillas de la Cartuja de Jerez de la Frontera (Cádiz)". En: *Analecta Carusiana: Review for Carthusian History and Spiritualy. Vol 2*, pp. 245–256.

Pleguezuelo Hernández, Alfonso (2000): "Don Manuel Rivero y los azulejos holandeses de la Huerta Noble". *IV Jornadas de Historia de Ayamonte.* Ayamonte, pp. 203–213.

Pleguezuelo Hernández, Alfonso (2000 b): "Cerámicas para agua en el barroco español: Una primera aproximación desde la literatura y la pintura". *Ars Longa, 9–10*, pp. 123–138.

Pleguezuelo Hernández, Alfonso (2001): "Lozas <contrahechas>, ecos de Talavera en la cerámica española". En: *Catálogo Exposición de Cerámica de Talavera de la Reina y Puente del Arzobispo en la colección Bertran y Musitu.* Barcelona, pp. 37–53.

Pleguezuelo Hernández, Alfonso (2002): "Flores, Fernández y Oliva: tres azulejeros para las obras reales de Felipe II". *Archivo Español de Arte. Vol. 1. N° LXXV.* Madrid, pp. 198–206.

Pleguezuelo Hernández, Alfonso (2004): "La pintura como fuente para la Historia de la cerámica. Algunas reflexiones". En: *Cerámica y pintura:*

Interrelació entre dues arts a L'Epoca Moderna. Vol. 1. Museu de Ceràmica de L'Institut de Cultura de Barcelona, Barcelona, pp. 13–22.

Pleguezuelo Hernández, Alfonso (2007): "Luces y sombras en la cerámica de Talavera". En: *Obras Maestras de Cerámica Española en la Fundación Godia (10 de mayo-22 de junio de 2007).* Fundación Abertis. Museo Nacional de Cerámica. Valencia, pp. 81–103.

Pleguezuelo Hernández, Alfonso y Sánchez Cortegana, José (1994): "Los envases cerámicos comerciales en el tráfico con América en el siglo XVI: síntesis de un programa documental". *IV C. A. M. E. T. III.* Alicante, 1993, pp. 1091–1096.

Pleguezuelo Hernández, Alfonso y Sánchez Cortegana, José (1997): "La exportación a América de cerámicas europeas (1492–1650)". *XV Jornades d'estudis històrics locals. Transferencies i comerç de ceràmica a L'Europa mediterránia (segles XIV-XVII). (Palma, 1 de Noviembre al 13 de diciembre de 1996).* Palma de Mallorca, pp. 333–363.

Pleguezuelo Hernández, Alfonso y Lafuente, Mª Pilar (1995): "Cerámicas de Andalucía Occidental (1200–1600)". *Spanish Medieval Ceramics in Spain and the British Isles. BAR Internacional Series 610.* Oxford, pp. 217–244.

Pleguezuelo Hernández, Alfonso; Huarte, Rosario; Somé, Pilar y Ojeda, Reyes (1997): "Cerámicas de la Edad Moderna (1450–1632)". En: *El Real Monasterio de San Clemente de Sevilla: Una propuesta arqueológica.* Sevilla, pp. 130–157.

Pleguezuelo Hernández, Alfonso y Oliver Carlos, Alberto (2004): "Zócalos y azulejos pintados de los siglos XVII y XVIII en Osuna". *Cuaderno de los Amigos de los Museos de Osuna nº 6.* Osuna, pp. 42–53.

Prat de Puig, Francisco (1980): *Significado de un conjunto cerámico hispano del siglo XVI de Santiago de Cuba.* Editorial Oriente. Santiago de Cuba.

Puertas Tricas, Rafael (1989): *La cerámica islámica de cuerda seca en la Alcazaba de Málaga.* Editado por el Excmo. Ayuntamiento de Málaga. Málaga.

Puertas Tricas, Rafael *et al* (1986): "Excavaciones en Mollina. (Málaga)". *Noticiario Arqueológico Hispánico nº 28.* Madrid, pp. 61–174.

Ray, Anthony (1987): "Fifteeth-century Spanish pottery: the blue and purple family". *The Burlington Magazine, vol. 129.* London, pp. 306–308.

Redman, Charles L. y Boone, James L. (1979): "Qsar es-Seghir (Alcácer Ceguer): A fifteenth and sixteenth century Portuguese colony in North Africa". *STVDIA nº 41–42.* Lisboa, pp. 5–77.

Rodríguez Aguilera, Ángel y Revilla Negro, Luís de la (1997): "La cerámica cristiana de los siglos XVI-XVII de la ciudad de Granada". *Jornades D'Estudis Històrics Locals.* Palma de Mallorca, pp. 147–168.

Rodríguez Aguilera, Ángel; García-Consuegra, José Mª; Morcillo Matillas, Javier y Rodríguez Aguilera, Julia (2011): *Cerámica común granadina del Seiscientos.* Editorial Gespad al-Andalus, S. L. Granada.

Rumeu de Armas, Antonio (1997): "Reina Isabel la Católica, protectora del Convento de San Francisco de Asís de Las Palmas. En: *La Parroquia de San Francisco de Asís, 1821–1996. Una visión plural.* Parroquia San Francisco de Asís. Editado por la Parroquia de San Francisco de Asís de Las Palmas de Gran Canaria, pp. 21–24.

Sánchez Cortegana, José Mª (1992): "Triana y América: las cerámicas que exportábamos en el siglo XVI". *Buenavista de Indias, vol. I, nº 6.* Sevilla, pp. 7–17.

Sánchez Cortegana, José Mª (1996): "La cerámica exportada a América en el siglo XVI a través de la documentación del Archivo General de Indias (I). Materiales arquitectónicos y contenedores de mercancías" *Laboratorio de Arte nº 9,* pp. 125–142.

Sánchez Sánchez, José Mª (1998): "La cerámica exportada a América en el siglo XVI a través de la documentación del Archivo General de Indias (II). Ajuares domésticos y cerámica cultual y laboral". *Laboratorio de Arte nº 11.* Universidad de Sevilla, pp. 121–133.

Seseña Díez, Natacha (1968): "Producción popular en Talavera de la Reina y Puente del Arzobispo". *Archivo Español de Arte nº 161.* Madrid, pp. 45–57.

Soler Ferrer, Mª Paz (1989): *Historia de la cerámica valenciana. T. III.* Vicent García Editores. Valencia.

Somé Muñoz, Pilar y Huarte Cambra, Rosario (1999): "La cerámica moderna en el Convento del Carmen (Sevilla)". *Arqueología Medieval nº 6.* Porto, pp. 160–171.

Sosa, Fray José de (1849): *Topografía de las Islas Afortunadas.* Impr. Isleña. Santa Cruz de Tenerife.

Sosa Suárez, Elena (2002): "Pilas bautismales sevillanas en las islas Canarias". *C. H. C. A. XIV.* Las Palmas de Gran Canaria, pp. 467–485.

Sosa Suárez, Elena (2004): "Las cerámicas del antiguo Convento de San Francisco de Las Palmas: un modelo cronológico para el estudio de los yacimientos del Archipiélago Canario". *XV C. H. C. A.* Las Palmas de Gran Canaria, pp. 1999–2021

Sosa Suárez, Elena (2004 b): "La cerámica de "reflejo metálico" del antiguo Convento de San Francisco de Asís de Las Palmas de Gran Canaria". *Butlletí Informatiu de Ceràmica, nº 82/83 juliol-desembre 2004.* Barcelona, pp. 21–41.

Sosa Suárez, Elena (2005): "Cerámicas. Piezas claves de un bodegón franciscano (I)". *Noticias El Museo Canario nº 15.* Tercer cuatrimestre. 2ª época. Pp. 26–28.

Sosa Suárez, Elena (2006): "Cerámicas. Piezas claves de un bodegón franciscano (II). La cerámica de cuerda seca". *Noticias El Museo Canario nº 16.* Primer cuatrimestre. 2ª época. Pp. 29–31.

Sosa Suárez, Elena (2006): "Cerámicas. Piezas claves de un bodegón franciscano (y III)". *Noticias El Museo Canario nº 17.* Segundo cuatrimestre. 2ª época. Pp. 25–27.

Sosa Suárez, Elena (2007): "La cerámica de "cuerda seca" del antiguo Convento de San Francisco de Asís de Las Palmas de Gran Canaria". *CuPAUAM nº 33.* Madrid, pp. 155–174.

Sosa Suárez, Elena (2010): "Consideraciones sobre los inicios de la producción de la técnica de "arista" a través de los azulejos recuperados en algunas Islas Atlánticas". *Rev. C. E. A. M. nº 0.* Madeira, pp. 100–117.

Sosa Suárez, Elena (en prensa): "Catálogo de los azulejos de "cuenca o arista" recuperados en el antiguo convento de San Francisco de Asís de Las Palmas de Gran Canaria". *Rev. C. E. A. M. nº 1.* Madeira.

Sosa Suárez, Elena y Benítez Moreno, Marco Antonio (en prensa): "Estudio preliminar de las cerámicas de importación halladas en el solar de la Calle San Marcial, Las Palmas de Gran Canaria (Islas Canarias)". *Congresso Internacional. Relaçoes transatlânticas entre Europa, América e Ilhas Atlânticas (séculos XV-XX).* Vila do Porto, Santa Maria, Açores. Días 1 e 5 de Maio de 2014.

Sousa, Élvio Duarte Martins (2003): *Arqueología na Área Urbana de Machico. Leituras do Quotidiano nos séculos XV, XVI e XVII.* Dissertaçao de Mestrado em História Regional e Local. Universidade de Lisboa. Facultade de Letras. Departamento de História.

Tejera Gaspar, Antonio (1998): *Los Cuatro Viajes de Colón y Las Islas Canarias (1492, 1502).* Francisco Lemus, editor. La Gomera.

Tejera Gaspar, Antonio y Aznar Vallejo, Eduardo (1987): "San Marcial del Rubicón. Primer asentamiento europeo en Canarias (1402) (Yaiza, Lanzarote)". *II C. A. M. E.* Madrid, pp. 731–739.

Tejera Gaspar, Antonio y Aznar Vallejo, Eduardo (1989): *El asentamiento franconormando de "San Marcial del Rubicón" (Yaiza, Lanzarote). Un modelo de arqueología de contacto.* Editado por el Ayuntamiento de Yaiza.

Tejera Gaspar, Antonio y Aznar Vallejo, Eduardo (1990): "El proyecto arqueohistórico de San Marcial del Rubicón (Yaiza, Lanzarote)". *Investigaciones Arqueológicas II.* Las Palmas de Gran Canaria, pp. 255–267.

Tibicena. Arqueología y Patrimonio, S. L. (2011): *Investigación arqueológica en el solar norte de la catedral de Las Palmas de Gran Canaria [memoria inédita].*

Torriani, Leonardo (1978): *Descripción de las Islas Canarias.* Ediciones Goya. Santa Cruz de Tenerife.

Valdés Fernández, Fernando (1981): "Notas sobre cronología cerámica andalusí". *Cuadernos de Prehistoria y Arqueología de la Universidad Autónoma de Madrid Nº 7–8.* Madrid, pp. 151–159.

Valdés Fernández, Fernando (1985): "La Alcazaba de Badajoz. I. Hallazgos islámicos (1977–1982) y testar de la Puerta del Pilar". *Excavaciones Arqueológicas en España.* Editado por el Ministerio de Cultura. Madrid.

Viera y Clavijo, José de. (1982): *Noticias de la Historia General de las Islas Canarias.* Ediciones Goya. Santa Cruz de Tenerife.

VV. AA. (1996): *Navegantes y náufragos: galeones en la ruta del mercurio.* Catálogo de exposición. Fundación "La Caixa". Museo de la Ciencia. Barcelona.

VV. AA. (2002): *Cádiz al final del Milenio. Cinco años de arqueología en la ciudad (1995–2000).* Catálogo de la exposición en el Museo de Cádiz. Enero-Marzo de 2002. Editado por el Museo de Cádiz. Junta de Andalucía. Consejería de Cultura. Sevilla.